苏州工业园区教育观察 2023

熊丙奇　主　编
张梦月　副主编

同濟大學出版社
TONGJI UNIVERSITY PRESS
·上海·

内 容 简 介

21 世纪教育研究院深入调研了苏州工业园区教育现状，梳理总结了园区教育的特色发展路径，提炼经验成果，并且汇编成书。本书由 21 世纪教育研究院院长熊丙奇主编，储朝晖等多名研究员参与编写。本书从教育体制机制改革的创新与实践、教育数字化转型实践、"五育融合"育人目标创新性落实等方面对苏州工业园区教育的经验成果进行了归纳总结并展开了详细介绍。在此基础上，本书还进一步对"平台 + 资源 + 路径"三维一体的项目化学习、5G + 智慧教育应用试点项目、"双减"背景下区域教育的生态重构的专题化研究做了介绍，展示了两所区域特色学校的案例，以帮助读者更深入切实地领略苏州工业园区教育的魅力。

本书适合教育行政人员、教育一线工作者、学生家长以及所有对教育问题感兴趣的人阅读。

图书在版编目（CIP）数据

苏州工业园区教育观察. 2023 / 熊丙奇主编；张梦月副主编. -- 上海：同济大学出版社，2024. 6.
ISBN 978-7-5765-1214-4

Ⅰ. G527. 533

中国国家版本馆 CIP 数据核字第 2024ZB9491 号

苏州工业园区教育观察 2023

SUZHOUGONGYEYUANQU JIAOYU GUANCHA 2023

熊丙奇 **主　编** 张梦月 **副主编**

责任编辑 孙铭蔚　**责任校对** 徐逢乔　**封面设计** 张　微

出版发行 同济大学出版社　www. tongjipress. com. cn
（地址：上海市四平路 1239 号　邮编：200092　电话：021-65985622）
经　销 全国各地新华书店
排　版 南京月叶图文制作有限公司
印　刷 苏州市古得堡数码印刷有限公司
开　本 710mm×1000mm　1/16
印　张 16
字　数 207 000
版　次 2024 年 6 月第 1 版
印　次 2024 年 6 月第 1 次印刷
书　号 ISBN 978-7-5765-1214-4

定　价 80. 00 元

风雨兼程三十年（序）

三十年前，国务院批准设立苏州工业园区。作为中国和新加坡两国政府间的合作项目，苏州工业园区自成立之初就肩负着探索和实践改革开放新路径的重要使命。相较于区域经济社会发展，园区教育发展起步较晚，初期教育资源匮乏，基础设施有待完善。园区教育人秉持“教育兴区”的信念，以“实现大规模因材施教”为奋斗目标，以“均衡化、特色化、国际化、现代化”为引领，筚路蓝缕，砥砺前行。园区通过教育体制机制改革，优化教育资源配置、推动教育国际化、促进产教融合、提升基础教育质量，实现家校社协同育人、教育体系全面数字化升级等，取得了丰硕的成果。苏州工业园区从改革试验的热土，正在成长为中国经济和教育的双重高地。

三十年来，园区教育人勇于打破传统，积极引入先进的教育模式和管理理念，推动园区形成了全方位、现代化的大教育生态格局。园区多元化、综合性的教育体系，不仅满足了不同年龄段、不同需求的受教育群体的需要，还为各类人才的培养提供了坚实的保障。园区培养出一大批具有国际视野和创新能力的优秀人才，为区域经济和社会发展提供了源源不竭的动力。这一全方位、现代化的大教育生态格局，已经成为江苏省乃至全国教育改革与发展的典范，为全国其他地区提供了经验借鉴和发展启示。

三十年风雨兼程。随着数字化时代的到来，园区教育迎来新的机遇与挑战。我们深刻认识到数字化对教育体系的深远影响，构建了一体化区域教育数字化转型的“同心圆”图谱，探索数智赋能学生综合素质评价改革的可行路径。我们将继续以开放的心态迎接数字化的新时代，坚持改革创新，为区域教育的全面升级和国家教育的长远发展贡献智慧与力量。

谨以此书，献礼三十周年的苏州工业园区教育，以及所有关心中国教育、关注孩子未来的人们！

杨东平

2024 年 5 月 30 日

前 言

苏州工业园区教育随着园区经济社会快速发展而快速发展，已形成全体系、现代化的大教育生态格局。经过二十多年的发展，苏州工业园区教育从“全面普及”走向“优质均衡”，园区先后成为国家级义务教育优质均衡发展试点实验区、江苏省义务教育均衡发展先进区和教育现代化水平监测领先区，被江苏省人民政府教育工作督导组誉为教育普及率高、优质教育资源均衡、“一校一品”特色鲜明、素质教育示范效应好的发达地区之一。围绕“办人民满意教育”的宗旨，园区聚力教育现代化、均衡化、国际化、特色化建设，开创了教育事业持续、优质、协调发展的良好局面，形成了学前教育、义务教育、高中教育、职业教育、高等教育、社会教育、国际教育和特殊教育等百花齐放的全体系、现代化的大教育生态格局。在教育信息化、数字化进程中，园区也以探路先行之姿走在全市前列，通过技术赋能助推教育智慧发展。

在基础教育领域，苏州工业园区教育致力于破解学生学习、发展质量与效能不高等问题，以“均衡化、特色化、国际化、现代化”为引领，大力推行教育教学改革，努力追求教育公平，促进义务教育优质均衡发展。园区致力于建设更能包容改革与创新的体制与机制，将迅猛发展的信息技术作为推动教育系统创新与变革的力量，以区域教育数字化转型撬动教育高质量发展，提供更优质、更丰富的教学资源，更适切、更创新的教学引导，更全面的评价和更有效的激励，让“每一群”学生学得更好，也让“每一个”学生个性化成长，努力让每个孩子有人生出彩的机会，从而实现大规模因材施教的奋斗目标。

21 世纪教育研究院深入调研了苏州工业园区教育现状，梳理总结了园区教育的特色发展路径，提炼经验成果，并且汇编成书。本书由 21 世纪教育研究院熊丙奇院长主编、张梦月副主编，储朝晖等多名研究员参与编写。本书从教育体制机制改革的创新与实践、教育数字化转型实践、“五育融合”育人目标创新性落实等方面对苏州工业园区教育的经验成果进行了归纳总结并展开了详细介绍。在此基础上，本书还进一步对“平台 + 资源 + 路径”三维一体的项目化学习、5G + 智慧教育应用试点项目、“双减”背景下区域教育的生态重构的专题化研究做了介绍，展示了两所区域特色学校的案例，以帮助读者更深入切实地领略苏州工业园区教育的魅力。

第一章是对全书重点内容的概括。一是梳理了苏州工业园区经济社会发展对教育高质量发展的挑战，以及园区教育为应对上述挑战所实施的整体举措。二是概括了园区在教育体制机制改革与创新上的探索。三是介绍了苏州工业园区教育积极借助数字化转型实现教育内涵式发展，以教育数字化理论为支撑，探索“以数字化撬动教育整体变革”路径。

第二章立足整体，介绍了苏州工业园区教育体制机制改革的创新与实践。针对原有体制机制显现出的与园区教育状况不适应的问题，园区在教育体制机制改革与创新上主要进行如下探索。一是在管理体制方面，充分探讨园区如何进行达标升级，实现学校从“硬件”达标到软件“升级”的脱胎换骨的变化。二是在人事制度方面，开展教育人才体系多方位建设，激发园区干部与教师团队活力，促进学校内涵式发展。三是构建良性教育生态，通过教与学变革、课程创新与重建、学校特色项目打造及基础教育创新人才培养等举措进行调研考察与案例分析，总结提炼园区在课程改革与创新人才培养方面的实践经验与特色。

第三章聚焦数字化，介绍了教育数字化转型的园区实践。为顺应时代的发展，满足社会建设对于高素质人才的需求，园区持续深入推进教育数字化，积极借助数字化转型实现教育内涵式发展，以教育数字化理论为支撑，探索“以数字化撬动教育整体变革”路径，利用大数据进行“适合的教育”，致力于建构适合学生全面发展的教育体系，并取得了较好成效。一是形成了数字化背景下大规模因材施教路径探寻的区域实践与经验，利用大数据平台大规模因材施教。二是形成了指向核心素养的学习革命和课堂转型建设项目与成果，推动人工智能、虚拟现实、智能感知等新技术普遍融入教学环境，赋能课程转型与学习方式变革。三是形成了面向未来的教育评价体系建构的改革与创新成果，以数字化赋能教育治理与教育教学改革。四是形成了数字化转型支持下赋能教师专业发展的目标与路径，推动教师数字化素养提升。未来园区教育仍会紧跟时代发展步伐，加强学习与交流，不断优化、迭代和验证问题解决方案，深化可借鉴、可推广的区域实践经验，为促进教育高质量发展、推进教育数字化转型贡献智慧和力量。

第四章围绕“五育融合”育人理念，介绍了园区以培养“德智体美劳”五育融合、全面发展的学生为目标，布局生态化、系统性的“幼小初高一体化”未来教育图景，以及进一步全方位构建一体化的课程体系、教师队伍和组织架构，以实现基础教育高质量发展的规划。该章先是结合丰富的案例，分别对学前教育、义务教育、高中教育的发展概况和当前成果，以及“五育融合”的理论基础和政策依据、实践路径和未来规划进行了梳理和论述。再以“未来学校实验区”建设为抓手，从整体上展望园区“幼小初高一体化”教育图景，阐述了园区“未来学校实验区”建设的战略意义、发展演变、实践经验，并相应地提出面向未来，全方位构造“幼小初高一体化”教育图景的建议。

第五章从园区教育深入推进“双减”政策落地与实施的角度切入，结合教育数字化创新实践，对专题化研究成果展开了详细介绍。一是

“平台 + 资源 + 路径”三维一体的项目化学习专题。园区教育在逐步将数字化引入课堂的同时，积极寻找新的教育教学路径，建构了“平台 + 资源 + 路径”三维一体的项目化学习模式，以先进的 PBL 教学法为切口，打造了一套具有教育竞争力的独特学校教育体系。该章介绍了“三维”教育教学法的提出背景，PBL 教学法的引入与本土化改造，并基于现状提出了相关思考与建议。二是 5G + 智慧教育应用试点项目专题。园区申报立项国家信息化教学改革项目“5G 支撑下核心素养导向的混合式教学”，推进教育数字化支撑的新型教与学模式的建构。该章介绍了园区基于 5G 的情景化融浸教育的学习革命、园区内东沙湖小学 5G + 教育应用范例，并做了评价与展望。三是“双减”背景下区域教育的生态重构专题。该章介绍了园区教育生态重构的路径和策略，包括优化课程设置和教学方法，提升教师专业素养和教学质量，加强学校与社区、家庭的合作，增强教育评价引领。在“双减”工作取得初步成果的同时，园区教育将持续探索改进，探讨如何更好地实现教育质量提升和教育创新。

第六章着眼具体的学校，详细展示了建设数字化、智能化时代新型学校背景下两所园区特色学校的实践案例。一所是以课程游戏化培养儿童创造力的苏州工业园区华林幼儿园，该章介绍了其“STEM 理念，创意建构”的内涵发展的特色定位，以及课程游戏化建构、生态化教育场域建设等创新课程体系建设，并基于华林幼儿园办学特点提出建议与思考。另一所是打造“智、仁、勇”特色学校教育文化的苏州大学附属中学，该章介绍了该校特色“智、仁、勇”校本课程体系以及该课程体系下的评价体系，还介绍了特色教师发展学校——半塘书院，并基于时代要求对学校发展提出了建议与思考。

本书面向对苏州工业园区教育工作感兴趣的群体，学生家长、教师、教育科研人员等，以丰富翔实的案例、深入全面的阐述、简练易懂的语言为特点，以期较为具体地归纳总结苏州工业园区教育的成果，帮助读者更好地了解苏州工业园区教育，提升园区教育知名度，打响特色品牌。进而深化可借鉴、可推广的区域实践经验，助推更广范围内的学校优质发展，为促进教育更高质量发展、推进中国式教育现代化贡献智慧和力量。本书对于进一步指导区域教育实践改革以及促进教育更高质量发展也具有重要意义。

熊丙奇

2024 年 2 月

目　录

第一章

区域教育高质量发展的路径探寻

苏州工业园区是1994年2月经国务院批准设立的经济技术开发区，是中国和新加坡两国政府间的重要合作项目，其自设立以来经济总量快速增长，连续多年名列“中国城市最具竞争力开发区”榜首。苏州工业园区的教育随着园区经济社会快速发展而快速发展，已形成全体系、现代化的大教育生态格局。但相较于区域经济社会发展，园区基础教育普遍存在学生学习、发展质量与效能不高的问题，显现为教学资源总量不足，无法实现按需选择和充分共享；教学适切度不高，被动学习与低效学习仍比较普遍；评价标准单一，重考分轻成长，难以切实因材施教。应对上述挑战，园区教育致力于学校、家庭、社会协同育人，建设更能包容改革与创新的体制机制，将迅猛发展的信息技术作为推动教育系统创新与变革的力量，提供更优质、更丰富的教学资源，更适切、更创新的教学引导，更全面的评价和更有效的激励，努力让每个孩子有人生出彩的机会，从而实现大规模因材施教的奋斗目标。

第一节　区域经济社会发展对教育高质量发展的挑战

苏州工业园区成立之初，辖区内5个乡镇280多平方公里的区域内分布了100多个中小学和办学点，其中大部分是单班、复式教学的农村学校。2002年2月23日苏州工业园区教育局与中共苏州工业园区教育委员会成立，2019年11月20日苏州工业园区教育督导委员会成立，进一步完善、健全了园区的教育管理、督导机制。

相较于区域经济与社会发展需求，园区基础教育普遍存在学生学习、发展质量与效能不高的问题。经济社会发展中各种矛盾交织叠加，作为服务社会发展和经济建设的最基础性的行业，教育的高质量发展面临新的要求和挑战。

首先是优质教学资源总量不足。在全国人口增长放缓的大背景下，园区人口仍呈流动性增长趋势，“有学上”和“上好学”的矛盾并存，无法实现资源按需选择、关联推送、充分共享，教育供需矛盾仍待缓解。

其次是教学适切度不高。教育品质离人民的期望和要求仍有较大差距，促进学生全面而有个性发展的教育质量观需要进一步确立。学生被动学习、陪同学习、低效学习的现象还比较普遍，个性化学习需求难以得到充分尊重与有效满足，课程改革有待深入。

再次是实现教育优质均衡、保障教育公平仍然任重道远。区域之间、校际之间的发展水平和质量尚不平衡，近些年出现的超适度规模巨型学校现象成为实现教育优质均衡发展面临的新问题。

最后是评价标准单一。仍然存在“重分数轻成长、重结果轻过程”的顽瘴痼疾，用分数给学生贴标签，导向不合理、方法不科学，教学难以切实因材施教，使个体成长的价值与学校多样化、特色化发展被矮化、被忽视。学校内涵建设、文化建设、特色建设、品牌建设需要进一步加强。

为应对上述挑战，并使教育与经济社会的高速发展同步，苏州工业园区教育以“均衡化、特色化、国际化、现代化”为引领，大力推行教育教学改革，努力追求教育公平，促进义务教育优质均衡发展，致力于建设更能包容改革与创新的体制机制，将迅猛发展的信息技术作为推动教育系统创新与变革的力量，提供更优质、更丰富的教学资源，更适切、更创新的教学引导，更全面的评价和更有效的激励，让“每一群”学生学得更好，也让“每一个”学生个性化成长，努力让每个孩子有人生出彩的机会，从而实现大规模因材施教的奋斗目标。

2013 年以来，园区借力教育数字化赋能，围绕学生的“学习”与“成长”，积极探索教育数字化转型的普遍规律和区域实践路径，探寻大规模因材施教的育人方式创新和当代表达，重构了教育数字化转型、高质量发展的新生态。苏州工业园区教育经过二十多年的发展，从“全面普及”走向“优质均衡”，园区先后成为国家级义务教育优质均衡发展试点实验区、江苏省义务教育均衡发展先进区和教育现代化水平监测领先区，被江苏省人民政府教育工作督导组誉为教育普及率高、优质教育资源均衡、“一校一品”特色鲜明、素质教育示范效应好的发达地区之一。形成了学前教育、义务教育、高中教育、职业教育、高等教育、社会教育、国际教育和特殊教育等百花齐放的全体系、现代化的大教育生态格局。

第二节　建设更能包容改革与创新的体制机制

遵循教育规律，健全教育公共服务体系，加快教育治理体系和治理能力现代化建设，完善现代学校制度、教师管理体制和教师积极性持续激励机制，建设更加包容、更具活力、更加开放、更高品质的园区教育体制机制，提高教育服务能级和贡献水平，增强教育影响辐射能力，为建设世界一流高科技园区提供人才支撑、智力支持，是园区教育应对挑战的基本策略。

针对原有体制机制显现出的与园区教育状况不适应的问题，园区在教育事业发展上，加强党对教育工作的全面领导，全面贯彻党的教育方针，全面落实“立德树人”根本任务，在教育体制机制改革与创新上主要进行以下探索。

1. 在管理体制方面，充分探讨园区教育如何达标升级，实现学校从“硬件”达标到软件“升级”的脱胎换骨的变化

坚持高质量发展，对标全球教育发展最高标准，立足更大格局、更高站位审视和发展园区教育，构建公平、优质、便捷、多样的高质量教育体系和发展模式，办出与人民群众对高质量教育的美好需求相适应、与园区城市发展战略定位相匹配、与人的全面发展需求相契合、与信息革命大趋势相一致、与现代化教育制度体系相统一的一流教育。一流城市孕育一流教育，一流教育成就一流城市。着力提高公共教育服务能级水平，强化教育培养优秀人才和促进人力资源储备功能，强化教育服务“世界一流高科技园区”建设的支撑作用，更好地牵引带动园区经济社会发展。实行创新驱动、集群带动、数字赋能策略，深化教育关键领域、关键环节、关键要素改革，有效破解矛盾和瓶颈问题，进一步激活新动力、探索新路径、重塑新形态，形成一流教育治理体系和服务供给能力。

2. 在人事制度方面，激活园区干部与教师团队活力

园区根据《国务院关于加强教师队伍建设的意见》及江苏省对园区教师队伍的规划部署，建构实施了一系列优秀教育人才培养体系，强化教育系统干部队伍建设，具体涵盖：教师交流制度、星级教师评估制度、校长职级制度、教育人才指数测评实验等。

（1）教师交流制度

教师交流制度将交流作为刚性指标与干部提拔、职称评聘、评优评先等挂钩，以制度化、规范化、常态化的交流，促进教师资源在区域之间、学校之间的均衡配置。主要包括教师与教师之间，以及教师与家长之间的交流和合作。教师交流在中小学教师、幼儿园教师培养中发挥着重要作用，是加强教师队伍建设的重要环节，是推进素质教育、促进教育公平、提高教育质量的重要保证。

（2）星级教师评估制度

为促进形成园区教师队伍的发展性评价机制和人才成长激励机制，突出以教师能力和实绩为主要评价导向，进一步优化学校薪酬分配改革方式，园区内各学校全面建立星级教师评估制度，以引导更多教师在教育一线建功立业，努力打造一支适应全面推进素质教育和课程改革需要的具有现代教育素质和创新精神的教师队伍。

(3) 校长职级制度

园区内广泛实行的校长职级制度是进一步深化园区中小学（幼儿园）管理体制改革，充分调动中小学（幼儿园）校（园）长为教育改革和发展服务的积极性和创造性的重要手段，对建设一支政治素质好、业务能力强、管理水平高的校（园）长队伍，不断加强中小学（幼儿园）校（园）长队伍的专业化建设有着重要作用。

(4) 教育人才指数测评实验

“教育人才指数”系指能反映一个地区或一所学校教育人才整体状况的综合评定指标，是2013年苏州工业园区在全国范围内率先提出的教育类人才评估概念，也是园区全方位、系列化地按照相应的权重比例对区域内中小学（幼儿园）教育人才进行赋值并加以测评的师资队伍建设水平考量指标。

3. 构建良性教育生态，通过对园区教与学变革、课程创新与重建、学校特色项目打造，以及基础教育创新人才培养等举措进行调研考察与案例分析，总结提炼园区在课程改革与创新人才培养方面的实践经验与特色

通过促进教育管理科学化、教育服务人性化、教学方式多样化、学习方式个性化、教育评价立体化，实施“适合的教育”，即适合学生的教育。“适合的教育”是合乎人性的教育，是适合学生群体特点的教育，是适合具体学生个体的教育，强调对学生个体的关照和重视，超越了传统的学生整全观。满足学生充分发展、个性发展的需求，在认同学生是个性和共性的统一的前提下，在现有班级授课制的集体教育环境下，尝试探索“自适应学习”“自主探究学习”“O2O混合学习”

“网络协同学习”和“感知体验学习”等新学习模式，充分考虑学生个体特征和需要的差异，因势利导，为学生提供与他们的发展需求相适应的教育方式，使每个学生都能得到最适宜的教育。充分注重学习内容、学习路径、学习方式及评价方式的契合性、多样性、选择性和差异性，以满足不同学生的个性化需求，促进他们获得最大程度的发展。

通过学校、家庭、社会协同建设开放式校园，搭建家校沟通的双通道。健全学校、家庭、社会协同育人机制，充分发挥家庭的“第一个课堂”、家长的“第一任老师”作用，完善家庭教育指导服务机制，推进家长学校和家庭教育指导中心建设，协同落实作业、手机、读物、睡眠、体质“五项管理”，实施家庭劳动清单制度，协同强化理想信念、健全人格、传统文化、文明礼仪、挫折抗压等方面的培养。建设一批重点校外实践基地，强化STEM研究院、DNA学习中心、智造之家等的功能，组建园区青少年交响乐团，成立园区少年科学院，进一步丰富园区高能级学习平台生态圈，打造全国校外教育改革创新先行示范区。有序推动学校发展共同体建设，强化优质资源辐射带动作用，增强学校内生动力。

与此同时，积极参与长三角教育一体化工作，与国内教育先进地区及落后地区交流合作，互学互鉴。实施教育国际化深化工程，扩大教育对外开放，加大国际交流项目合作力度，区内学校与40余所海外“姐妹学校”交流互动，打造园区教育的国际品牌。强化国际理解教育和国际素养培养，积极参与提供国际教育公共产品，强化教育国际化园区特色，贡献国际教育治理的中国智慧、园区方案。

第三节　通过数字化促进教育内涵式发展

苏州工业园区教育积极借助数字化转型实现教育内涵式发展，以教育数字化理论为支撑，探索“以数字化撬动教育整体变革”路径，利用大数据进行“适合的教育”。

一、利用大数据平台进行大规模因材施教

数字化赋能教育能在一定程度上解决优质资源匮乏的问题，优质的数字教学资源具备鲜活便捷、智能匹配、体系化、结构化、层级性的特点，能够满足个性化需求。数字化赋能教与学变革，能够解决教学适切度不高的问题，助力因材施教。

1. 变革教的方式

立足数字化平台，把握素养图谱结构关联、虚实结合创设环境、探究沉浸式体验、利用数字画像诊断学情、寻找学习支架优化路径。探索出“整体”“融浸”“激趣”“精准”“开放”的教学方式。

（1）注重关联，整体地教

“整体”的教学方式围绕大观念大主题，开展顶层设计、数字关联，利用数字图谱，使复杂、隐性的知识变得简约和清晰，有利于学生自主建构知识结构体系。其基本特征是：大观念大主题、跨课时跨单元、数字关联、结构重塑、综合理解。教师通过大问题、大任务驱动，利用具有清晰资源关联和直观学习路径的学科图谱，实施整体教学。

（2）增强现实，融浸地教

“融浸”的教学方式通过构建与“真实性”问题一体化的学习情境，增强学生体验，从而实现知识建构。其基本特征是：情境化、混合式、体验性。教师借助数字化学习空间，利用虚拟情景与真实实验，设置问题、激活学生思维，让学生反复观察、探索试误和实践体验，实现知识建构。

（3）智慧导引，激趣地教

“激趣”的教学方式基于行为主义学习理论，利用技术赋能让激发因素持续发挥作用，有效塑造与矫正教师行为，尽可能强化学生的合适行为，促进学生有效学习。其基本特征是：技术赋能、激发求知、

趣味吸引、积极互动。教师通过营造趣味性学习环境，借助平台的智能行为感知技术，记录学生的学习过程，分析学生行为数据，调整自身教学行为，促进学生主动求知。

（4）画像驱动，精准地教

“精准”的教学方式通过采集学习过程中的伴随性数据，精准掌握学生的学习程度和个体差异，为每个学生设计出个性化学习方案，增强教学的适切性。其基本特征是：素养监测、数据画像、智能导学、精准辅导。教师借助数字化平台的评估发展量表进行测评，全样本采集数据，精准分析个体差异，精准推送适切性更强、颗粒度更小的学习资源，以学定教，从而建立以学习为中心的精准教育服务体系。

（5）路径自选，开放地教

“开放”的教学方式通过建设“课程超市”，为学生自主选择学习内容和学习路径创造条件，满足学生多样化个性成长需求。其基本特征是：资源开放、环境开放、方式开放。教师通过提供课程与单元学习支架，动态优化教学方式和教学流程，根据教学进程中学生的认知差异，及时推荐个性化的学习资源和学习方式，满足学生个性化学习需求。

教育数字化赋能下的课堂教学，在教学内容、教学组织、教学手段、教学策略和教学流程诸方面实现了优化，让教好“每一个”学生的美好追求成为现实。

2. 变革学的方式

在数字化平台的支撑下，园区教育探索了“全链式”“项目式”“主题式”“混合式”“自主式”等学习路径，形成了“融合创新、深度学习”的学习模型。

（1）全链式学习

全链式学习基于数字化平台设置前学、共学和延学三个环节，以课堂为基点向两端延伸，课前自主学、课中互动学、课后拓展学，关注学习的前后逻辑，遵循学习规律，促进深度学习。其基本特征是：全流程设计、全流程引导、全流程学习、全流程评价。

（2）项目式学习

项目式学习围绕入项活动、自主探究、出项展示和评价修订四步骤供给个性化学习方案。学生在入项之初即可获推“导学库”，助力信息收集与定位；在自主探究中匹配“资源库”，助力信息加工与综合；在出项展示时，依托“成果库”，助力信息内化与创造；在项目评价修订中，形成一人一档的“学历库”，助力信息归档与反思。其基本特征是：问题驱动、真实做事、成果分享、反思评价。

（3）主题式学习

主题式学习围绕主题发布、学习社群组织与运行、学习成果展示等环节，依托学习数据的收集、统计与分析功能，达成“大主题驱动学”。其基本特征是：问题引发、话题深入、主题驱动。

（4）混合式学习

混合式学习依托数字化平台，实现场景混合、学科混合、方式混合、学段混合、现实和虚拟的混合，提倡多种有效学习方式的协同实施。其基本特征是：场景多样、方式多元、时空延展、跨界协同。

（5）自主式学习

自主式学习基于平台的“资源库”“课程库”“试题库”，绑定知识点、能力点、素养点，为学生搭建适切的学习支架，共享海量学习资源。所有学习资源都能生成二维码，实现自主扫码、便捷查找、智能推送。其基本特征是：搜索便捷、学习自主、监测自助、关联智能、空间自治。

学习方式的变革的基本特征是：问题驱动、尊重差异、强调自主、鼓励分享，让学习发生在学生身上，让学习成为学生自己的事，让学生用自己的方式去学习，促进每个学生全面而有个性地成长。

二、赋能课程转型与学习方式变革

完善教育数据标准体系，优化数字教育资源。推动人工智能、虚拟现实、智能感知等新技术普遍融入教学环境，支持教师完成备课、课堂教学、作业批改、学习评价等任务，打造以素养为导向的网络化、沉浸式、智能化的新型教学模式，实现人机共教、人机共育，形成师生教学相长、共同发展的良好生态。

1. 建立结构化、系统化学习资源支架

（1）建立图谱

以课程方案、课程标准和学科教材为基础，对知识点进行全面梳理，形成覆盖所有学段、所有学科、所有章节、所有知识点体系的知识图谱；基于对课程标准的理解，建立各年段、各学科关键能力图谱，为资源建设提供体系化支架。

（2）体现多维度

做到文本、图形图像、动画、音频与视频全涉及，做到课程资源、同步资源、微云课资源、题库资源、仿真实验、学科工具等全包含，让学生可听、可看、可做、可玩、可思。

（3）实现全架构

有支撑课前、课中、课后的全学程课程包资源，有满足项目化、特色化学习的专题资源，还有面向教师专业研训和居民终身学习的资源，让资源布局更合理、呈现更科学。

2. 健全学习资源遴选共享机制

确立标准，规范微视频、微实验、精品课、教学工具的标准与要求，注重内容设计，体现学科特征，强调“音视同步”；明确路径，推进区校联动、自主研发、专家引领的资源建设；把握方向，建立架构体系，开展技术团队培训，由骨干教师带头、学科教师参与，形成共

建共享样态。评估审核保质保量，由学科研训员牵头，建立区校两级资源审核团队，从资源内容、格式及标注等多个方面严格把关，确保资源标准与质量。区校联动推进共建共享，按照资源图谱分解建设任务，区域全体教师共同参与资源建设，形成学校、区域两级共享资源库。优选推送，形成良好生态。基于资源被引用、被查看、被分享、被使用等应用数据，平台会自动启用资源遴选与淘汰规则，促进资源"自进"与"更迭"，并提供"综合排序""智能精选""系统优推"等便捷查看方式，节省学习者甄别与选用资源的时间，使其以最快速度找到所需内容，实现可分析的"净化"资源体系。

3. 实现基于平台的关联呈现与应用

通过应用平台沉淀、积累各类应用数据；再使得数据融通，关联推送，分析、了解每个学生的成长点和需求点，并形成关联应用，推送优质资源，支撑学生自主自由学习，让每一个学生通过线上线下的融合，不仅能享用学校的优质资源，还能"走出校门"，充分共享全社会的优质资源。智能关联的资源系统让学生不仅能习得陈述性知识，而且能体验、习得程序性知识和策略性知识。丰富优质的学习资源支撑了教与学变革，让大规模的因材施教得以实现。

三、助推教育评价改革与创新

利用大数据、人工智能等现代信息技术，创新评价工具，解决评价标准单一的问题，研制测评指标，构建诊断系统，探索改进路径，以教育数字化赋能教育治理与教育教学改革。采用无感式、伴随式数据采集技术，实施多维度、综合性数据评价，实现教与学评价的智能化。开展全过程纵向评价、德智体美劳全要素横向评价。

借用大数据支撑实现教育测评体系变革，促进"教、学、研、评、管"的深度融合，提升教育教学管理和教育教学活动的针对性、科学性、有效性。从学生认知发展的主体因素和客体因素两个方面，建立三级评价指标体系，落实全面发展的育人理念，倡导基于数据的分析诊断，推动问题导向、目标导向的跟进式改革，形成了“数据分析—问题诊断—改进优化”的综合质量评价机制。通过对监测数据的精准刻画，实现教育评价由单一性评价转向全面性评价。

出台区域学生学业质量监测方案，绘制中小学各学科素养图谱，并研制出学科素养测评工具，监测学业质量和相关影响因素，为区域素质教育实施现状进行整体画像。

编制中小学综合性评价指标体系。分内涵发展指标（包括学生发展水平、教师发展水平、学校发展水平）和教育满意度测评两大类，实现“历史性数据，过程化记录，学校间差异，未来之发展”的评价新样态。

从思想品德、学业水平、身心健康、艺术素养、社会实践五个方面构建学生综合素质评价体系，用数据跟踪学生成长轨迹，绘制学生综合素养图谱，全程全面刻画学生综合素质发展。多年来，常态化开展学科监测、学校监测、区域监测，形成即时性、全学科、全维度、全过程的学业监测模式。

依据相关监测，进行靶向诊断，用数据分析，用数据验证，让量化评价与质性评价相互印证，还原教育教学的“真状况”和“真问题”，寻找证据，精准归因，明确方向，跟进改革。

四、提升教师数字化素养

推进教育数字化转型，积极主动拥抱教育数字化，坚持改革创新引领，坚持以人为本，全面提升数字技能与素养。坚持应用驱动，深度融合，加快提升师生信息素养，强化师生信息技术应用能力，以科技赋能促进教育理念、教学模式和学习方式变革，推动教育数字化转型和广泛应用。将教师信息素养纳入教师培训内容，将信息意识、计算思维、信息技能和信息道德等有机融入教育教学过程。

围绕学生的学习与成长，通过打造教育数字化学习场景，构建新型数字化学习方式，依托教育大数据赋能，变革学校治理、变革课堂教学、变革教育评价，取得了较好的成效。越来越多的学生开启了自我学习系统，园区学生的学习效率、教师的教学质量得到了极大提升。教育数字化支撑大规模因材施教的实践探索，不会一蹴而就，仍需紧跟时代发展步伐，加强学习与交流，不断优化解决方案，不断迭代和验证，深化可借鉴、可推广的区域实践经验，为促进教育高质量发展、推进中国式教育现代化贡献智慧和力量。

第二章

一体化管理：教育体制机制改革的创新与实践

随着我国教育改革的不断深入，教育领域取得了一系列显著发展成效，教育公共服务水平与治理能力稳步提升。而微观层面的教育教学改革必须以宏观层面的体制机制改革为突破。苏州工业园区教育依托中国、新加坡合作园区的先行优势，不断创新体制机制，始终坚持现代化、均衡化、国际化、特色化，变革教育评价导向，构建多样化的教育生态。

第一节　教育体制机制改革理论研究

一、教育体制机制理论溯源及定义

教育体制机制的相关理论属于教育管理学理论，作为教育管理的重要组成部分，教育体制机制理论一直是教育管理学领域讨论的重中之重。教育体制机制涉及的相关理论是我国整个教育行业进行改革的核心指导方针，众多学者进行了较多研究。

目前主流文献数据库中能搜索到的与“教育体制”相关的文章，大多从细节层面如教育管理体制、基础教育体制、高等教育体制及职业教育技术体制等方面提出相关问题及解决建议，但对教育体制都没有给出具体且清晰的定义，对教育管理体制与教育体制也没有作出明确的区分。从理论溯源的角度来看，在西方教育学领域，系统性的教育理论都表达为“education system”，因此无论是“制度”“系统”还是“体系”，都对应英文“system”。因此，作为具有源头意义的西方教育理论系统也难以对我国的教育体制和教育管理体制之间的严格区分作出指导。可以说，教育体系是我国特有的理论，其被广泛认同为一种关于机构设置、隶属关系及权限划分等方面的制度。然而学界没有对教育体系作具体的定义，只有孙绵涛所著的《教育管理学》对教育体制的概念做了较为清晰的阐释。

此外，需要将教育体制与教育机制从定义上作区分。有学者将机制定义为事物或现象各部分之间的一种相互关系及其运行方式[1]。延伸至教育机制理论，学者孙绵涛对此作出了诠释：教育机制表现为教育和社会与受教育者之间内在的、稳定的、必然的联系，其运行方式可以总结为为认识教育现象提供路径。在此基础上，孙绵涛从哲学视野考察教育管理现象，提出系统的教育机制理论。其理论贡献主要包括以下两方面：在观察教育管理的各种复杂现象的基础上，抽象出教育管理运行的层次机制、形式机制、功能机制；对不同类型机制的运行过程作出具体描述，有助于我们从内在逻辑结构上更准确地把握各种教育管理现象的本质[2]。

教育体制则是教育规范的结合体或统一体，由教育的机构体系与教育的规范体系组成。教育的机构体系包括教育实施机构和教育管理机构，教育实施机构主要是指各级各类学校，教育管理机构指的是各级各类教育行政机构和学校管理机构。教育的规范体系指的是建立并保证教育机构正常运转的规章制度，它规定着教育机构的职责权限和机构内人员的岗位责任。教育实施机构与一定的规范相结合，就形成了教育行政体制，学校内的管理机构与一定的规范相结合，就构成了学校管理体制[3]。

可以看出，教育体制与教育机制之间既有共同点，又有差异。二者在内涵和外延上都有所区别，但二者在过程上是相关的，在结构上是相融的，在功能上是相补的，教育体制改革与教育机制创新须同向而行。

二、教育体制机制改革的内涵与发展脉络

1. 教育体制机制改革的内涵

我国教育改革的总目标是推进教育治理体系和治理能力现代化。2013 年以来，随着我国教育改革的不断深入，教育领域取得了一系列显著发展成效，教育公共服务水平与治理能力稳步提升。与此同时，教育行政部门与教育领域专家学者也逐渐认识到，微观层面的教育教学改革必须以宏观层面的体制机制改革为突破，体制机制建设是确保教育改革长效化、实效化的关键支撑。教育体制机制改革关系到教育发展的活力与质量，是破除各种体制机制障碍，促进教育公平、提高人才培养质量的根本动力[4]。

教育体制机制的本质是一种规范，教育规范是教育政治价值的体现，但这种规范在自上而下施行的过程中也会造成一些问题。如果教育规范过于死板，就会使得在其指导下运作的整个教育体系难以将教育的社会作用最大化，可能导致教育体系难以适应社会和时代需求。因此，应该把教育制度和教育规范作为教育体制机制的核心，进行教育体制机制改革。而其中最重要的是教育规范的改革——规范是建立并维持教育机构正常运行的规章制度，规定着教育机构如何设置、权限如何划分，以及隶属关系等一系列问题，而这也恰恰是我国教育体制中的薄弱环节。

教育体制机制改革包括教育行政管理体制改革、教育实施机构改革和教育制度规范改革，具有综合性与系统性、内生性与交互性、长期性与渐进性、宏观性与纵深性等基本特征。为此，教育体制机制综合改革需要政府主导与全民参与、专项改革与综合改革相结合，需要与经济、政治、文化、社会和生态文明建设协调配套的改革路径。同时，建立一套由科学评估、实时跟踪调查、深入分析问题、定位风险

因素、实时汇报、调整反馈等步骤组成的督导评估机制是确保教育体制机制综合改革顺利推进的重要保障。

具体来看，教育体制机制改革涵盖多个方面，包括教育目标的重新定义、教育内容与方式的优化、教育管理体制的创新及教育资源的合理配置等。

首先，教育体制机制改革需要重新定义教育目标。过分注重分数与升学率的应试教育模式已不能适应现代社会对教育的期望。教育体制机制改革要求我们重新思考教育的目标，落实立德树人根本任务，着力培养学生的创新能力、批判思维、沟通能力、团队合作等核心素养，培养其终身发展与全面成长的能力。

其次，教育体制机制改革需要优化教育内容与方式。重知识、轻能力，重传授、轻思考，重理论、轻实践的传统教育教学方式在学校教育中仍占主流，忽视了学生的兴趣和实践能力的培养。教育体制机制改革应致力于构建以学生为本的新型教与学模式，这意味着教育内容应更加贴近学生的生活和实际需求，注重培养学生的创造力和解决问题的能力。同时，教育内容还应涵盖全球化和跨文化交流，使学生具备跨文化沟通和合作的能力。

再次，教育体制机制改革需要创新教育管理体制。传统的教育管理往往过于注重行政和管理层面，忽视了教育的本质和教育者的专业发展。教育体制机制改革应该促进教育机构享有更大的自主权，使它们能够根据自身的特点和需求制定教育方案和管理模式。同时，教育管理也应该注重培养教育工作者的专业素养和教育理念，为他们提供更好的培训和发展机会，以提高教育质量。

最后，教育体制机制改革需要合理配置教育资源。教育资源配置的不平衡是影响教育公平的重要因素之一。教育体制机制改革应该通过合理配置教育资源，缩小不同地区和不同学校之间的差距，实现教育的公平与包容，包括增加教育投入、改善学校设施、建设高质量教师队伍等。

2. 我国教育体制机制改革的历史脉络

我国教育学者范国睿与孙闻泽将改革开放40年教育体制机制改革划分为以下几个阶段[5]。

第一阶段：教育制度的恢复与重建（1978—1984年）。改革开放后，随着社会与经济的复苏，教育也开始恢复与重建。在倡导全社会形成尊师重教风尚的同时，提出教育要“三个面向”（面向现代化，面向世界，面向未来）和培育“四有新人”（有理想、有道德、有文化、有纪律的社会主义新人），既要注重教育的普及，也要恢复重点学校制度，办重点小学、重点中学、重点大学。

第二阶段：教育体制改革的展开（1985—1991年）。这一时期，我国教育体制改革的重点在于简政放权。我国通过连续发布《中共中央关于经济体制改革的决定》《中共中央关于科学技术体制改革的决定》《中共中央关于教育体制改革的决定》三个重要文件，将发展基础教育的责任交给地方，实行分级管理。

第三阶段：教育体制改革的探索（1992—2002年）。随着党的十四大提出“建立社会主义市场经济体制”的改革目标，我国教育制度变革的重点与之呼应，逐渐落在建立教育新体制上。义务教育阶段实行“分级办学、分级管理”机制，并将农村义务教育的责任落实到乡镇，充分调动各地方办学的积极性。在教育经费投入方面，此次改革在强调“各级政府要增加教育投入”的同时，也提出“鼓励多渠道、多形式社会集资办学和民间办学，改变国家包办教育的做法”，为多渠道筹措教育经费建立制度保障。

第四阶段：教育体制改革的持续（2003—2009年）。我国教育质量的稳步提升促使教育改革的重点由效率转向了公平。为了实现教育公平的目标，促进义务教育均衡发展，教育部于2005年发布《关于进一步推进义务教育均衡发展的若干意见》，陆续免除农村义务教育阶段学生学杂费，以及城市义务教育阶段学生学杂费，规范各地办学行为。

第五阶段：教育体制机制改革的深化（2010年以后）。深化教育领域综合改革，促进城乡教育一体化均衡发展，是这一时期教育改革的主要目标。随着教育体制机制改革的不断深化，不仅要实现义务教育优质均衡发展，满足人民多样化的教育需求，更要建立更加科学且富有效率的教育基础性制度体系，推动教育治理逐步迈入现代化的新阶段。

我国教育体制机制改革是一个循序渐进的过程，力求在保证教育质量的同时，注重创新与赋能，通过教育法制的保障机制来激发各级各类教育的活力，促进教育事业健康、持续发展。

三、深化教育体制机制改革的政策支持

从理论层面而言，教育体制机制改革作为一种教育行业规范改革，要想能够达到实效，必须从政治政策层面做到由上而下全面施行。尽管因多种原因，国内教育的体制系统与欧美不同，但相同性质的体制政策改革却是世界范围内各国政府共同重视的部分。虽然各国政府实施的教育管理制度改革的内容各不相同，但它们有着共同的改革目标——办好符合时代发展的教育，提高本国教育在世界教育中的竞争力。典型的如德国的“教授治校”政策，通过教授赋权激活教师团队活力；法国的《高等教育方向指导法》（又称《富尔法案》）则从立法角度赋予学校高度自治权，以法案支撑学校办适合自身特色的教育；英国的《教育改革法案》引进市场机制，用市场参与的模式改变单一的政府办学；美国的课程多元化则是在传统的基础课程之外，在制度上允许学校自行根据学生培养方案设计课程。

欧美国家的教育制度改革对我国具有一定的参考意义与价值，然而，诞生于中国特色社会主义大环境下的教育体制机制理论有其特殊性。随着我国教育发展进入新的阶段，2017年，中共中央办公厅、国务院办公厅印发《关于深化教育体制机制改革的意见》（以下简称《意

见》），我国教育改革向着全面推进教育治理体系与治理能力现代化的目标迈进。《意见》与《国家中长期教育改革和发展规划纲要（2010—2020 年）》系统性衔接，提出“到 2020 年，教育基础性制度体系基本建立，形成充满活力、富有效率、更加开放、有利于科学发展的教育体制机制，人民群众关心的教育热点难点问题进一步缓解，政府依法宏观管理、学校依法自主办学、社会有序参与、各方合力推进的格局更加完善，为发展具有中国特色、世界水平的现代教育提供制度支撑”的主要目标，并从育人方式、办学模式、管理体制、保障机制等方面提出改革意见和要求。此外，《意见》提出我国深化教育体制机制改革应遵循以下基本原则。

第一，坚持扎根中国与融通中外相结合。继承我国优秀教育传统，立足我国国情，遵循教育规律，吸收世界先进办学治学经验，坚定不移走中国特色社会主义发展道路。

第二，坚持目标导向与问题导向相结合。坚持以人民为中心，着眼促进教育公平、提高教育质量，针对人民群众反映强烈的突出问题，集中攻坚、综合改革、重点突破，扩大改革受益面，增强人民群众获得感。

第三，坚持“放管服”相结合。深化简政放权、放管结合、优化服务改革，把该放的权力坚决放下去，把该管的事项切实管住管好，加强事中事后监管，构建政府、学校、社会之间的新型关系。

第四，坚持顶层设计与基层探索相结合。加强系统谋划，注重与《国家中长期教育改革和发展规划纲要（2010—2020 年）》等做好衔接。尊重基层首创精神，充分调动地方和学校改革的积极性、主动性、创造性，及时将成功经验上升为制度和政策。

《意见》中还明确了地区及学校建设相关教育体制机制的具体细节及学生的培养目标，为各级学校进行教育体制机制改革提供了思路和方法。《意见》的颁布是政府层面在施行教育体制机制改革的过程中迈出的重要一步，从根源上科学地规范了地区学校深化落实教育改革的方式，为学校的课堂变革指明了方向。

四、总结评述

教育体制机制改革理论是我国特有的教育管理系统的重要组成部分。在中国特色社会主义大环境及独特语境环境下诞生的教育体制机制是现当代教育制度系统难以界定及清晰区分的。在我国的理论体系中，教育体制与机制曾出现过界限模糊不清甚至混用的情况，且众多学者在其关于教育管理学的相关理论中都未能对教育体制及教育机制的范围作出明确的界定。孙绵涛所著的《教育管理学》则清晰地界定了教育体制与教育机制的范围，明确提出了二者之间的异同，并得到了广泛的认可。

教育体制机制改革从本质上而言是一种教育规范，这种规范具有一定的政治价值，同时也为国家教育行业发展提供了道路指引。因此，明确划分教育体制与教育机制是从理论上厘清不同的教育改革方向，充分发挥教育体制与教育机制相辅相成特性的重要一步，从理论层面分清教育体制与教育机制也是为从实践层面进行教育体制机制改革打下基础。

在明确了教育体制机制理论的基础上，教育体制机制的综合性改革需要根据教育体制与教育机制的不同特性进行不同层面的划分，根据不同模块的需求制定相应的措施。细节化的划分方法是能够保证教育体制机制综合性改革有的放矢的关键所在。

尽管教育体制机制是我国特有的教育系统，但对教育体系进行自上而下的改革却是世界各国教育体制优化的共同内容。尽管欧美各国的教育体系改革内容大不相同，但总体目标相同，对于我国的教育体制机制改革有一定的借鉴作用。在逐步完善的理论基础及欧美的改革示范背景下，我国颁布了《关于深化教育体制机制改革的意见》，以政策改革的方式自上而下地为各级进行教育体制机制改革指明了具体方向。

基于理论研究的教育改革才能真正让理论落到实处，让改革符合社会需求，离开了理论基础的改革实践只会是“盲人摸象”。深刻理解教育体制机制理论后制定科学合理的政策是自上而下进行改革的正确步骤，也能为各级各类学校贯彻落实教育改革提供政策理论基础。

第二节　达标升级——办好区域内每一所学校

一、聚焦城乡教育问题，破解二元制教育不均衡难题迫在眉睫

1. 亟待解决的城乡基础教育二元制问题

长期以来，我国城乡教育资源差异较大，城乡教育发展不平衡，这也是造成城乡发展差距的重要因素。教育资源的发展不均衡主要包括人力教育资源（如师资）不均衡、物力教育资源（如教育设施）不均衡、财力教育资源不均衡以及无形的教育资源（如教学理念、教学氛围等）不均衡[6]。一方面，由于城乡经济发展存在差距，城市对优质教育资源的更高需求吸引了更多的教育资源投入；另一方面，受长期城乡二元结构的影响，教育“话语权”更多偏向城市，导致教育资源的配置偏向城市。在人力资源方面，乡村教师制订教学计划的能力与城市教师已无明显差距，但乡村教师的教学管理、教学实施等能力仍然显著低于城市教师，且乡村教师在规模、学历结构、职称等方面与城市教师存在较大差距，学前教育教师和小学教师的差距尤为突出[7]。此外，有学者通过教师背景调查发现，城市学校教师的工资待遇、晋升机会等普遍优于乡村学校教师，这也导致乡村学校难以留住优秀青年教师。在物力和财力教育资源方面，虽然国家不断调控教育资源，城乡教育教学设备差距逐渐减小，但由于长期资源配置不合理

致使城乡教育发展不平衡问题更加凸显。城市学校教育设施，包括体育设施、计算机等配备较全，乡村学校在硬件设备方面常常存在老旧、难以及时维修等问题；乡村网络教育没有统一标准，导致乡村学校的网络教育水平远低于城市学校，尤其是在网络教育资源日益丰富的今天，落后的网络建设也使得乡村学生能够得到的教育资源受限；在校舍建筑上，乡村学校虽然人均宿舍建筑面积大于城市，但人均硬件设备资产值较低。乡村大量学龄人口为了获取更高水平的教育资源而进入城市接受教育，进一步加剧了乡村生源减少、教师资源流失且教育质量参差不齐等情况。

2. 新时代乡村教育改革需求下的政策支持

对于城乡发展不均衡的问题，党的十九大报告中指出了振兴乡村教育的必要性。乡村教育跟不上，难以适应现代化的发展，乡村振兴又何来强劲动力？实施乡村振兴战略要高度重视乡村义务教育，需要发挥乡村教育在乡村振兴中的基础性、先导性、全局性作用。因此《中共中央　国务院关于实施乡村振兴战略的意见》也着重强调了要优先发展乡村教育事业，并进一步提出了加强乡村教育投入、培养专业型和职业型的乡村人才队伍的重要性。为解决城镇化大潮冲击下造成的乡村教育问题，同时全面提高我国各区域基础教育的发展水平，我国于 2001 年正式颁布了《国务院关于基础教育改革与发展的决定》，为各地基础教育改革奠定了政策基础。《义务教育课程方案和课程标准（2022 年版）》也重新针对学校需要培育怎样的人制定了一定的标准。

苏州工业园区作为教育示范区域，其教育的改革与发展一直是重中之重。教育事业的发展一直是园区高度重视的方向，园区教育主动对接区域经济转型和城市发展对教育提出的新需求，着力推进教育综合改革，着力破解制约教育发展的体制机制问题。城乡教育发展不均衡的问题也是苏州工业园区在全面推进区域教育发展过程中必须要面对与解决的，尤其是在深化教育供给侧结构性改革，全面推动数字化教育体系建设的过程中。村镇学校落后的数字化“硬件”建设，以及长期落后于城市的一系列“软件”建设，使得园区内城乡基础教育学校之间的发展有一定的差异，这是造成园区内城乡基础教育学校发展不均衡的主要原因。

园区根据《国务院办公厅关于完善农村义务教育管理体制的通知》要求，同时考虑到园区内学校发展的实际情况，从顶层设计出发制订了园区乡镇基础学校全面改革计划：以《中华人民共和国义务教育法》等法律法规为依据，认真贯彻落实党的二十大报告关于“加快建设高质量教育体系”“加快义务教育优质均衡发展和城乡一体化，优化区域教育资源配置”“着力推进城乡融合和区域协调发展”的精神；根据2023年园区教育工作会议要求，大力推进教育公平、教育均衡和教育资源的综合利用，推动教育优质均衡发展，着力建设新优质学校，培育新优质教育集团，构建新优质教育生态，实现高品质优质均衡办学。

二、着手乡村教育机制改革，“硬件”“软件”双升级

推进乡村教育体制改革，意味着需要在充分认识乡村教育问题、深入了解相关教育体制结构的基础上进行规范科学的改革。因此，在教育体制机制改革的理论基础上，园区对乡村基础教育学校的改革从“硬件”及“软件”两个方面入手。“硬件”建设是指对学校落后的校舍、教室设施进行一定的整体改良重建。在园区进行大规模数字化教育的大环境下，乡村学校落后的基础设施难以满足学生从网络上获取知识的需求，同时也使得教师队伍获取教学信息的渠道较为落后、实时性差，导致城乡学校尤其是基础教育学校之间的办学水平参差不齐，引起园区学校教育发展整体不均衡的现象。因此，在整体“硬件”设施方面，乡村学校需要建设数字化教育达标的校舍。除此之外，乡村学校难以留住教师人才，教师队伍活跃性与流动性较低的问题也是乡

村学校教育的沉疴之一。艰苦的教育教学环境及较低的工资待遇水平对教育人才的吸引力较弱，导致更多高水平的教育人才留在城区，从而使得乡村学校的教育质量难以得到有效提升，教育资源向城市倾斜也使得乡镇学校形成生源流失严重的恶性循环。因此，除要重视“硬件”的整体建设外，乡村学校，尤其是基础教育阶段的乡村学校更要从“软件”层面全面升级，重新构建适合数字化教育发展的教师教学体系，以及建立全新的学习项目活动。基于“硬件”与“软件”的升级改造需求，园区从以下三个方面有针对性地采取了一系列措施。

1. 理顺体制，实施义务教育阶段学校“达标升级”工程

为了破解城乡二元结构下的教育不均衡难题，园区创造性实施了“达标升级”工程，目的是从教育体制机制的各层面全面提升城乡学校办学质量，尤其是乡镇学校的办学质量。因此，“达标升级”工程从教育管理制度、师资建设及学校特色建设方面进行了全方位目标设定。

（1）从教育管理体制机制而言，要进一步加大依法办学力度

各学校需继续贯彻党的教育方针，严格执行《江苏省中小学管理规范》，坚持民主管理，完善制度建设，全面落实“五个严格”和“三项规定”，提高依法办学水平。法律是学校办学的一切保障，只有在遵守《中华人民共和国义务教育法》等相关法律法规的前提下办学，学校的教育发展才能稳步前进。

（2）提高学校的教育效率需要进一步加强师资队伍建设，提高教育教学质量

园区鼓励各学校继续开展师德教育，培养造就师德高尚、遵章守纪、爱岗敬业、热爱学生的教师群体；同时大力开展教师教学业务培训，通过招聘、交流和培养等措施，实现教师素质的全面提升；此外，园区对学校各科学科带头人的数量与质量也提出了一定的要求。园区鼓励园区内各学校坚持开足开齐开好各类课程，大力开展阳光体育运

动，全面实施素质教育。注重内涵建设，精心打造校园文化，营造生动、活泼的学校教育氛围，促进学生健康成长。学校需要通过开展校际合作等措施，促进学校自主健康发展；认真贯彻课程改革精神，大力开展课堂有效教学研究，提高课堂效率，减轻学生课业负担，实现减负增效。努力提高教学质量，尽快缩小与先进学校的差距。对学校师资队伍建设提出高要求是提高学校办学质量的重要环节，师资力量与学生的学习质量有着直接的关系，优化教师队伍也是为高一级学校培养优质生源的基础。教育教学质量更是学校办学评估的首要参考指标，重构课堂教学模式，培育德智体美劳全面发展的学生是贯彻落实课程教育改革精神的重要路径。

(3) 园区的“达标升级”工程强调进一步发挥科研引领作用

鼓励各学校积极申报省、市级核心研究课题或子课题立项，每名教师都要参与研究工作，切实发挥教育科研对学校工作的引领作用。为全面提高教师人才队伍的科研能力，园区制定了关于教师教育教学论文发表的一系列目标，例如：到2013年，园区各学校有75%的教师能够撰写出具有一定质量的教育教学论文，有超过45%的教师撰写的教育教学论文在区级以上（含区级）报纸、杂志上发表，或在区级以上（含区级）评比中获奖。

(4) 进一步开展国际合作交流是提高学校教育水平的重要途径

园区各学校要充分发挥国外友好姐妹学校的作用，探索国际理解教育特色模式，坚持每年开展交流互访活动，努力开发特色交流项目，提升国际交流水平。要不断提高外籍教师聘用效益，实现外籍教师教育工作常态化。要营造校园双语文化氛围，坚持每年开展双语节活动，不断丰富活动内涵。“与国际接轨，合作共赢”的办学方法能够有效提高学校的双语教学质量，在交流的过程中学习借鉴国际学校的先进办学实例，以国际化发展路线实现园区内学校的现代化教育的发展。

（5）进一步推进学校特色建设

要继续推进“一校一品”“体教结合”工作，充分利用地方资源，探索深化学校特色建设途径，不断扩大办学特色影响。学校每学年要组织1～2次区域性公开展示活动，且全部通过“苏州工业园区特色学校A级至AAA级”等不同等级的评估。特色学校的建设打破了传统学校千篇一律的办学模式，更能适应以核心教育发展为中心的“适合的教育”模式建设，为全面培养高素质、多领域人才做好铺垫。

2. 多维集群，着力发展共同体

园区学校通过共同体与合作平台的建设汇集全区最优秀、最先进的教育资源，同时在学校、教师合作的过程中聚焦转变教育治理方式，建立责任督学挂牌督导制度和学校发展共同体、骨干教师共同体、班主任共同体、学科联盟共同体等一批多元化、创新型组织；搭建金鸡湖国际教育论坛、金鸡湖校长论坛等创新型交流平台，在课程与教学、管理与文化、评价与改进等领域鼓励学校众智云集、抱团发展；促进教师多元合作、优势互补，通过“扶强、提弱、促中间”，实现在更高水平上的优质均衡发展。以园区内星湾学校与莲花学校为例，两校采取“联合办学”的形式，促进双方高位优质均衡发展。双方实行统筹领导、统筹管理、统筹考核、统筹激励机制，通过资源共享、相互支持、互相探究，实现互利共赢、和谐发展、均衡发展。在合作过程中，两校运用创新管理模式，发挥星湾学校示范辐射作用，促进园区义务教育阶段学校优质均衡发展。以星港学校为示范，倾力帮助莲花学校打造一支师德高、师风好、师能强的优质教师队伍，促进教师专业成长；同时将星港学校的优质办学模式与莲花学校相结合，全面提高教育教学质量和办学品质，力争使莲花学校成为“达标升级”学校的标杆。

3. 精准治理，启动“区域教育人才指数”测评实验

与高校开展深度合作，建立符合园区教育实际发展需要的师资建设标准，通过对学校师资建设指数状况的大数据分析，科学评价学校教师队伍建设发展水平，诊断薄弱环节和关键点，提出针对性改善提升策略，加速提升教育人才建设水平。因此，在园区范围内，各“达标升级”学校组建了一批“苏州工业园区名师工作室”。“名师工作室”为每名教师设置了“五级梯队”成长计划，制定了培养方案与目标，促进学员成为在某一方面学有专长、术有专攻的公认的知名教师。“名师工作室”充分发挥了名师在课堂教学、课改实验、课题研究、师资培养等方面的示范、指导、引领、辐射作用，帮助“达标升级”学校在短期内快速提升办学内涵，对促进区域义务教育优质均衡发展起到了重要的推动作用。

三、破解城乡差距问题，“达标升级”学校建设初见成果

通过三年时间，园区将乡镇中小学校改造升级为区级直属单位，全面实现了义务教育的统一管理体制、统一规划布局、统一办学标准、统一办学经费、统一教师配置和统一办学水平，从根本上破除了制约教育优质均衡发展的体制机制障碍。与此同时，到 2013 年，园区已基本实现小学高层次学历教师达 95%、中学高层次学历教师达 90%；小学中高级职称教师比例达 65%，初中中高级职称教师比例达 70%的校园建设目标。园区内学校全面“达标升级”项目初见成效，校园基础建设水平有了广泛全面的提高。

在推进全区校园“达标升级”的改革过程中，园区坚持既筑高原又造高峰，持续强化质量建设，推动教育发展提质增效，不断巩固比较优势，强化核心竞争力。在人口不断增长的当下，园区学校满足了区域内儿童的入学就读需求，同时推动了高质量教育的发展。学前教

育入园率、义务教育巩固率、高中毛入学率等指标连续多年保持100%，中小学生体质监测、中小学生艺术学科监测水平连续多年保持全市第一。省市优质幼儿园数量实现8%的年度增长，幼儿接受优质普惠学前教育比例达到95.8%。中考连续10余年领跑全市，总平均分、普通高中达线率、四星级高中达线率等核心指标保持高位。高考整体成绩优异，高分人数占比、普通一本上线率、含艺体一本上线率、普通二本上线率、含艺体二本上线率等指标均位居全省前列。

园区坚持创新驱动发展，承担了一批国家、省市重大改革项目和重大研究课题，推出一批重大创新发展模式和创新实践成果，积极为国家教育改革提供园区样本，在科技驱动教育发展的层面取得了一定成果。园区学校一批课题和项目先后跻身工业和信息化部、教育部“5G+智慧教育”应用试点项目，教育部绿色可持续发展教育研究课题、江苏省基础教育前瞻性教学改革重大项目、江苏省教育改革发展战略性与政策性研究课题等行列。园区已然成为苏州市国家智慧教育示范区核心区，并获批成为国家级信息化教学实验区。为全面实现“达标升级”，纵深推进“双减”工作，园区内各学校注重教育服务工作。园区内课后延时服务实现学校全覆盖、有需求学生全覆盖，参加学生占比超苏州市平均水平，家长满意度位居全市前列。同时，园区学校以技术赋能校园安全，加强智慧安防校园建设，落实校园监控摄像全覆盖布点，推动IOC智能识别系统全覆盖，高标准开展江苏省“阳光食堂”信息化监管服务平台建设和“明厨亮灶”工程建设。

四、正视相关问题，长线深入推进园区学校改革

在肯定园区学校建设的成绩的同时，也要清醒地认识到园区学校建设中存在的不足。对标教育现代化要求、对标国内外先进地区教育发展水平、对标人民群众对高质量教育的期盼，园区教育发展仍然面临一些挑战。

一是教育资源供给面临挑战。学校教育资源总体不足，学前教育中民办幼儿园占比过大，义务教育资源存在结构性矛盾、大校额大班额问题还比较突出，高中教育资源需求急剧上升。如何推进教育资源供给侧结构性改革，在园区学生教育需求不断增长的情况下合理分配教育资源，满足学生及家长的教育需求，有效突破资源瓶颈是园区教育当前必须破解的难题。

二是师资队伍建设面临挑战。园区内教师队伍配比整体呈沙漏形发展态势，年轻教师与老教师占比大。年轻教师的活力及对数字化教学的快速适应能力与老教师充足的经验是不同年龄段教师不同的长处所在，然而，对于年轻教师而言，能否快速成长成为能够独当一面的骨干教师是影响学校教学质量高低的关键；同样，老教师虽然有着充足的经验，但容易墨守成规，造成教学方式和思维固化。因此，促进年轻教师快速成长、激活老教师团队的活力成为当下园区学校发展的重要目标。

三是拔尖人才教育面临挑战。随着社会群体对高质量教育需求日益迫切、自主性要求越来越高，园区在拔尖创新人才教育培养方面面对的挑战和压力也越来越大，为了更好地适应社会需求变化，对标教育部“强基计划”，提高园区拔尖创新人才教育培养水平，需要进一步推出创新性政策举措。

教育不仅是最大的民生工程，还是园区投资、创业和居住环境的重要组成部分，是提升城市功能内涵、推动高质量可持续发展的重要基础工作。因此，在未来的园区校园教育中，必须持续深化教育供给侧结构性改革，全方位、多角度、深层次对教育改革进行全面总体的顶层设计。

一要进一步优化资源供给。教育资源相对紧缺是当前园区教育发展面临的主要矛盾之一，要进一步优化教育规划布局，切实满足人民群众的教育需求。要保障增量资源，综合考虑未来人口结构、交通流量、板块功能等因素，进一步统筹优化教育资源的空间分布、服务半径和配建水平，形成符合园区实际、规模适度、结构合理的教育布局，特别是针对未来几年基础教育学校建设需求，要盘活存量资源，根据发展需要，对现有教育资源进行统筹腾挪和翻建扩建，因地制宜、因校制宜，充分利用好每一寸土地，在存量中释放更多的资源空间。要建设精品校园，高起点、高品质抓好学校项目的空间规划、建筑设计与工程质量，有序做好校舍安全、抗震鉴定及校舍改造修缮升级工作，让每一所学校、每一幢建筑都有独特的自然景观、人文精神及内涵特质，彰显园区教育的生机、活力和朝气。在保证质量的同时，打造出具有苏州文化特色的校园环境。

二要进一步强化师资建设。教师是提高教育质量、办好人民满意教育的关键。要加强师德师风建设，将师德规范作为教师培训必修内容，贯穿教师职业生涯全过程。建立师德评价核心指标体系，将师德作为教师入职、考核、评聘、表彰等的首要参考依据，建设一批园区师德涵养基地，选树一批师德品牌项目。要加大思政教育力度，健全教师政治理论学习制度，加强思政课教师队伍建设，增强课程思政意识，守好课堂教学主阵地，让有信仰的人来讲信仰，让优秀的人培养出更优秀的人。要完善分层分类培养，启动实施青年教师雏鹰计划、骨干教师精进计划、名优教师领航计划、管理干部培育计划、退休教师银龄计划，系统优化队伍结构，重点提高骨干教师比例，提升园区教师队伍整体水平。

三要进一步优化教育品质。教育内涵建设是提升教育发展品质的重要抓手。要推进学前教育优质普惠发展，实施学前教育发展提升行动计划，大力发展公办幼儿园，不断提升民办普惠性幼儿园公益保障水平，落实课程游戏化，科学推进幼小衔接，持续提升幼儿园保教质量。要推进义务教育优质均衡发展，大力实施集团化办学，充分放大名校优质资源辐射推广与合成再生优势，形成“以优带新、以强扶弱”

的优质教育资源集群，让更多孩子享受到公平而有质量的教育。要推进普通高中优质多元发展，深入开展“筑峰行动”，加快实施拔尖创新人才分类培养计划，开发培养课程，优化评价制度，探索项目化、个性化培养策略，让更多优秀高中生进入更好的大学。要推进职业教育优质特色发展，加强“双师型”（教师、工程师）教师培养，探索实施学徒制模式，深化产教融合、校企合作，切实增强职业教育适应性，打造苏锡常都市圈职业教育高质量发展的园区样板。稳妥做好苏州科技职业学院筹建工作。要推进高等教育优质创新发展，做强高等教育国际化示范区品牌，持续深化苏州市产学研合作示范区建设。支持高校引进和培养地方产业紧缺型人才，优化学科专业布局，加快汇聚创新资源，推进产学研深度融合，提高核心共性技术研发和创新应用能力，形成一批可产业化的关键应用技术成果，服务园区发展。

四要进一步深化教育改革。改革是教育发展的根本动力。要深入推进“双减”工作，高标准做好课后延时服务，坚持系统集成、整体推进思路，实施评价引领、课程改革、教学变革、教师培养、校园管理等十大领域改革。把防风险、守底线，服务发展大局摆在突出位置，稳妥有序推进校外培训机构治理，确保“双减”工作各项任务落实落地、做实做好。要大力实施智慧教育工程，启动园区智慧教育4.0项目，夯实数字化新基建、培育数字化新基因，争做教育数字化转型示范，加快推进信息化时代教育发展模式、教育服务业态、教育治理方式的革命性变革，打造园区教育新生态。要探索新型教与学模式，深入开展全国信息化教学实验区与工业和信息化部、教育部“5G+智慧教育”应用试点项目建设，创新教学组织模式，转变教学方式，推进课堂转型，打造以素养为导向的网络化、沉浸式、智能化的新型教学模式，探索“人网融合”教育发展新样态。未来园区将进一步深化教育教学改革，缩小城乡学校二元制不均衡发展的差距，提供让学生、家长都满意的教育服务，努力打造出绿色、良好、可持续发展的教育教学新生态。

第三节　激发活力——促进学校内涵式发展

一、从定义出发，解读学校内涵式发展的时代意义

1. 学校内涵式发展的要求

发展的主要模式分为外延式发展与内涵式发展两种，而得到普遍认同的“学校内涵式发展”的定义是：学校在资源投入及办学条件一定的情况下，通过挖掘自身潜力、增强发展能力并形成发展机制以实现不断改进教育质量、提高办学效益的发展。其中，立足自我为基础，以人为本为动力，能力建设是核心，质量效益为目的[8]。

外延式发展与内涵式发展的区别如下：外延式发展侧重学生发展过程中可计量的要素，如学生的及格率、毕业率、教师的数量、资格达标率等；内涵式发展注重学校发展的本质方面，如学校各项工作的有效程度、学生满意度，教育思想、办学理念、校园文化状况，学生身心发展水平、综合素质情况，等等。其中，内涵式发展坚守“自强不息”，走的是“创造”之路，它注重自我发展能力的培养、自我发展的形成，重视人的主体性和创造性，从多方面积蓄力量以实现自我提高与改进。学校外延式发展往往以己为重，更多地倾向索取。因此，单一地注重学校外延式发展并不利于教育事业发展的全面、协调、可持续。学校内涵式发展立足学校自身，能极大地促进教育事业的全面、协调、可持续发展。

学校内涵式发展是要通过充分挖掘内在潜力、不断增强自身发展能力而实现的自我提高、自我完善和自我发展，积蓄能量是学校内涵式发展的核心[9]。在学校教育的过程中，教学工作是学校一切工作的核心，是推动学校内涵式发展的首要力量，也最能体现学校发展的程

度和水平。教职工是学校中最为珍贵也最值得开发的资源，是确保教学水平达到一定层次的首要条件，师资队伍建设关系到学校各项工作的成效，并决定着学校持续发展的能力。教学科研是学校可持续发展的自我智力支持，教学改革是寻求新的生长点，以便更好地促进发展的强大动力。从本质上而言，促进学校内涵式发展的根本需要是进行学校教育教学团队的人事改革。

学校的教育人事制度改革主要包含三大方面，即教职工聘任制、校长负责制、岗位责任制，且教职工聘任制是其中核心。从大处看，教职工聘任制营造了教职工就职或流动的市场化环境。从小处看，教职工聘任制是对学校和教职工之间的特殊劳动关系的规定[10]。开展教育人事制度改革更是一项系统工程，其机制的核心就是“责任”与“选择”。“责任”是静态角度的分析，不同角色的分工与责任是整个制度运用的依据。“选择”是动态角度的分析，教育人事制度改革就是要引入竞争机制、建立社会选择机制，并尊重基于规则的个人选择。可以说，教育人事制度改革是从管理者的角度出发，培养筛选出一批有责任感、符合时代教育需求的教育人才。唯有教育环节中的每一个角色都能主动担当起自己的教育责任，才能维系好整个教育团队体系的运转。

2. 依据国家教育政策提出的区域问题解决方案

2022 年 9 月 2 日，人力资源和社会保障部、教育部印发了《关于进一步完善中小学岗位设置管理的指导意见》，为深化中小学人事制度改革提出了要求、明确了方向。随着新课程改革的逐步推进，学校逐渐认识到，通过教育家办学实现内涵式发展，是打造一流名校的必由之路。无论是学校教育资源的丰富，还是教学质量的提高，内涵式发展都对学校的管理水平提出了更高的要求。国家教育政策的贯彻、新课程改革的实行，学校教育教学的实施、素质教育的落实等，都要依靠学校管理来实现，学校管理水平在一定程度上决定了学校发展的高度。如何创新管理模式、改变管理思路成为摆在每一所学校面前的必修课题，虽然这称不上是新的任务，但在教育改革的时代、在学校内涵式发展中却蕴含着新的意义。然而，学校在推进教育改革的过程中，很难做到“一碗水端平”。因此，如何通过有效的学校管理，让每一名教师能够将更多的精力投入新课程改革和教育教学，发挥每一名教育者的主体性，是摆在学校管理者面前的一个亟待解决的难题。

苏州工业园区作为全国教育示范区域，在全面深化教育改革的过程中充分认识到内涵式发展对学校教育长久发展的重要性。在国家的“双减”政策及新课标的要求下，园区聚焦人才结构优化，推进人事管理制度改革，全面建构优秀人才培养体系，并在园区内各学校全面推广施行，全区域多方位打造了学校教育人才队伍。根据国家教育改革相关政策法规及《江苏省政府关于加强教育人才队伍建设的意见》精神，结合《苏州市人民政府关于加强教育人才队伍建设的意见》，园区教育局于2014年正式出台《关于进一步加强园区中小学、幼儿园教师教育体系建设的意见》。文件指出，园区的基础教育体系建设应在全面贯彻党的教育方针，遵循教育规律和教育人才成长规律的前提下，全面推进区域教师教育，实现人才强教、人才兴校和人才强区；以提高职业道德修养为先导，以激发教师发展意识为关键，以提升教师专业发展能力为核心，统筹推进各级各类教育人才队伍建设。教师教育体系建设应遵循“前瞻性、科学性、实效性”原则，做到架构与实施同步，开发与组织并重，中心与基地共建，自主与引进相长。自此，园区教育局陆续出台相关政策文件，从教师团队、校长队伍建设方面给出政策性指导意见，为园区内学校培养教育人才提供了具体的行动目标并指明了方向。

二、立足实践，多方位建设园区学校教育人才体系

为切实加强园区教育工作，提升中小学、幼儿园教师专业化发展水平，结合园区教育的发展要求，园区根据《国务院关于加强教师队

伍建设的意见》及江苏省对园区教师队伍的规划部署，开展了教育系统干部队伍建设“四项工程”活动，实施建构了一系列优秀教育人才培养体系。

1. 教师交流制度

教师交流制度将交流作为刚性指标与干部提拔、职称评聘、评优评先及工作年限等挂钩，以制度化、规范化、常态化的交流，促进教师资源在区域之间、学校之间的均衡配置。主要包括教师与教师之间，以及教师与家长之间的交流与合作。教师教育在中小学教师、幼儿园教师培养中发挥着重要作用，是加强教师队伍建设的重要环节，是推进素质教育、促进教育公平、提高教育质量的重要保证。当下，智力已不再是个体成功的唯一因素，合作已成为促进教育发展的重要途径之一，每名教师成功与否取决于其在与人合作、自我激励、处理事务、方法策略等方面的能力的高低。教师与教师之间的交流合作，包括同班级教师的团队合作、同学科教师的同伴互助、同年级教师的学科联盟、同学段骨干教师的发展共同体等。首先，以班级为组织单位开展团队合作，班主任需协调科任教师共同关注学生在学习上遇到的问题。这种多学科的交流与合作不仅能使以班级为单位的教学团队增强凝聚力，更能够有效实现班级学生各学科成绩全面提高。其次，同学科教师组成的教研组、备课组开展集体备课，探讨交流、合作共享，组建学科联盟，形成学科教学合力。同学科教师之间的交流对明确每个年级学科教学的研究重点，开展典型课例高效课堂教学设计研究，实现学科教学资源信息、经验成果的共建共享有着重要的作用。再次，同一年级不同学科的教师组成联盟，共同设计跨学科课程活动，保障学生在不同学科中获得一致和有连贯性的学习体验；共享教学材料、资源和教学策略，减轻教师个体的工作负担，提高整体教学效果。通过联盟，不同学科教师能更好地协调教学计划、分享教学资源、共同解决学生在学习中遇到的问题。最后，同学段骨干教师组成骨干教师发展共同体，围绕主题进行研究，通过开展主题研究论坛、教学案例分析、教育教学策略研究、名师教育思想研讨等活动促进同学科教师共同进步，以名师带动骨干教师，让骨干教师帮助先进教师成长。骨干教师发展共同体的建设凝练了教学特色，锻造了名师风范，发挥了学科引领作用和示范辐射功能。

教师与家长的有效沟通合作主要体现在：班主任或科任教师与家长及时沟通，共同教育学生。为更好地进行家校融合教育，教师在与家长沟通前要做好准备，对学生的在校状况有比较全面的了解，提高与家长沟通的实效；沟通中“多报喜，巧报忧”，注意方式方法，力求得到家长的认同；沟通后要总结收获，及时处理收集到的信息，并反馈于日常教育教学行为。家校融合的教育方式能够帮助教师群体有效了解学生的个人情况，从而为学生定制合适的学习路径，有针对性地提高学生的学习效率与个人素养。可以说，教师交流制度从多角度出发，能够全方位培育教师人才团队的合作精神、学科素养，从而提高教师在日常教育教学过程中的责任感和统筹能力，带动更多的教师成为能够独当一面的骨干教师。

2. 星级教师评估制度

为促进园区教师队伍的发展性评价机制和人才成长激励机制形成，突出以教师能力和实绩为主要评价导向，进一步优化学校薪酬分配改革方式，园区内各学校全面建立星级教师评估制度，以引导更多教师于教育一线建功立业，努力造就一支适应全面推进素质教育和课程改革需要的具有现代教育素质和创新精神的教师队伍。学校星级教师，分为五星级教师、三星级教师两个档次，由学校在实施校内年度千分制考核的基础上评选。千分制考核分师德规范、德育业绩、教学实绩、教育科研和民主评议五个部分。星级教师的评价主要从遵纪守法的规范性、关爱学生的道德性、教育水平的专业性、创新科研的开拓性及联系群众的认可性五个方面进行。一线教师作为学生的榜样，必须以身作则，良好的师德师风是第一准则，其次才是科学的有深度的知识储备与教育水平。一名成熟的骨干教师，不仅要有优秀的教学实绩，同时也要得到学生、家长及社会的认可。不同星级的教师会享有不同的待遇，学校的五星级教师当年分配可达到本单位副职标准，学校的三星级教师当年分配可达到本单位中层标准。教育局按此标准增加单位年终分配总量。不同层级的教师享受不同薪资待遇是有效激活教师团队积极性的行政手段，正向积极的薪资分级手段能够激励教师的个人积极性，促进教师以更高的热情投入一线的教育教学。

3. 校长职级制度

园区内广泛实行的校长职级制度是进一步深化园区中小学（幼儿园）管理体制改革，充分调动中小学（幼儿园）校（园）长为教育改革和发展服务的积极性和创造性的重要手段，对建设一支政治素质好、业务能力强、管理水平高的校（园）长队伍，不断加强中小学（幼儿园）校（园）长队伍的专业化建设有着重要的作用。校长分级制度将中小学校长职级分为五个等级：特级校长、一级校长、二级校长、三级校长、四级校长。每年底，园区教育局会根据校长的学历及工作年限对其进行考核，完成定级，且校长的薪资待遇会与其级别挂钩。考核的方式则包括自评、他评以及综合评价，校长可通过自然晋级或破格晋级的方式实现职级提升。按照“脱钩、分类、放权、搞活”的思路建立的校长职级制度，引入了职业发展和竞争激励机制，对评价指标进行了改革，将校长职业进取、专业发展与学校发展、学生发展、教师发展挂钩。校长评级制度从多角度全方位对校长的工作进行反馈，能有效从学校管理层制度层面全面认识校长在学校工作中取得的成果，以促进校长的自我反思和进步，引导校长潜下心来抓教育、静下心来抓管理、沉下心来抓质量。

4. 教育人才指数测评实验

“教育人才指数”系指反映一个地区或一所学校教育人才整体状况的综合评定指标，是2013年苏州工业园区在全国范围内率先提出的教育类人才评估概念，也是苏州工业园区按照相应的权重比例赋值测评区域内中小学教育师资队伍建设水平的考量指标。教育人才指标由刚性指标和柔性指标构成，刚性指标指反映教育人才现有特点或水平的指标，体现出区域或学校师资整体素质与人才发展的硬实力；柔性指标指对教育人才成长具有影响作用的指标，反映出师资整体素质在下一时段内的变动趋势及同时段在区域范围内的发展水平。园区教育人才体系中的14个指标具体指骨干教师（含名师）、教学能力与教学成果、德育管理人才、教育技术保障人才、教育国际化、高学历教师、高职称教师、青年骨干教师、青年管理人才九个人才刚性指标，以及“区域人才交流”“人才成长环境”“行政团队综合”“教育人才绩效”“教育人才稳定”五个人才柔性指标，能够多维度全方面地反映园区内教育人才体系建设的成果。园区的教育人才指数测评实验长期以来对园区内学校选拔培育高质量全面发展的名师有着不可忽视的作用，通过对学历的提升、德育素养的培养及名师的规模数量等数据的检测，可以明确园区内师资力量、教师教学成果和教学能力的变化。

三、数据引领下的教育人才体系建设成果

教师学历结构、职称结构及名师数量结构是衡量一个地区师资团队建设成效的最直观数据。园区自2016年起全面进行教育人才质量建设，至2018年，教师人才队伍的三项指标都有了明显的提高。2018年，园区中小学专任教师本科及以上学历的占比为97.56%（比2017年增加0.48%），其中研究生学历的教师占比23.20%（比2017年增加

1.34%）。教师学历指标继续位居苏州大市第一，远超江苏省教育现代化指标体系的相关评估标准，率先达到苏州市高水平教育现代化的相关指标要求（表2-1）。

表2-1 2018年园区专任教师学历结构表

学校类型	专任教师人数（人）	本科及以上各学历人数与占比			
		研究生学历人数（人）	比例	本科学历人数（人）	比例
小学	1 938	277	14.29%	1 563	80.65%
九年一贯制学校	3 615	830	22.96%	2 731	75.55%
初中	448	105	23.44%	337	75.22%
高中	809	368	45.49%	433	53.52%
合计	6 810	1 580	23.20%	5 064	74.36%

数据来源：《苏州工业园区2018年教育人才指数测评分析报告》。

与此同时，2016—2018年园区研究生学历教师比例持续提升，2016年、2017年、2018年比例分别是20.4%、21.86%和23.20%，呈现平稳增长趋势。分不同组别看，2016—2018年高中组研究生学历师资数量比例分别是36.2%、41.17%和45.49%，保持近5%的增速，规模和增速均位居园区之首；初中组2016—2018年研究生学历师资数量的比例分别是16.0%、18.18%和23.44%，也呈较快增长趋势；九年一贯制学校组2016—2018年研究生学历师资数量的比例分别是21.61%、22.56%和22.96%，小学组2016—2018年研究生学历师资数量的比例分别是12.90%、13.00%和14.29%，保持增长态势。从学历来看，园区师资队伍基础好，虽然新教师较多，但发展潜力大。

2016—2018年园区正高级职称教师比例略有增长，2018年比2017年增长0.06%；2016—2018年高级职称教师比例分别是13.13%、13.53%和13.01%，中级职称教师比例分别是42.10%、42.14%和38.49%，初级职称教师比例分别是26.13%、25.54%和25.46%。数据表明，虽然园区不断加强师资队伍建设，特别是加大对青年教师的培养力度，教师的职称晋升逐渐抵消新教师加入带来的稀释效应，但由于新教师数量增长速度过快，2018 年园区中高级职称教师比例增长率较 2017 年缩减了 4.58%（由 0.45%缩减至 − 4.13%），初级职称和职称未定级教师比例达到了 48.37%。因此出现了各职称人数比例不均衡的情况（图 2-1）。

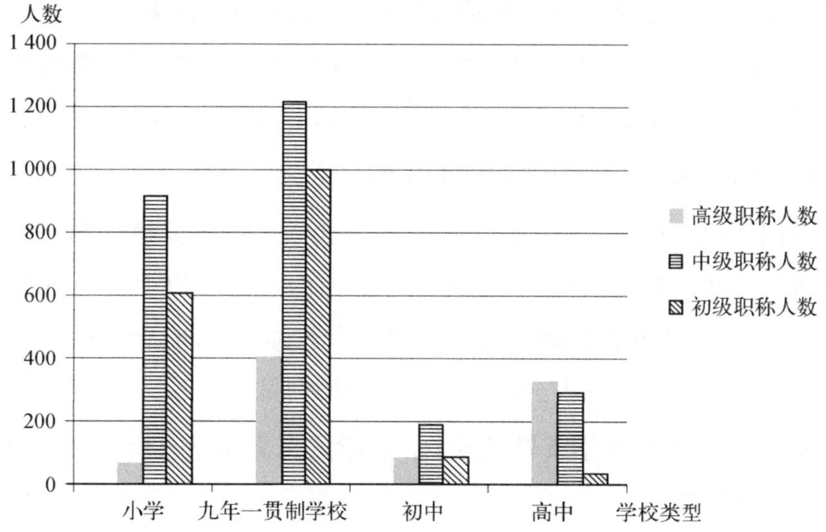

图 2-1　2018 年园区专任教师职称结构表

名师数量在总体上也有一定的增长，且出现了一批全国优秀模范教师代表。园区统计数据显示，2018 年园区中小学、幼儿园市级以上各类名师达 133 人（次），其中江苏省人民教育家工程培养对象 1 人，江苏省名教师 1 人，正高级教师 11 人，特级教师 35 人，全国模范教师 1 人，全国优秀教师 6 人，姑苏教育人才 46 人，苏州市名教师与名校长 33 人。近年来，园区高学历教师、青年骨干教师指数在苏州市居领先地位，远远超过江苏省教育现代化指标体系的相关评估标准，率先达到苏州市高水平教育现代化的相关指标要求。随着园区经济社会的发展，区域内学校更加重视对高学历教师人才的引进。园区教师招聘对象以高校应届毕业生（尤其是获得奖学金、师范类教学基本功比赛大奖的学生）、35 周岁以下青年教师（尤其是骨干教师、市级及以上教学比赛获奖教师）、有研究生学历的青年为主。这基本保证了园区每年能招聘到足够的高学历教师和足够的年轻骨干教师或具备在短期内成为骨干教师潜力的青年。同时，园区十分注重在职教师的学历进修，特别是硕、博士研究生学历的获得，出台了一系列奖励性的政策，使得在职攻读教育硕士乃至教育博士学位的教师越来越多。

园区内教育人才指数评测实验显示，通过 2016—2018 年的教育系统人才建设，14 个园区人才“教育人才指数”的平均值都有显著的提升。

1. 骨干教师（含名师）指数有了明显变化与提升

与同类地区相比，园区骨干教师比例较大，已提前达到苏州市高水平教育现代化指标要求（至 2020 年，市级、区级以上骨干教师占 30%）。其中，江苏省特级教师、全国优秀教师、苏州市学科带头人、区级骨干教师总数及其占全体教师人数的比例目前在苏州市位居前列。

2. 教学能力与教学成果指数中，教学成果奖质量有所提升，教学基本功一等奖最多

教学基本功历来是衡量一个地区、一所学校、一名教师教育教学综合水平的主要指标。自 2011 年江苏省教育厅开始组织基础教育青年教师教学基本功大赛以来，8 年中代表园区参赛的教师中共有 30 人获得省一等奖（不含班主任基本功大赛）。继 2017 年 4 个学科获得省一等奖（以县区级为单位统计，居省内第二位、苏州市第一位）之后，2018 年园区再度取得好成绩，9 名教师获得省一等奖，以县区级为单位统计，获奖人数位居全省第一位。园区内教师团队取得的教学成绩标志着教师专业素养的全面提高，也凸显了园区教师人才队伍的建设卓有成效。

3. 德育管理人才指数中，班主任基本功竞赛连获省级大奖

2016 年以来，园区教师多次凭借扎实的基本功、先进的教育理念与过人的教育智慧在江苏省德育管理人才相关竞赛中获奖。如在江苏省中小学班主任基本功竞赛中连年获得一等奖：2016 年园区教师获得一等奖，使苏州市在这一赛事上实现了“零的突破”；2017 年园区两名教师作为苏州市代表队选手参赛，双双荣获一等奖；2018 年园区教师再次荣获一等奖。教师德育基本功获奖代表了园区内教师在整体德育建设成绩上取得了重大突破，也激励了园区进一步加强教师人才队伍建设。

此外，园区对教师团队提出科研要求，并鼓励教师参与团队科研活动，培育技术性创新性人才，以教师创新带动学生成长，以身作则培养学生科研能力，在注重教师自身教学水平的同时促进教师内涵发展。与此同时，园区学校鼓励教师参加海外研学培训，促进学校教育的国际化。在引进海外高学历人才的同时，为学校教师提供海外进修研学的机会，并将数字化科技与教师培养相结合，不断提高每一名教师的教学素养，从而实现了园区内教师发展相关指数逐年稳定增长。

四、正视当下不足之处，长线发展园区未来教育

尽管园区学校在人才内涵式发展上取得了一定的建设成效，但当下园区在教师人才队伍体系建设上依旧存在问题，影响园区教育的全面发展。首先是园区内高端教育人才比例较低。尽管目前优秀骨干教师比例较大，但大多数属区级骨干教师，市级以上骨干教师占比不足3%。排除评审机制上的因素，尽管多数顶级奖项参评难度高、参评人数少，但园区市级以上骨干教师较少的根本原因在于园区学校高尖端人才的竞争力相对薄弱，顶级人才力量不足。因此，建设高尖端教育人才队伍已成为当下园区教育人才体系培养的重要方面。其次是高职称指数相对落后，目前园区小学、初中的中级以上职称教师数量与苏州市高水平教育现代化指标要求还有差距，高级职称教师数量与同类型地区相比也相对偏少。园区建区仅 30 年，快速扩大的规模及对师资

数量的需求使得教师团队以年轻的高校应届毕业生为主，园区内年轻教师的成长需要一定的时间。虽然年长教师也有一定的基数，这一群体也有一定的教学经验优势，但在智慧教育发展的今天，年长教师群体竞争力远远不够，因此激活教师制度，促进教师积极进取，在遵循个人成长发展规律的同时激励年轻教师早日成为能够独当一面的骨干教师，是当下园区内涵式发展的重要目标。

首先，园区需要持续推进教育人才体系建构，加强各类教育人才队伍建设，既重视教育管理人才队伍建设，又重视教育技能人才队伍建设，更重视面广量大的专业技术人才队伍建设；坚持优化教育生态环境、整合各方人才资源，加快推动教育人才发展。其次，园区需要“实行更加积极、更加开放、更加有效的人才政策，以识才的慧眼、爱才的诚意、用才的胆识、容才的雅量、聚才的良方，把区内外各方面优秀教育人才集聚到教育的伟大奋斗中来”。健全激励机制，促进专业发展，发挥“师德高尚、业务精湛”的高素质教师引领作用，做到人尽其才、用人所长，更多地发挥他们在专业技术上对其他教师的引领作用。最后，园区需要不断激发校长工作热情和开拓创新精神，加速校长专业化发展；同时向周边地区和教育发达地区学习，激发各类各层次人才持续发展的活力。在社会快速发展的今天，唯有积极主动盘活教育团队，主动建设符合社会需求、顺应时代发展的现代教育人才团队，才能在教育改革的浪潮中脱颖而出。

第四节　以人为本——构建良好的教育生态

一、新时代信息化背景下的学生培育要求

1. 当前我国信息化发展概况

当今时代，新兴技术快速发展，尤其是大数据、人工智能技术快

速渗透进教育行业，对教育发展产生深远影响。信息技术在教育改革和发展过程中的重要性日益凸显。随着多年的教育发展，我国教育信息化已从起步、应用阶段向融合、创新阶段发展，人工智能等新技术的发展为教育信息化转段升级注入了新的活力。尽管当前我国基础教育信息化已初见成效，但依然存在一定的问题，典型的有：资源建设的高投低效问题；教学设计的简单与重复问题；教育研究的有名与无实问题[11]。具体表现在学校建设重“硬件”、轻“软件”；教学观念的传统与滞后性，教师培训存在一定的问题；课题研究缺乏系统性、可行性、整体性。目前我国教育信息化已经迈入具有教育实施意义的阶段，解决上述问题成为促进教育观念与教学方式变革、培养学生创新精神和实践能力的重要手段，也成为激活学校教育的重要因素。另外，传统学校教育中最典型的问题是“教师看不到学校发展的美好前景，缺少进取精神和自我提升意识；学生对于学校缺少认同感，对自我缺乏管束力”[12]。从整体上改变区域内学校教育信息化状况，进行课堂教育变革已是大势所趋。因此，融合信息技术，导入互联网技术和互联网思维，重构教育生态，打造“互联网+”条件下的新教育，对推动新时期我国教育改革发展具有重要意义。

2. 政府层面的政策支持

为顺应时代发展需求，提高国家整体教育竞争力，国家针对教育信息化颁布了一系列政策。《教育信息化十年发展规划（2011—2020年）》（以下简称“十年规划”）和《教育信息化2.0行动计划》明确提出，坚持深化信息技术与教学融合，以智能技术等新兴技术推动“互联网+教育”发展。2014年3月，教育部《关于全面深化课程改革落实立德树人根本任务的意见》提出：“教育部将组织研究提出各学段学生发展核心素养体系，明确学生应具备的适合终身发展和社会发展需要的必备品格和关键能力。”

根据国家相关政策及素质教育要求，园区出台《苏州工业园区“5G+智慧教育”暨国家级信息化教学实验区深化推进实施方案》，力求达到区校协同创新、政研一体、整体联动的建设效果。与此同时，园区确立成长评价引领、学习方式优化、教学模式创新、智慧平台支撑、新型队伍建设、教育治理革新六大研究基点；明晰顶层系统化架构、场域立体化建设、课程融浸式开发、师资专业化培训、文化浸润式营造五大建设支点；聚焦课程建设、教与学模式创新、评价与管理三大实施要点；彰显“学习的革命”“减负增效幸福成长”两大推进落点。从全方位、多角度进行整体顶层设计，通过园区整体领导重构区域内学校的生态教育环境。在此基础上，园区“STEM教育支持强基创新人才的融浸式实践”项目于2020年11月正式入选江苏省基础教育前瞻性教学改革实验项目，园区于2021年正式成立STEM教育研究院，提出投建STEM教育融浸式实践的“五强”课程图谱。同时，园区STEM教育物质科学联盟在STEM教育研究院的指导下，聚焦国家教材课程，展开支持式课程融浸式实践研究。

二、信息化教育推动下的学校“人本位”办学教育案例分析

园区内各学校结合自身特点，将信息化的教育技术与“以人为本，以学生为主体”的教育理念结合，有效构建学校教育生态环境。STEM教育是园区内教育信息化的重要特色之一，其核心理念是将民族自信、生活体验与国家教材课程及课程教育目标相结合，在培养学生创新能力的同时促进学生传承地域文化。作为园区内课程融浸理论与“以人为本”理念结合的成功实践，STEM教育在区域内的学前教育课程及基础教育学校中有了广泛的运用，利用现代科技为高校输送了拥有创新能力、科研能力的高素质人才。根据不同学习阶段的办学需求与教育培养方案，STEM教育对于学生核心素养的培育重点也大不相同。下文选取三个不同层次与不同类型的学校作为典型案例，分

别从技术推动教学变革、传统学校特色发展及特色化学校的未来思维教育三个不同视角出发，分析教育信息化在园区内的不同定位、应用及在构建良好教育生态环境中的重要地位。

园区华林幼儿园作为江苏省STEM教育试点园，积极开发STEM教育项目，使幼儿在玩耍的过程中能够习得小组合作、创新思考的技能，对培养幼儿不畏困难、坚毅勇敢的性格起到了重要作用。

园区东沙湖小学在深刻认识当前我国STEM教育的不足之处的前提下，在具体设计实施校内STEM教育项目的过程中对其进行了再次创新，将特色项目与学科进行融浸、拓展，做到了“对症下药”，同时发展了学校的自身特色。

冷泉港亚洲DNA学习中心是园区面向广大青少年儿童开展科学知识普及的学习基地，通过提供生物方面的专业课程提高青少年儿童发现问题和实际动手解决问题的能力。学习中心将日常生活中的小事与生物知识相互融浸，运用国际最先进的方法开展生物科学教育及培训，分享基因科学教育研究的进展，让更多的人领略生命在分子层面的精妙和美丽。

1. 以教学变革重构学校教育生态环境案例——华林幼儿园大班STEM项目活动“桥”

（1）实践项目及成果

幼儿园教育作为儿童教育启蒙阶段，在按照国家规定幼儿教育标准的前提下运用信息化手段设置难度适当、能培养孩子素质、使孩子形成良好性格的活动方式是极其重要的，尤其是对幼小衔接的大班阶段的活动设置，将启发式教学与幼儿日常活动相结合，调动幼儿对科学探索的积极性，并为小学课程作好铺垫是幼儿课程活动的重要目标。园区华林幼儿园以日常生活中的常见的“桥”为切口，设置了STEM课程教学活动，调动了儿童参与活动的积极性，同时也提高了教师的信息素养与教学效能。

STEM 项目活动“桥”的设置源于一名幼儿在“小小播报员”活动中分享了自己在户外玩耍过程中对金鸡湖大桥产生了兴趣的经历与思考，并引发了其他幼儿的广泛讨论。因此华林幼儿园教师意识到可以通过开展以“桥”为主题的活动让幼儿认识和了解桥的种类、基本结构、平衡和承重原理等，通过实际操作和体验，感受桥梁结构的奥秘，并且在动手造桥的过程中开展合作探究，增强对造桥的兴趣。基于上述设计目标，教师设计了为期两周的 STEM 项目活动“桥”。

首先，对桥进行整体的认识。教师通过图片、视频等形式，展示苏州的各种特色桥梁，帮助幼儿认识苏州各式各样的桥。同时激发幼儿对苏州的整体认识，使幼儿萌发对家乡的热爱之情。

其次，了解桥的承重原理。基于幼儿发展的教育规律，在多方位对桥进行欣赏后利用乐高积木模拟搭桥，让幼儿进一步了解桥面形状、桥墩疏密等因素对桥梁承重的影响。

最后，发挥创造力造桥。在幼儿充分了解桥梁的相关知识与理论后，引导幼儿通过小组合作的形式运用多种材料设计建造属于自己的桥梁。在搭建桥梁的过程中，幼儿能够发现问题、解决问题，积极思考，大胆尝试，并充分发挥自己的想象力。

（2）经验启示

STEM 项目活动“桥”在核心素养培育的理论支持下，将苏州本地特色与幼儿教育相结合，让幼儿在游戏玩耍的过程中学到专业的桥梁知识，通过亲身体验的方式形成创新思维与动手能力。

教师以苏州的特色桥梁为引导，以平凡的事物为课堂活动设计的切入点，让幼儿充分了解苏州的名胜古迹与历史文化，从而培养幼儿的家乡身份认同感、民族自豪感，对本地文化的传承与发展有一定的促进作用。大班是幼小衔接的重要阶段，在幼儿活动过程中激发他们对科学知识的兴趣，能够为基础教育阶段的科学素养培育埋下种子，具有一定的必要性。然而，幼儿成长教育发展规律决定了对于幼儿群体的科学知识教育，并不适用直接的理论灌输。因此，STME 项目活动“桥”让幼儿用乐高积木模拟桥梁形态并做承重实验记录，这一过程让桥梁的理论知识实体化、可视化，让幼儿能够直观地感受、了解科学知识。在合作搭建桥梁的过程中，幼儿经过发现问题、同伴讨论、尝试解决、调整优化、经验迁移等一系列过程，实现知识的理解与批判，思维体系的联想与建构，以及经验的迁移与运用。此外，在此活动中，教师的身份也与以往不同。在以幼儿为主导的动手实践的过程中，教师始终扮演着观察者、引导者、支持者的角色，而不是以成人的视角干涉幼儿的奇思妙想。当幼儿在动手实践中遇到困难时，教师会给予幼儿鼓励并与之平等交流，积极引导儿童大胆尝试，直面问题，对培养幼儿的坚毅性格与勇气有着直接影响。

华林幼儿园的 STEM 教育项目让课程融浸不再只是空洞的理念，而是真正落实到儿童的成长培育中。在遵循儿童成长教育规律的基础上，将信息化的现代教育手段与游戏活动相结合，为学前教育提供了新思路、开拓了新路径。

2. 特色学科融浸补足传统教育短板案例——苏州工业园区东沙湖小学学科融浸式的 STEM 教育

（1）实践项目及成果

STEM 教育在各学校大规模开展，许多 STEM 课程基本信息中罗列了科学小实验、小制作，以及计算机编程、物联网、机器人等活动，部分学校认为这些活动就是 STEM 课程，开展了大量相关课程活动。南通市教育科学研究院指出，这些活动属于学科课程而不是 STEM 课程。与学科课程不同，STEM 课程是一种综合性课程，其与分科课程的关系一般分为两种：一种是以 STEM 课程取代传统的数学、物理、化学、生物等分科课程，充分整合内容后组成一门新的课程；另一种则是把 STEM 课程作为后设课程，即设置在分科课程之后的课程，指学习者在完成分科课程学习之后再学习的课程。

苏州工业园区东沙湖小学作为园区 STEM 教育基地学校和 STEM 物质科学联盟盟主单位，在充分认识当前我国 STEM 教育问题的基础上，聚焦学生主动探究能力的提升和课程实施方案的创新，积极探索全科支持下的融浸式 STEM 教育实践。

东沙湖小学根据小学生在认知发展不同阶段的特点，结合不同学科学习场景中知识和能力发展要素，以“物质科学”为主线，分年段规划了跨界的 STEM 教育校本课程。同时，做到将“学科”“项目”及“生活”融浸：“学科”的融浸能够在 STEM 项目实施的过程中让学生学到多学科知识；“项目”的融浸是该校 STEM 教育的另一个特点，学校从微小处入手，以“微项目”为落脚点，让学生在完成项目的过程中能够亲自动手操作；将“生活”与学习项目融浸，让生活中常见的事物与学科知识相结合，让学习不只是在课堂上，还可以是在生活中。

就教师团队而言，东沙湖小学认为 STEM 教育的关键是教师的成长，因此以“卷入式教研”和“开放式共生”为主要理念，通过组织教师工作坊让越来越多的教师加入学习，确立“学科教师 + STEM 种子教育 + 专家教师”的教师学习模式。从真问题出发，对应学习目标，按照学生需求研究 STEM 课程中各学科知识与实践的比例，精细化每个环节的教学要求，使教育目标指导教育过程、服务教学活动。

以 STEM 教育中语文知识的学习为例，三年级课程“小泡泡　大世界”基于文学家冰心的一篇散文，文章贴近学生生活，而又高于学生生活，文字唯美，富有意境，然而文本中部分词语在当代生活中已不常用，学生理解有一定困难，因此帮助学生深入理解是文章学习的一个重难点。传统语文课堂对词语、句子的释义大多通过结合上下文、运用一些图片，小学阶段的学生理解能力较弱，强调字面意义上的解释不利于学生对文章感情的深刻理解。因此，东沙湖小学教师在这一课的教学过程中将科学与语文结合，学生通过制作泡泡，在观察体验的过程中理解作者的文字表达与情感呈现，同时能够学习泡沫形成的相关科学知识。

（2）经验启示

在常规单一的学科课堂中，每个学科的学习都有固定的模式，这种学科融浸的学习方式在最初实施时对于每一科的任课教师而言都是一种新的挑战，因此每一个融合课例都是经过 STEM 融浸工作坊的教师长期合作打磨形成的。在分科教学的过程中，教师分工明确，各自为战，各学科教师之间缺乏深入沟通。课程整合融浸则有助于教师打破学科局限，在合作开发和设计课程的过程中增强合作意识，增加深度交流，实现课程创新。

东沙湖小学的 STEM 融浸式教育不仅能够帮助学生结合实际，通过亲身体验感悟课本中的文字知识与内涵，还能帮助学生同时了解不同学科的理论，让学校内的课堂学习真正与学生的日常生活相结合。

融浸课程不仅能够促进学生学习成长，还能够促进教师发展。教师在指导学生学习的过程中寻找自身发展的增长点，在与学生共同进行项目学习的过程中，教师能够学会从学生的角度探究课题，从学生展现的成果中去探索教师的成长价值。

3. 特色生物科学技术打造的未来教育案例——冷泉港亚洲 DNA 学习中心

（1）实践项目及成果

园区冷泉港亚洲 DNA 学习中心是作为一种综合课程形式的 STEM 教育的成功实践平台。学习中心与美国冷泉港实验室合作，将先进的生物实验教育方法引入园区中小学基础教育，在以国家基础课程为核心的前提下，让中小学生群体通过亲手做生物实验参与项目科研，探索生物分子知识的奥秘。

为保证园区学生能够全面学习当前国际顶尖的生物分子知识与科研成果，实验中心引入了冷泉港实验室全阶段的课程。但根据我国课程标准及园区学生发展需求与特点，实验中心对引进的课程做了一定的改进。学习中心根据不同学年段学生的发展特点设计了不同课程：对于小学阶段学生，实验中心通过“趣味DNA”“趣味酶”等进阶式课程让学生初步接触生物分子知识，学生可通过相关实验运用各种细菌、酶等作画，在学习科学知识的同时也接受了一定的美育培养；九年级、十年级及更高年级的学生可通过“法医侦探”“绿色基因”课程进一步了解生物分子知识在刑侦、农学领域的应用；十年级以上的学生则可通过DNA科学及DNA条形码序列的学习形成一定的科研基础，培养未来独立做科研项目的能力。

在小学组的实验课程中，有学生基于其生活实践，对“隔夜饭到底能不能吃”这一问题产生了浓厚的兴趣。学生从冰箱内滋生的细菌数量入手，设计实验组与对照组，发现在冰箱里的隔夜饭中，荤菜滋生的细菌数量要比素菜多。该学生的实验项目最终得到了生物学专业人士的认可，该实验项目的价值在于其切入点是日常生活中看似平常的事，却独辟蹊径，并不是关注隔夜饭中产生的亚硝酸盐的比重，而是将目光集中于隔夜饭滋生的细菌数量。在实验设计的过程中，低学段的学生能够有意识地、从新的角度去发现并思考问题，且能够自主设计实验、开展探究，是具有创新精神与科研精神的体现。

在高中组的DNA序列实验中，有学生对虾的基因组产生了一定的兴趣，并对此展开了实验探究。他选用同一区域的河虾作为研究对象，通过实验对比，破解了该区域内虾种族基因序列的秘密，同时发现了国际数据库中该种族生物基因序列相关文献中的错误，并通过发送邮件的方式与专家交流。该学生在该项目的实践中不仅学到了严谨的科研报告写作形式、条理清晰的研究过程与方法，更重要的是学到了一种敢于质疑、大胆探究的科研精神。

（2）经验启示

生物学科知识，尤其是微观层面的生物学科知识，是初高中学科学习的重难点，分子知识具有肉眼不可见性，因此在传统学校教育的过程中教师只能以文字阐释的形式进行教学，这种教学方式会导致学生在理解与吸收分子知识上存在困难。冷泉港亚洲 DNA 学习中心运用了国际先进技术，使微观的生物分子可视化，让学生通过动手操作去接触、了解、运用相关知识。相关测试显示，接受过项目化生物实验教育的高中生群体的成绩普遍比传统教育下的高中生群体的成绩要好。与此同时，有独立科研经验的学生更具创造力和科研能力。项目化的学习为低学年段的学生做好了生物知识的启蒙，同时也培养了高学年段学生的科研精神和创新能力。实验中心的培训项目也为国际化科研人才培养奠定了一定的基础，并为高校输送了一批具有科研精神的高质量人才。

三、园区学校特色 STEM 教育机制对学生的影响

尽管上述园区内三个案例学校属于不同的学年段，且具有不同的特色，但三者在实施 STEM 教育方面具有一定的共性。

首先，华林幼儿园、东沙湖小学及冷泉港亚洲 DNA 学习中心在开展 STEM 教育的过程中都采用了项目化学习的方式，强调对学习者自主探究、长效学习习惯的培养和对学习者学习能力的关注。项目化学习只是一种形式，学校改变传统学习形式的主要目的在于真正将课堂的主导权给予学习者——学生，教师将不再是课堂的主导。

其次，三个学校在发展 STEM 教育的过程中，共同展示了信息化技术的重要性。在教育数字化的时代，智能教学设备在各学段都有了广泛的应用，但必须深刻认识到，信息化教育技术并不是最重要的，高尖端的教育设备只是教育教学的辅助手段，在其辅助下真正达到一定的教育目的才是教育数字化的根本任务。三个学校在施行 STEM 教

育的过程中，都是以科技手段辅助学生获得科学知识。尽管先进的设备和技术都在学生学习过程中提供了强有力的帮助，但更重要的是学校对学生在项目研究中发现问题、解决问题的过程的重视。信息技术不是支撑STEM教育的唯一条件，比信息技术更重要的是学校及教师的正向引导与反馈。

最后，无论是对幼儿阶段还是基础课程阶段的STEM教育，学校重视的都是学生在项目化学习中动手动脑、主动探索的思维训练课程，这种思维训练不仅仅有益于学生当下的学习，更重要的是能为学生终身学习打好基础。在STEM教育实践中获益的不仅是学生群体，教师群体也通过与学生群体的正向互动和反馈，实现了自身能力的提升。这种共同成长是STEM教育最为重要的影响，也是STEM教育的意义所在。

四、以园区成功的STEM教育促进教育行业生态重构

园区的STEM教育为全国学校的信息化教育做了良好的示范。然而，从全局而言，我国的STEM教育至今仍局限于非正式教育领域，未能进入常态化的课程与教学，未能成为教育的主流。因此，以园区为典范，大范围推动STEM教育进入各阶段学校教育，成为未来教育发展的主要目标，也是重构良好教育生态、深化学校教育改革的重要举措。

根据园区STEM教育的成功经验，STEM教育的实施要严格遵循课程的基本要素：目标、内容、实施、评价。确定课程的教育目标与价值，首先要明晰课程的内容结构与活动项目，在教育部印发的课程方案和课程标准的基础上明确课程的学习内容与认知序列，对课程的学习难度与评价进行合理的检测。事实上，一方面，各个阶段的学校在实施STEM教育的过程中，容易出现过于泛化、迷失自我的问题，例如部分学校将STEM教育单纯理解为乐高、编程及机器人教学等单

线活动，并且将学生培育的重点放在编程、机器人等竞赛的成绩上。这样的培养方式忽视了学生发展的客观规律，同时也拉大了学生间能力的差距，不利于不同类型学生的全面发展。另一方面，在信息化教育发展背景下的 STEM 课程热潮中，部分学校对课程的设计是单向化、被动的；STEM 教育课程设置的门槛较高，教育资源分配不均衡的状况广泛存在，极易使得 STEM 教育课程窄化，同时落入精英主义的陷阱，教育资源薄弱的学校的学生难以获得科学核心的教育资源和有经验的教师的指导。尽管当下园区内学校的 STEM 教育已初具规模，且各学校的项目化学习都各具特色，做到了均衡发展，但园区内学校在未来的 STEM 教育发展中仍须避免上述问题。

园区内 STEM 教育的成功弥补了传统教育中单项学科教育的不足，综合实践课程是传统单项学科教育中长期缺乏的，因此 STEM 教育对学前教育及基础教育学习阶段学生的开放具有现实意义。充分尊重学生的个人选择与意愿，放开手鼓励学生去实践，通过切实落地的项目具象化书本上枯燥的文字理论，这是 STEM 教育带给学生最重要的价值体验，也是转变学生对传统教育课堂的抵触情绪的关键。可以说，STEM 教育打造的是全面、立体的人，无论是科学知识的汲取、个人情感价值观的培养，还是动手能力的锻炼，都在 STEM 教育中得以体现。STEM 教育是园区学校贯彻落实“以人为本”教育理念的成功实践，注重学生的体验及核心素养的培养方法从根本上改变了传统“填鸭式”教育，重构了良好的教育生态环境，在学校教育过程中营造了“学生热爱学、教师用心教”的良好氛围。

参考文献

[1] 邓荣海.基于教育机制理论的广东高校理工科教育改革政策评析[J].高教探索，2022(4)：106-112.

[2] 孙玉丽.我国教育管理学发展史上的一座桥——评孙绵涛、康翠萍著《教育管理

学——理论与范畴》[J]. 中国教育科学(中英文),2022,5(2):155-159.

[3] 张向阳. 我国教育体制理论综述[J]. 中国电力教育,2009(22):18-19.

[4] 田慧生. 深化育人方式改革,落实立德树人根本任务[J]. 人民教育,2017(19):41-44.

[5] 范国睿,孙闻泽. 改革开放 40 年教育体制机制改革的历史与逻辑分析[J]. 教育研究,2018(7):15-23,48.

[6] 文军,顾楚丹. 基础教育资源分配的城乡差异及其社会后果:基于中国教育统计数据的分析[J]. 华东师范大学学报(教育科学版),2017(2):33-42.

[7] 李战营,杨玲玲. 城乡教育资源一体化难在哪[J]. 人民论坛,2018(11):118-119.

[8] 楼世洲,宁业勤. 学校内涵式发展评价准则的构建[J]. 教育科学,2009,25(1):10-13.

[9] 王静. 浅谈中等教育人事制度改革[J]. 希望月报(上半月),2007(6):35,119.

[10] 谢文庆. 学校内涵式发展的管理思路[J]. 科教导刊,2011(34):200-201.

[11] 刘志华,蒋志诚. 基础教育信息化进程中面临的问题及思考[J]. 电化教育研究,2005(4):49-52.

[12] 王代彬. 城市薄弱初中学校的教育生态重构[J]. 四川教育,2023(2):10-11.

第三章

内涵式发展：教育数字化转型的园区实践

数字化的高速发展为社会带来了深远的影响，也为教育行业带来了重要的机遇和挑战。为顺应时代的发展，以及满足社会建设对高素质人才的需求，苏州工业园区持续深入推进教育数字化。早在2012年，园区就主动对接互联网，全面启动智慧教育工程；随着教育信息化的不断深入推进，2021年，园区自主研发了智慧教育平台，将平台重心转向"智慧学习，智能应用"，利用大数据进行"适合的教育"，构建适合学生全面发展的教育体系。

第一节　面向未来的教育——数字化重塑教育形态

数字化已经深刻地改变了人们生活的方方面面，教育领域也不例外。随着数字技术的迅猛发展，数字化教育已经成为教育领域的一个重要发展趋势，对教育形态产生了巨大的影响[1]。开展数字化教育不仅为学生提供了更加个性化、灵活且互动性强的学习环境，拓展了教学的边界，为学生提供了更多的学习机会和资源，还促进了教学和学习方式的创新，激发了学生的学习兴趣和动力。因此，深入研究数字化教育对重塑教育形态具有重要意义。

一、数字化教育的定义和概念

1. 数字化教育的定义

数字化教育是指利用数字技术和工具改善教育过程、提高教学效果的教育模式[2]。它将现代信息技术与教育相结合，通过数字设备、互联网和软件应用，提供更加个性化、灵活且互动性强的学习环境，为教师和学生提供丰富的教与学资源和工具。教育数字化的目标是通过技术创新和教育改革，促进学生的综合素质发展，改善学生学习成果和教师教学效果。

2. 数字化教育与传统教育的区别和联系

传统教育注重教师的讲解和学生的被动接受，而数字化教育强调学生的主动参与和个性化学习。在传统教育中，学生的学习受限于教材、教师和教室的时间和空间安排，而数字化教育打破了时空的限制，学生可以随时随地获取学习资源并进行自主学习。

数字化教育提供了更多元化的学习资源，如在线课程、电子图书、教学视频等，丰富了学习内容和方式。同时，数字化教育强调学生的互动和合作，通过在线讨论、协作项目等方式促进学生之间的交流和合作能力的培养。

然而，数字化教育并不会完全取代传统教育，其是与传统教育相辅相成的[3]。传统教育注重师生面对面交流和互动，教师在课堂上能够直接指导学生；而数字化教育则提供了更多辅助和补充的学习资源与工具。数字化教育可以拓展传统教育的边界，提供更丰富的学习机会和方式，同时也需要教师的指导和引导，以确保学生的学习效果和成长。

3. 数字化教育的历史和发展趋势

数字化教育的历史可以追溯到 20 世纪末至 21 世纪初，随着互联网和信息技术的普及，数字化教育逐渐崭露头角。我国的数字化教育起步于 21 世纪初，经过多年的实践与发展，大概可以分为以下三个阶段。

第一阶段是教育数字化基础建设驱动阶段（2000—2011 年）。该阶段我国开始了重大工程建设、数字化平台和资源体系建设、人才队伍建设、教育政务数字化建设、产业和标准体系建设等多项工作，为我国数字化教育的发展奠定了坚实的基础。

第二个阶段是教育数字化应用驱动阶段（2012—2017 年）。这一阶段我国以应用驱动为导向，“三通两平台”工程全面开展，教育数字化进入资源与环境的共享与应用阶段。经过这一阶段的发展，我国的信息技术与教育融合度提升，向教育数字化迈出了重要的一步。

第三个阶段则是教育数字化创新发展阶段（2018 年至今），以 2018 年教育部印发《教育信息化 2.0 行动计划》为起点。这一阶段将教育数字化作为教育系统性变革的内生力量，以数字技术和智能技术为抓手，通过机制创新与技术创新，促进新技术与教育教学的深度融合。2022 年，教育部将教育数字化战略行动列入年度重点工作，标志着我国教育已进入数字化转型阶段[4]。

未来，数字化教育将继续发展，呈现以下几个趋势。

（1）个性化学习

数字化教育将更加注重学生个体的差异和需求，提供个性化的学习路径和资源，根据学生的学习风格、能力和兴趣开展定制化教学。

（2）虚拟现实和增强现实

虚拟现实和增强现实技术将在数字化教育中得到广泛应用，通过沉浸式学习体验和模拟场景，为学生提供更生动、具体和更具实践性的学习环境。

（3）人工智能和大数据分析

人工智能技术将用于教育中的智能辅助教学、学习评估和个性化学习推荐等方面。与此同时，大数据分析将帮助教育者更好地理解学生的学习行为和需求，优化教学设计和决策。

（4）社交学习和协作能力的培养

数字化教育将更加重视学生的社交学习和合作能力的培养，通过在线讨论、协作项目等方式促进学生之间的交流和合作。

（5）终身学习

数字化教育将为学生终身学习提供更多机会和方式，帮助个人在不同阶段不断更新自身的知识和技能，以适应快速变化的社会与职业需求。

二、数字化技术在教育中的应用

1. 在教学过程中使用数字化技术的优势

首先，数字化技术能够丰富教学资源和教学内容。通过数字化教材、教学视频、在线课程等形式，学生可以获得更丰富、多样化的学习资源，这有助于激发学生的学习兴趣、提高学生的学习效果。教师可以利用数字化资源进行教学设计和课堂展示，提升教学的灵活性和多样性。

其次，数字化技术可以提供个性化学习的支持[5]。利用学习管理系统和智能学习系统，教师可以根据学生的学习需求和能力水平对学生进行个性化的学习指导和评估，帮助学生在适合自己的节奏和方式下学习，提高学生的学习效果。

再次，数字化技术能够显著提升学生在课堂中的参与度，增强他们与教师互动的意愿。基于协作平台和虚拟实验等工具开展在线讨论，学生可以积极参与课堂互动并开展合作学习，增加学习动力和深度。

最后，数字化技术能够提供实时反馈和评估。教师可以利用在线测验和自动评估工具及时了解学生的学习情况，及时调整教学策略并帮助学生解决学习过程中遇到的问题。学生也可通过在线作业和反馈系统了解自己的学习进展和需要改进的方面，有针对性地调整学习行为。

2. 课程内容数字化的意义和价值

首先，课程内容的数字化可以提高教学效果。数字化教材和课程资源可以更好地呈现和展示知识内容，图文、动画、音视频等多媒体形式能够使学生更容易理解和吸收知识。对于数字化内容，还可以根据学生的需求和兴趣进行个性化选择和定制，为学生提供更灵活、有针对性的学习体验。

其次，课程内容的数字化可以促进知识共享和合作[6]，数字化教材和课程资源能够方便教师之间的分享和交流，促进教学经验的共享和借鉴。同时，学生也可以通过数字化平台交流和合作，提高学习的互动性和合作性。

课程内容的数字化可以促进教学资源的可持续利用，传统纸质教材容易损坏和过时，而数字化教材可以通过云存储和网络传输保存与更新，方便教师和学生随时获取最新的教学资源。数字化教材还可以通过搜索和索引功能，快速找到所需内容，提高教学效率。

3. 数字化技术在学生评估和反馈中的作用

(1) 数字化技术可以提供更全面、准确的学生评估

传统的考试和作业评估方式受时间和地点的限制，无法全面跟踪监测学生的学习表现。而利用在线测验、自动评估工具和学习管理系统，教师可以及时了解学生的学习情况，学生知识掌握、技能运用水平和学习态度等。

(2) 数字化技术可以提供实时的个性化反馈

传统的纸质作业批改需要耗费大量时间，学生往往无法及时得到反馈。而通过在线作业和反馈系统，教师可以快速批改作业，并提供针对性的反馈，帮助学生及时发现和纠正错误，提高学生学习效果。

(3) 数字化技术可以帮助学生进行自主评估和学习反思

学生可以通过在线平台查看自己的学习进展和成绩，自主分析和评估自己的学习情况，并进行学习反思和规划。这有助于学生形成自主学习的习惯和能力，提高其学习自觉性和主动性。

4. 基于数字化的教师专业发展

2023 年 2 月 13 日，在世界数字教育大会上，我国教育部发布了行业标准《教师数字素养》，明确教师数字素养的内涵是："适当利用数字技术获取、加工、使用、管理和评价数字信息和资源，发现、分析和解决教育教学问题，优化、创新和变革教育教学活动而具有的意识、能力和责任。"

要适应数字化转型新时代，教师就需要具备一定的数字技术应用能力，熟悉和掌握常用的教育技术工具和平台（如学习管理系统、在线评估工具、教学视频制作工具等），以及教学资源的搜索和利用方法，不断学习和更新数字化相关知识和技能，提升自己的教学能力。

此外，教师还需具备数字化课堂教学的设计和实施能力，将技术深度融入课堂教学，设计和实施符合学生需求和教学目标的数字化教学方案。通过充分熟悉和运用教学设计原则与方法，教师能够合理选择和组织数字化教学资源，为学生提供有效的学习支持和引导。

在数字化教育的普及过程中，教师需要了解和运用数字化评估工具和系统，从而作出准确、全面的学生评估和反馈。教师还需要具备分析和利用评估结果的能力，根据学生的反馈和需求调整教学策略和教学方法，不断改进自己的教学实践。

三、数字化教育面临的问题和挑战

1. 数字鸿沟——数字化技术的普及和不平等性问题

"鸿沟"是指在分配和有效使用知识、信息和通信资源方面两类或更多人类群体之间的实质性不对称，也就是指人群在有效获得知识、信息和通信技术方面的差异。具体而言，数字鸿沟是指由于数字化技术的不平等普及，一部分人群无法享受到数字化教育带来的好处和机会[7]。

而数字化教育在普及过程中面临着数字鸿沟和不平等性问题，大体上可分为三个方面：数字化教育的普及程度、学生技术能力和素质差异、数字化教育成本。

数字化技术的普及程度存在差异，在一些地区和学校，由于技术设备和网络条件的限制，数字化教育资源的获取和利用仍然困难。这导致学生之间在数字化学习机会上的不平等，加剧了教育资源分配不均衡的问题。

数字化教育对学生的技术能力和数字素养要求较高，在数字化教学环境下，学生需要具备一定的技术操作能力和信息处理能力，才能有效地利用数字化教育资源。然而，一些学生可能因缺乏相关的技术培训和支持，在数字化学习方面存在障碍。

数字化教育的成本也是一个挑战，虽然数字化技术的价格逐渐降低，但购买和维护数字设备、提供稳定的互联网接入，以及开发和购买数字化教育资源等仍然需要一定的投入。对于资源匮乏的学校和家庭来说，数字化教育的成本可能是一个负担。

2. 数字安全——数字化教育的安全和隐私问题

数字化教育的发展也引发了一系列的数字安全和隐私问题[8]，首先，数字化教育平台和应用程序的安全性存在风险。教育机构和学生使用的数字化平台可能面临来自网络攻击和数据泄露的威胁。如果安全措施不完善，学生的个人信息和学习数据可能会受到侵犯，造成严重的后果。

其次，教师和学生在数字化教学过程中的隐私问题也值得关注，教师可能需要分享个人信息和教学经验，学生可能需要提交作业和参与讨论，这些活动都涉及个人隐私的保护，可能会导致个人信息泄露和滥用的风险。

最后，数字化教育的数据管理和使用也需要谨慎对待。教育机构收集和管理的学生学习数据可能包含大量的个人敏感信息，如成绩、行为和偏好等。如何妥善处理这些数据，并保证其被合法和安全地使用，是一个亟待解决的问题。

3. 数字交往——学生的人际交往和情感智能的培养

数字化教育的普及也带来了学生人际交往和情感智能方面的挑战[9]，数字化教育可能会减少学生之间的面对面交流和互动。传统教育模式下，学生在课堂上可以直接和同学们互动、合作和交流，这有助于学生发展社交技能和建立人际关系。然而，在数字化学习环境下，学生交流往往更多地依赖技术媒介，可能无法得到充分的社交互动和情感支持。

数字化教育可能对学生的情感智能培养产生影响，情感智能是指个体对自己情感状态的认知和管理能力，以及与他人建立和维护良好关系的能力。在传统教育中，学生可以通过与教师和同学的互动，培养自身的情感智能。然而，在数字化学习中，这种面对面的情感互动可能会受到限制，学生的情感智能培养面临挑战。

四、数字化教育挑战的应对措施

1. 提高数字技术普及率

政府可以加大对数字技术基础设施的投资和支持[10]，包括改善学校的网络环境，提供稳定的互联网接入，确保学生和教师能够畅通地使用数字化教育资源。

政府还可以提供低成本或免费的互联网接入服务，通过补贴或优惠政策，让更多的学生和家庭能够负担得起数字设备，如电脑、平板电脑或智能手机，以便他们能够参与数字化学习。此外，开展数字素养培训和普及数字化教育也是重要的举措。为教师和学生提供相关的培训和教育课程，使他们掌握数字技术的基本知识和技能，提高他们在数字化教育环境中应用数字化技术的能力。

2. 促进数字包容性

开发多语言、多文化背景的数字教育资源是关键，教育机构和平台应该开发多样化的教育内容，包括不同语言和文化背景的资源，以满足多元化学生群体的需求。这样可以确保每名学生都能够在数字化教育中获得平等的机会。

为有特殊需求的学生提供个性化的支持和辅助技术也是必要的，教育机构应该关注特殊需求学生，如残疾学生和障碍学生，并为他们提供适当的支持和辅助技术。这可以通过制订个性化学习计划、提供辅助工具和专业指导来实现，以确保这些学生能够参与和受益于数字化教育。

推广数字化教育项目和倡议，关注弱势群体的需求，政府和教育机构可以积极宣传数字化教育的优势，并提供相应的支持和资源，以确保弱势群体的教育需求得到满足。还可以通过推出专门的项目和倡议，为弱势群体提供特殊的教育服务和支持。

3. 加强数字安全和隐私保护

政策和法规是基础，我们需要制定相关政策和法规，保障学生和教育机构的数据隐私。教育主管部门应该制定明确的政策和法规，教育机构严格实行，确保学生和教师的个人数据在数字化教育中得到保护。这包括明确的数据隐私保护措施、数据使用限制及责任追究机制等。

提供专业的数字安全培训和指导，提高教师和学生的安全意识。教育机构应该开展针对教师和学生的数字安全培训，提高他们对数字化教育安全风险的认识，并教授相关的安全措施和行为准则。

采用安全可靠的教育技术工具和平台，定期进行安全评估和更新。教育机构应该选择经过安全评估和认证的教育技术工具与平台，确保其具备良好的安全性和隐私保护功能。此外，应定期更新和升级技术设备与软件，以应对不断变化的安全威胁。

4. 培养学生的人际交往能力和情感智能

为学生提供面对面的交流和合作机会，如小组讨论和团队项目。教育机构应该组织学生参与小组活动、合作项目，积累实践经验，以为学生提供与同学面对面交流的机会。这样可以促进学生之间的互动和合作，培养他们的社交技能和人际交往能力。

引导学生参与社区服务和实践活动，培养其社会责任感。通过参与社区服务和实践活动，学生能够与不同背景的人交往，并体验到社会责任的重要性。这有助于他们培养情感智能和关注他人的能力。

教授情感智能和社交技能的课程，能够促进学生情感发展和建立良好的人际关系。教育机构可以开设情感智能和社交技能的课程，教授学生情绪管理、人际沟通和解决冲突等技能。这可以帮助学生建立健康的人际关系，增强他们的情感智能。

通过实施以上措施，教育机构能够应对数字化教育面临的问题和挑战，促进数字化教育的可持续发展，让每名学生都能够获得平等、安全、有益和丰富的教育体验。

五、数字变革与未来教育

1. 数字化技术在教育中的创新和发展

当前，数字化技术迅猛发展，正在深刻影响和重塑着教育的各个方面。数字化技术凭借其自由、开放、分享、协作和高效的属性，不仅改变了传统的教学模式，还催生了全新的学习体验，正逐渐变革与重塑着教育生态。

（1）在线学习

数字化技术为学生提供了更加灵活和便捷的学习方式。在线学习打破了时间与空间的限制，使得教育资源不再局限于教室。通过各种在线学习平台，学生能够随时随地获取丰富的学习材料，参与互动讨论。这种模式不仅便利了学生的学习，还鼓励了他们进行主动学习和独立思考。在线学习为学生提供了探索新知识的机会，有利于学生进行主动学习和独立思考，从而培养其自主学习能力。

（2）个性化学习

传统的教育模式往往难以满足每个学生的独特需求，而数字化技术的应用使得个性化学习成为可能。学习管理系统能够实时监测学生的学习进度，根据他们的兴趣和能力为其提供定制化的学习建议和资源。智能化的学习系统不仅能够根据学生的表现进行动态调整，优化学习内容的难度和类型，还能够及时给予学生有针对性的指导，帮助学生克服学习中的困难。这种个性化的学习方式大大提高了学生的学习效果，使教育更加贴近每个学生的实际需求。

（3）虚拟现实

虚拟现实技术为学生带来了全新的沉浸式学习体验。通过虚拟实验室、虚拟场景和模拟演练，学生可以在一个安全、可控的环境中进行实践操作和探索，从而提高他们的参与度和学习效果。虚拟现实技术还能够拓展学生的学习领域，模拟现实中难以实现的或危险的场景，让学生在虚拟世界中收获在现实生活中难以获得的知识和体验。

（4）人工智能

人工智能技术在教育教学辅助、评估反馈等方面发挥着重要的作用。智能化的教育系统可以通过分析学生的学习数据对学生的学习情况进行精准的评估，并为学生提供个性化的指导和反馈。人工智能不仅可以为学生量身定制学习路径，还能够预测学生可能遇到的学习障碍，从而提前介入，为学生提供有效的帮助。对教师而言，人工智能可以通过数据分析，帮助他们更好地了解学生的学习需求，并优化教学方法，提高教学效率。此外，人工智能还可以承担一些重复性工作，如批改作业、生成报告等，使教师能够有更多的时间和精力专注于教学创新及与学生的互动。

2. 数字化教育对未来教育的影响和意义

数字化教育正日益成为未来教育发展的核心，它不仅改变了传统的教学模式，还深刻影响了学生的学习方式和教育的整体生态。

（1）提高学习效果

数字化教育通过引导学生个性化学习、为学生提供互动性和多样化的学习资源，可以提高学生的学习效果。学生可以根据自己的学习风格和节奏学习，获得更深入的理解和更强的学习动力。

（2）拓展学习边界

数字化教育打破了传统教室的时空限制，学生可以通过在线平台和虚拟技术，接触全球范围内的学习资源和知识。这种跨越地域的学习模式使学生能够在全球化的背景下交流和合作，从而拓展学生的视野和文化理解能力。

（3）培养终身学习能力

在一个信息快速更新的时代，具备终身学习能力已经成为适应社会和职业变化的关键。数字化教育注重学生在学习过程中的自主性和探究性，培养学生的终身学习能力。通过数字化教育，学生能够学会主动获取和管理信息，学会自主学习和解决问题。无论是在学校还是在职场，学生都能够持续不断地学习新知识、掌握新技能，从而在未来的职业生涯中保持竞争力，适应快速变化的社会和职业需求。

（4）促进创新与创造力

数字化教育为学生提供了更多创新和创造的机会。学生可以通过数字工具和平台，实践和应用知识，解决现实问题，培养创新思维和创业精神。数字化教育还通过项目式学习和跨学科合作，培养学生的团队合作精神和领导能力，使他们在未来的职业生涯中能够承担起创新和创业的重任。

3. 数字化教育未来发展的趋势和展望

（1）深度融合技术

深度融合技术是指将人工智能、大数据分析、虚拟现实等技术与数字化教育深度结合，为学生提供更智能、个性化和沉浸式的学习体验。通过人工智能技术，系统可以根据学生的学习需求和表现，提供定制化的学习内容和学习路径。大数据分析可以帮助教育者更好地了解学生的学习习惯和特点，从而进行更有针对性的教学和辅导。虚拟现实技术可以创造出逼真的虚拟学习环境，让学生通过沉浸式的方式进行学习和实践，增强学习的体验和效果。

（2）增强现实和增强学习

增强现实技术将与学习场景相结合，为学生提供更加真实和更具互动性的学习体验。通过增强现实设备，学生可以与虚拟对象互动，观察和操作虚拟模型，进行实际场景的模拟和演练。例如，学生可以通过增强现实眼镜观察和解剖人体器官的3D模型，或者在虚拟实验室中实验。这种真实性和互动性的学习方式可以激发学生的兴趣和动力，加深学生对知识的理解和记忆。

（3）区块链技术

区块链技术在数字化教育中具有重要的应用潜力，通过区块链技术，可以建立起安全、可信和去中心化的学生学习记录和认证系统[11]。学生的学习成果、证书和学历可以以区块链的形式存储和验证，实现学生学习历程的可追溯和可验证。这样的机制可以防止学历造假和学习成果的虚假宣传，提高学历认证的透明度和可靠性。同时，区块链技术还可以促进学生学习数据的安全和隐私保护，确保学生个人信息的安全性。

（4）跨界融合与合作

数字化教育的发展需要跨界融合和合作，教育机构、科技公司、社会企业等不同领域的组织和机构可以携手合作，共同推动数字化教育的创新和发展。教育机构可以与科技公司合作，开发和应用先进的教育技术和平台；科技公司可以与教育机构合作，深入了解教育领域的需求和挑战，提供定制化的解决方案。同时，教育机构还可以与社会企业和社区组织合作，借助社会资源和实践机会，为学生提供更丰富的学习体验和机会。跨界融合和合作可以促进资源共享、经验交流和创新合作，推动数字化教育向更高层次发展。

第二节 数字化背景下大规模因材施教的区域实践

随着数字化在社会各层面的广泛应用，互联网、人工智能等新一代的信息技术变革影响着人们的生活，其对教育也产生了重要的影响。百年大计，教育为本。在教育改革的道路上，数字化已不再只是过去家长口中的“洪水猛兽”，而是可以发展“适合的教育”、帮助师生共同成长的得力助手，更是贯彻新时代教育改革理念、实现“办人民满意教育”的教育总目标的重要方法。习近平总书记指出：“数字技术正以新理念、新业态、新模式全面融入人类经济、政治、文化、社会、生态文明建设各领域和全过程，给人类生产生活带来广泛而深刻的影响。”国家发展必须抓住数字化发展趋势，应对数字化带来的挑战，使数字文明造福人民。可以说，教育的数字化已然成为当下教育改革过程中的重要议题。

一、教育数字化是顺应时代要求的、培养高素质人才的重要手段

1. 因材施教的渊源与必要性

因材施教的理念在我国的教育发展史上有着悠久的理论传统，其

最早由孔子提出。从字面上看，这一理念主要分为“因材”与“施教”两个部分，即要求教育者必须看到学生之间的个体间差异性，根据不同的主题选择适合的教育方式[12]。然而长久以来，传统的教育方式并未真正将这一教育理念贯彻到底，致使沉疴难愈。传统的教育方式注重以分数衡量学生的学习质量，这种评价方式的片面化不利于学生德智体美劳全面发展，因此传统化、标准化、流水线化的教育模式下培养出来的人才，难以完全满足社会对高素质人才的需求。可以说，传统教育模式在“施教”过程中忽视了学生个体的主体性，在人才培养的过程中出现了同质化的问题，因此造成了国家、社会对人才的需求与学校输送的人才类型不能完全相匹配的情况。

2017 年，《关于深化教育体制机制改革的意见》指出：“要大力宣传普及适合的教育才是最好的教育等科学教育理念。”2019 年，《中共中央关于坚持和完善中国特色社会主义制度　推进国家治理体系和治理能力现代化若干重大问题的决定》要求：“加快发展面向每个人、适合每个人、更加开放灵活的教育体系。”[13] 由此，因材施教是深化教育改革、实现教育公平与提升教育质量的重要方式，其价值与必要性是难以忽略的。因材施教，促进学生的高质量学习，是培育高质量全面发展人才的基础。

2. 教育数字化的理论基础

教育数字化的理论基础主要是为保证在教育教学的过程中，数字化的参与能够起到正面的导向作用，因此必须验证数字化的合理性、科学性及逻辑性。

从逻辑关系的角度而言，数字化具有与时俱进的创新性。数字化作为一种新型的教育辅助手段，在进行教育改革的进程中，能够激发教育制度的活力，有利于师生双方的交流与进步，能够促进教育公平及学生对知识的高效吸收，因此具有一定的合理性与科学性，是顺应社会对现代化人才的需求的决定。因此，我国大力支持在深化教育改革的过程中推进教育数字化。

从内在动力的视角来看，数字化的推进具有指导深入优化改革的引领作用。在教育数字化的进程中，需要同时具备技术、人力与组织三方面的因素。其中技术属于必备条件；人力为技术的应用创造目标群体；组织则是通过合理配置，最大限度发挥技术在人力中的应用效果[13]。只有三方面共同协作与全力配合，才能在教育过程中充分发挥作为工具的数字化的正向引导作用。在教育教学领域中，数字化的大规模应用可以打破由于地域因素形成的阻挠知识流动的壁垒，是共享教育资源、解决教育发展不均衡的问题、推进教育公平的内在推动力。

3. 教育数字化与因材施教之间的联系

教育的数字化从本质上而言是对传统思辨式教育模式的解构与重建，更是全面深入贯彻“因材施教”这一教育理念的重要推手。将数字化融入现代深化教育改革的进程，用更加科学严谨的数字系统分析具有主体性的师生个体，打破了传统教育课堂中知识由教师到学生的“由点到面”的传播方式，解决了师生之间的互动与反馈只能发生在课堂上的单一性问题。大数据在教育过程中的广泛应用改变了传统教学模式对教学环境的要求。在大数据的加持下，教学已经不再受地域的限制，不同学校、班级之间也可以做到信息的共享。可以说，在科学知识传播与流动的过程中，能够实现师生共同进步、同频率成长，逐渐形成了一种师生互动、信息共享的良性学习生态系统。大数据支持下更为开放的学习环境、更加多元的学习模式能够有效激发学生的学习兴趣，最大程度上开发学生的长处，激发学生的学习热情，引导学生由“要我学”转变为“我要学”，为更加高效的学习奠定基础。

此外，教育的数字化能够优化教育资源配置。全球教育的根本目的都是培养高素质人才，衡量人才不宜使用统一的标准，这也是努力实现教育的“公平”与“质量”的前提。“适合的教育”是以学习者发展为本的教育，它根据学习者天赋和秉性、兴趣和爱好的不同，对学习者施加不同的教育和影响，使学习者能主动地学、探究地学，促进每一个学习者持续发展[14]。大数据可以通过收集学习者的个人数据，量化个人学习进度与质量，帮助学习者制定适合个人的学习评价标准。与此同时，学习与教学的数字化能够帮助学习者筛选自己更加感兴趣的课程与内容，在充分发挥自己特长的同时能够明确自己在学习上的不足之处，在最大程度上帮助学生实现个性化定制教育，同时做到能够有针对性地查漏补缺。

二、数字化背景下大规模因材施教的路径探寻

1. 我国对“教育数字化”的政策支持

党和国家高度重视人才培养。党中央明确指出，我国需要源源不断地培养具有创新攻关能力、破解“卡脖子”难题的社会主义建设者和接班人。在时代发展的大背景下，习近平总书记强调：“加快数字中国建设，就是要适应我国发展新的历史方位，全面贯彻新发展理念，以信息化培育新动能，用新动能推动新发展，以新发展创造新辉煌。”[15] 在“十三五”和“十四五”交替之际，党中央、国务院作出了优先发展教育事业、加快教育现代化、建设教育强国的重大部署和一系列重大战略布局，将教育事业摆在了前所未有的高度，对新时代中国特色社会主义教育事业提出了新的发展目标。这为园区依托良好基础和先发优势，高位谋划、高位起步推进区域教育高质量发展提供了行动指南。《中共中央关于制定国民经济和社会发展第十四个五年规划和二〇三五年远景目标的建议》中对教育领域提出建设高质量教育体系，推动数字化应用的建议。我国的教育数字化转型是统筹在数字

中国建设之下，从顶层设计到具体实施等各个层面系统推进的教育数字化发展。党和国家对教育改革发展的新部署为园区教育指明了方向。

2. 苏州工业园区“智教融合”新样态

基于国家对园区的总体教育规划，早在2012年，园区就主动对接互联网开展“智慧教育”校园建设的相关布局，全面开启智慧教育工程，并于2013年正式启动园区智慧教育枢纽平台的建设。在智慧教育枢纽平台的建设中，园区始终坚持“以人为本、用人为本”的理念，先后完成了两期智慧教育平台枢纽的开发任务，并于2017年正式成为国家“智慧教育数字化学习示范区”。大数据推动下的“智慧教育”教育体系在园区学校内初具规模。

2021年是园区教育系统开展“教智融合深化年”活动的重要开端，也是园区在数字化背景下全面开展因材施教区域实践活动的重要节点。园区以习近平新时代中国特色社会主义思想为指引，全面贯彻党的十九大和十九届二中、三中、四中、五中全会精神，紧扣“办好人民满意的教育”总目标，坚定不移贯彻教育改革理念，注重以服务教学改革为中心，以促进学生全面发展为重点，以激活教师创新意识和创造潜力为抓手，深入推进教智深度融合，塑造新时代园区教育新生态。

作为中国改革开放和国际合作的成功范例，园区长期坚持深耕智慧教育，赋能创新发展，逐渐建立了“以学生成长为中心，以核心素养为导向，以立德树人为根本，以资源建设为抓手”的教育体系，并逐步在园区内构建出教育高质量发展的良好教育生态环境。这一教育生态环境的形成依托园区多年来对学生“学习”与“成长”的关注与重视：园区致力于智慧教育大数据应用实验室、智慧教育数字化学习实验室两大实验场域的建设，重点推进教育大数据的开发、建设和应用，实现大数据的汇聚与可视，促进教与学方式变革，形成以学为先的“学、教、测、评、管”一体化推进的现代办学治理体系。

随着“智慧校园”区校联动体系的逐渐完善，“资源”“课程”“习题”三大金库日益完备，园区系统编制各学科知识图谱、素养图谱，截至2022年12月自主研发数字化学习资源286万个，其中微云课8.2万多节、精品试题249万多道、同步资源29万多项，全面覆盖所有学科、所有学段的所有章节、知识点和素养点。在“智慧校园”系统的助力下，园区内学校的办学成绩取得了高质量、大幅度提升。学生学业质量优质均衡、高位发展，苏州市义务教育学业质量监测中，园区各学科均位列全市第一，高位增值；中考均分持续全市第一；高考语文、数学和科学成绩的校间差异率低于15%，高质均衡；音乐、美术、体育学科监测位列全市第一。本科升学率从22%跃至97.61%，连续6年全市第一，重点本科升学率从5.5%升至72.49%。

“智慧校园”系统以其先进性、科学性在数字化教育的过程中起到了以下作用。

（1）重构学习路径

运用大数据建立区校联动资源系统，自主研发数字化学习资源，系统编制相关知识图谱，形成资源库。采集学生学习全过程的数据，精准分析学生情况，汇集优质学习资源满足学生个性发展需求，实现学生“个性学，尊重自主”“精准学，强调适切”“泛在学，打破边界”，为实现“学习革命”奠定基础。

针对初中生课程学习中的普遍性问题，园区学校大规模使用“易加学院”平台作为重要的教学工具。例如面对初中生数学学习的缺失问题，在易加数据的支持下全面开展了“数学实验”活动，打破了传统数学学习只注重结果忽略过程的模式。利用实物模拟和计算机模拟，让学生在自主探究的过程中验证、理解数学公式与理论，帮助学生深入理解相关理论公式的来源，以高度调动学生对数学学习的积极性，使学生在自主学习的过程中加深对数学公式和理论的理解。与此同时，针对初中英语听说的教学，“易加学院”平台建构了“智慧学习空间”。在英语教学的过程中，教师基于教学目标、教学内容、学生认知特点和知识水平及智慧学习空间功能分析，可设计结构合理、内容精准、循序渐进的教学活动，将学习准备、互动学习和学习反馈有机结合起来，大大提高学生学习的效率与质量。

（2）变革教学方式

园区基于课前、课中、课后学习数据和教学行为数据的积累、分析与管理，及时调整教学内容、优化教学方式；并推进“导、学、研、测、评”全流程学习平台应用，实现“个性指导、差异推送、发展评价”的全对象精准教学；同时突破了校园环境对教学的限制，将线上与线下结合，课堂内外对接，构建了“线下小学堂、线上大校园、教学开放、人网融合”的教与学新方式。以园区内星洲小学为例，为提升学生的阅读素养，学校开放“星洲读吧”平台，构建个人读书空间，让学生自主选书；与此同时，平台能够随时检测学生阅读成果，建构书、个人、班级的阅读评价体系。在学生使用平台的过程中，学校鼓励学生进行阅读分享，形成“班级阅读圈”，同时安排书籍“代言人”和指导老师，以帮助学生筛选书籍与吸收书籍内容。“星洲读吧”平台自开放以来，截至 2023 年 10 月，累计书目阅读本数达 130 151 本次；书目答题章节数达 955 916 章节；书目导读检测题数达 4 779 580 道；阅读随笔达 527 616 篇。近 4 个学期全校生均阅读积分都在稳步提高。

三、数字化背景下大规模因材施教的园区经验

以数字化推动园区内大规模因材施教需要从“硬件”与“软件”两个方面进行开发与建设，二者缺一不可。针对园区内学校发展需求，从“硬件”方面，区域教育部门通过顶层设计，区校联动，为促进园区学校的数字化教育发展打造了数字化教育场域，建立了智慧教育数

字化学习实验室。作为园区数字化教育的总部，智慧教育数字化实验室能够集中收集反馈园区内学生入学的状况以及学校生源接收情况，通过合理的数据分析能够从整体上直观展现近年来园区内各学校对生源的接收情况。以数据辅助园区从整体上对区域内各学校的学生招收情况进行宏观层面的调控，各学校则能够根据数据及时预判未来几年学生入学的情况，并及时作出政策上的调整，保证区域内学生的入学率，真正做到区域联动办好人民满意的教育。从“软件”方面，区域为智慧教育数据收集及分析体系进行了另一场域建设，该场域集合了园区内的智慧教育系统，负责执行园区学校学生日常学习数据的收集与分析，同时根据学生的学习数据反馈及时调整学生的个性化学习方案，如调整学生的学习计划与复习计划等。与此同时，学生在使用智慧学习系统时，可以通过在线测试的反馈及时厘清自身学习的不足之处，并能够进行相应的查漏补缺。智慧教育系统能够从根源上帮助学生做到节省不必要时间，提高学习效率，同时也能够减轻教师群体的负担。不同学生个体的学情并不完全相同，传统教育过程中教师难以完全兼顾每一个学生的情况，尤其是在大班教育中。智慧教育系统的引入相当于为每一个学生配了一名一对一的助教，能够及时发现、指出一个阶段学习结束后学生的薄弱之处，并有针对性地为学生安排相应的练习。在减轻教师的负担的同时能够让教师更好地关注每一个学生的学习。同时，教师可以将自己的教育资源、讲课视频上传到平台上，将教学第一线的教育经验转化为可随时查看、不断完善的数字资源。教育资源上的共享打破了教师与教师、学校与学校之间的信息壁垒，能让学生在更大范围内选择学习资料，同时也让教师群体在共享经验与资源的过程中实现自我提升。

为了保证数字化教育能在园区大范围因材施教过程中充分发挥作用，园区学校通过物化项目成果推动“适合的教育”的发展。区域内学校的师生共同研习，让不断优化的师资与硬件材料能够真正在学校孵化落地。在校内师生研习取得一定的成果后，将优秀的项目编纂成册返回学校，优秀案例可以为后续进一步推进相关研究提供有效支持。同时，园区学校根据学生的兴趣爱好，开展科学科普活动、人文艺术活动及青少年科技嘉年华等活动，让不同爱好的学生都能够在自己擅长的领域发挥自己的创造力与才能。与此同时，园区大力推行家、校、社联动活动，为区域内学生提供更广阔的学习环境。园区与社区、商场与学校联合，共同举办一系列科普活动，让科普不仅仅在校园，更能深入学生的日常生活。

园区在运用数字化教育大规模推广因材施教的过程中，尽管已经取得了一定的成果，但仍然存在部分问题。首先，从顶层设计的角度来看，需要确立数据化教育在园区大规模实践中的位置。当下的潮流是将学校课程全部数据化，即运用云端技术将所有的课程以数据的形式转达给学生。然而，并不是所有的课程与知识都是可以通过"云"技术进行转化的。合适的教育发展的前提是寻找合适的方式开展学校授课，当知识与云技术配合相得益彰时，智慧教育云端技术是促进学生学习的重要手段，能够起到事半功倍的效果；如果为了追求数字化教育而不对课程知识点分类，将所有的教学内容云端化，就违背了数字化教育发展的初衷。其次，发展"合适的教育"的根本目的是培养立体的、全面的人。如果教育是平面的，那么教师给予学生的知识，训练学生所用的习题也会是平面的，这一系统教育出来的学生的人格就是平面的。培养拥有全面的、立体的人格的学生，从区域教育顶层设计的教育而言，需要有"大格局"。多角度、全方位的立体教育教学设计，面向未来的教育计划是培养全地区大格局人才的关键。最后，学校管理的建设是贯彻因材施教理念的关键。尽管在学校教育的过程中，教师与学生是进行教育教学任务的两个主体，但校长作为学校统筹管理的中心，是一个学校长久发展的重要因素。在区域全面推广数字化教育的过程中，校长责任艰巨。学校的长久发展需要解放校长，不仅需要解放校长的思想，更是需要解放校长的行动。数字化教育的全面推广离不开校长开阔的眼界与创新思维和意识的支持；同时，在对学生进行因材施教的过程中，具有前瞻性、能够大胆决策的校长往往能够对学生产生正向的影响。

四、展望未来园区的数字化教育

智慧教育的信息化与应用是我国教育信息化发展的重要组成部分，园区作为国家创新教育改革的策源地，其教育改革的发展过程与成果都在全国起到了领先示范作用。运用数字化教育进行大规模的区域性因材施教教学活动，其本质是将科学技术与课堂相结合，利用科学的大数据教育工具，颠覆传统教育模式。

基于科教兴国的发展战略，园区在 2021 年重点建设“双区”，即全力进行园区范围内学校的试验区及子项目承办区的建设，让学生通过丰富多彩的实验真正做到“做前想，做中思，做后悟”，在科学探索的过程中培养学生的创新思维，使学生体悟科研精神。这一年里，园区学校“易加学院”的教学试点全面启动并初见成效，并为 2022 年“五育融合幸福年”的主题相关教育活动的展开提供了先决条件。2022 年，园区依托“大数据促进‘适合的教育’实践研究”项目，全面贯彻落实“双减”政策，同时切实提高了园区学校的办学质量和学生的综合素养，真正做到了办好有利于学生、教师、社会的教育。

园区教育经过 29 年的发展，教育改革步入“深水区”，面临“四大难题”：一是传统型、标准化、流水线式的人才培养模式，不利于学生的个性化成长；二是知识本位的教学方式，不利于立德树人、促进学生核心素养的有效发展；三是片面的教育评价导向，不利于学生德智体美劳的全面发展；四是区域教育资源配置不均，不利于教育优质公平和普惠共享的推进。数字化教育是能够切实有效解决上述问题的重要手段。园区作为未来学校建设的实验区，在深化教育供给侧结构性改革过程中，贯彻落实数字科技与教育相结合，致力于以教育信息化引领教育现代化，不断提升育人水平和育人质量，构建良好数字化教育新生态。目前，苏州工业园区区域发展新生态的建设已有一定成果：园区内智慧教育和创新驱动发展战略深入人心；教育公平与因材施教双管齐下；公共服务、素质教育、现代教育治理取得较好成绩，形成了教育事业持续、优质、协调发展的良好生态，区域教育综合实力跃居省市前列，初步形成了具有园区特色、苏州风格、中国气派的现代化教育格局。未来园区的教育体系将在此基础上变得更加完备，面向人工智能和工业 4.0 时代，以国家级信息化实验区、科创教育品牌示范区，教育部、工业和信息化部“5G＋智慧教育”应用试点项目等为载体，全面开启智慧教育 4.0 时代的建设。前瞻的布局、良好的基础、浓郁的文化，园区教育持续高质量发展未来可期。

第三节　指向核心素养的学习革命和课堂转型

一、领导教育变革的核心素养

自 20 世纪 90 年代以来，核心素养在教育中的重要地位得到了全世界不同教育体系的共同认可。同时，一些国际组织如经济合作与发展组织（Organization for Ecomonic Co-operation and Development，OECD）、联合国教科文组织、欧盟等都开展了关于核心素养的研究，这场关于核心素养的教育变革风潮也席卷了欧美多个国家及亚洲的部分国家与地区[16]。核心素养这一概念对教育的发展有着重要的作用，基于各国不同的国情与教育需求，核心素养在各地的内核也截然不同。根据我国国情，2014 年 3 月，教育部提出了“核心素养”的概念。2016 年 9 月中国教育学会颁布的《中国学生发展核心素养（征求意见稿）》中正式提出了“人文底蕴，科学精神；学会学习，健康生活；

责任担当，实践创新”的核心素养内容，明确指出，“学生发展核心素养是指学生应具备的、能够适应终身发展和社会发展需要的必备品格和关键能力”。而《义务教育课程方案和课程标准（2022 年版）》的发布，意味着“核心素养”已成为课程改革的中心“指挥棒”，为义务教育阶段的课程设置与学习革命指明了方向。

核心素养理念的目的是在教育的过程中培养对学生未来长期发展有利的内在素养。从学生个人角度而言，核心素养指的是那些一经习得便与个体生活、生命不可剥离的，并且具有较高的稳定性、有可能伴随一生的素养（包括学习素养和关系素养）。其根本特质不在于量的积累，而在于生命个体品质与气质的变化和提升。对于课程的设置与发展，在核心素养指导下的课程改革，能够完善、发展，甚至是实现教育发展的“再出发”。这里的核心素养，不仅是课堂中学生所学的未来会用到的科学知识，为未来职业发展做铺垫的技能，更包含了长期发展的可塑造的人格特征，这是增强未来职业实力、促进人生成功的重要因素[17]。

传统的课堂教育偏重学生科学知识的培养。在这种模式下，产出的多是传统型、标准化、流水线化的人才，知识本位的教育导向及统一的评价方式并不利于学生德智体美劳全面发展。以核心素养为导向的学习革命与课堂转型则能够从根本上解决传统教育模式下人才单一的问题，这也是顺应我国人才需求，提高国家整体竞争力的必然。

核心素养的特殊性质对课程改革提出了一定的要求。首先，核心素养具有前瞻性与现实性，因此要求在课程的设置过程中要有长远的眼光。对学生的培养不仅要注重当下的基础知识教育，更重要的是要发展有利于学生的未来的适应能力。其次，核心素养的学习具有阶段性与生成性。学生的核心素养培养并不是一朝一夕就能完成的，在相关课程的设置上要满足学生不同阶段的不同需求，做到课程与学生的成长发展轨迹相符。最后，核心素养的普遍性与特殊性，要求学校在基础课程的设置上，既要考虑学生群体普遍需要的知识储备与能力的培养，更要关注学生个体的特殊性，使学生在具备基础能力的同时能够根据自身的特殊性选择最适合自己的发展方向[14]。

二、立足于核心素养的学习革命与课堂转型

1. 核心素养驱动下的“未来学校实验区”建设

2017 年 9 月，时任教育部部长陈宝生提出，要深化基础教育人才培养模式改革，掀起“课堂革命”，努力培养学生的创新精神和实践能力[17]。与此同时，园区的教育发展与改革经过 24 年，成为园区解决教育改革问题、推动园区教育供给侧结构性改革的引擎。在以“核心素养”为导向的教育改革过程中，园区教育工作者迫切需要深入探索在技术的加持下，将人的发展规律和教育规律进一步结合的未来教育。因此，园区致力于推进“未来学校实验区”建设。

“未来学校”坚持“教育的本质并不会因信息技术的介入而发生改变，教育传承文化、创新知识和培养人才的本质不会变——立德树人的根本目的也不会变”的原则，重新对学校教育进行定义。在过去，大数据常被学校与家长视为“洪水猛兽”，而未来学校在打破这种偏见的同时为课堂教育注入了新鲜的血液，实现了课堂的转型。现代化的“未来学校”将大数据与学校教育相结合，以人本主义为育人目标，打破了传统课堂只注重基础知识教育的局限性。传统的课堂教材的更新速度较慢，学生对知识的学习千篇一律，为满足统一的学习评价标准导致学生群体机械刷题成风。“未来学校实验区”建设重构了传统的学习方式，学生可以根据自身的独特性自主选择适合自己的知识与学习模式，该项目也通过现代化的科技手段让传统书本知识变得更加鲜活。未来学校的建设也打破了传统学校与班级授课制由于空间、地域因素

导致学生学习的时间、地点及信息的流动受限的壁垒，可以说，未来学校在时间、空间、科技上发生了变化，未来的学习也要发生相应的变化。由此可见，“未来学校实验区”建设立足于核心素养培养，是对园区的教育教学方法的一次学习与课堂的变革。

传统的课堂教育过程中，学生是唯一被关注的群体。然而，积极良好的课堂教学效果是需要师生共同实现的。当教师队伍的成长速度远远赶不上学生的成长速度时，传统课堂教育的滞后性便会逐渐暴露出来。园区推进“未来学校实验区”建设，能够让教师队伍重新适应在大数据环境下的课堂教学方式，激活并优化教师队伍，让师生在课堂互动的过程中共同学习、共同成长。

2. 多维度的“未来学校实验室”

园区的“未来学校实验室”建设经过了长期的准备、融合与发展才最终形成了现在的良好生态教育环境。该项目于2014年起步，直至2018年才最终完善。2018年之后，对“未来学校实验室”等建设项目不断进行深化并最终形成了新型教与学模式实验、STEM教育和易加互动学习平台三大体系。

（1）新型教与学模式实验

“未来学校实验室”项目将5G技术与课堂教学融合，进行全面的学习改革与课堂转型。从数据显示，这一新型的教与学模式的创新之处在于在信息技术的帮助下，能够支持多教室、多师生同时“云上课”，并且在教学的全过程中都能在大数据的辅助下完成“导、学、研、测、评”，从而做到根据不同的学生特点，在帮助学生巩固前期知识的同时，为学生后期的个性学习做铺垫，实现课堂教育的定制化、高效化及流动化。

（2）STEM教育

园区依据未来学习的时间特质、空间特质和科学特质，统筹区域资源、落实各类保障，从架构顶层系统、培养专业师资、建设立体场景、开发融浸课程、推进项目研究等方面开展实践研究。一方面，STEM课程以强基创新为旨归，构建区域融浸课程，即将课程的理念、项目、主题和活动进行融浸，让学生在完成项目的同时自主探索，深入理解课程主题所要传达的教育理念和其中蕴含的理论知识。另一方面，STEM教育以系统培养为抓手，制定了学生创新素养的培养指南。该系统不仅注重对学生的全面培养，同时以教师能力的提升为目标，为教师群体研订培训模式，切实提高教师的水平与素养。该项目围绕科技力量、探索发现、健康生活、文化传承和创新实践五大融浸主题，形成了五十多个特色融浸课程，并由此生发了相关的课程群落。

上述多层面多维度的“未来学校实验室”相关项目的建立建成，是在传统授课制的基础上进行的一次学习革命与课堂改革，在保留授课制中师生互动特点的同时进行了创新，打造了课前可学、课中可拓、课后可展的全程支持的学习供应链。

（3）易加互动学习平台

“易加”，即“E+”，体现了“互联网+”的时代背景，体现了园区智慧教育“学生E（易）学习、教师E（易）教学、行政E（易）管理、家庭E（易）沟通、社区E（易）服务”的“五E（易）”愿景。作为全用户的枢纽平台，易加互动学习平台的建设真实做到了推动产学研一体化的发展。易加互动学习平台系统通过建立全维度应用场景、开发全学程应用资源建构出完整的智慧教育体系。易加互动学习平台的研发最终形成了“学、教、测、评、管”的现代学校办学新模式。传统的教育模式下，“学、教、测、评、管”在教育的过程中都有一定的体现，但主要是以“管”为主，且各阶段在课堂上难以形成完整的体系，因此“学、教、测、评、管”各部分在同一阶段的教学过程中相对分散。易加互动学习平台则将教学过程中的“学、教、测、评、管”各部分连接在一起，能够在大数据的快速测算与分析下提高学业测评的效率，快速精确发现学生学习过程中的问题。

3. 以“融浸课程，科创素养”为目标的项目化学习

以结构化的方式组织课堂内容是义务教育课程标准改革的一项重要要求，也是培养学生科学创新素养的关键。课程内容结构化的目的在于改变传统课堂的线性授课方式，强化知识的内在关联，促使学生在充分参与的过程中做到“做前想，做中思，做后悟”。园区学校在推进课堂改革的过程中基于上述要求开设了项目化学习课程，以打破传统的师生单线授课模式。

对比传统的课堂学习模式，项目化学习模式则是将各学科的知识融合在项目中，让学生在参与项目、推进项目直至完成项目的自主探索过程中吸收融合各学科知识，充分理解科学知识在现实中的运用，让书本上的知识真正“动起来，活起来”。以园区第二实验小学为例，该校自 2018 年引入项目化学习，从试点学科活动开始探索，发展到融入学科课堂的实践，依托信息技术，打造以项目式学习为主要路径的“慧学课堂”，逐步构建了与学科紧密结合的“无涯课程”项目学习群体系。其中以“月球梦想基地”项目为典型，学校将科学、语言、美术与信息技术等相关学科知识融入项目，学生在信息技术的保障下，以小组合作的形式，通过搜查资料、数据分析、研讨交流、实验论证等学习方式，全面了解人类生存所需的基本条件、月球及太空的相关信息，科学合理地设计一个能满足人类长期生活的月球营地，绘制出月球营地的3D模型，并以中英文答辩的形式说明月球营地的运行原理。在项目实施的过程中，学生的科学技术知识、生物知识、语言文字知识及美术设计能力都得到了全面的大幅度提升。与传统科学课堂学习不同，在长达 12 周、贯穿整个学期的项目式学习过程中，学生自始至终能够在明确一个主题的前提下，有目的地开展各学科的学习，结构清晰、内容丰富的项目给学生创造了多样的学习选择，不同兴趣爱好、不同能力水平的学生能根据自己的学习需求参与项目，有侧重地对某一问题进行深入研究，并从中获得成就感。当思维和视角不再受约束时，学生将有更多机会主动进行探究和创造。该项目的开展充分培养了学生的想象力、创新能力、团队合作和实践能力，激发了学生对航天工程的兴趣。

此外，在项目化学习过程中，教师队伍也与学生共同成长，教育人才队伍的活力被激发。以项目式学习为主要形式的科创教育，需要教师具备较专业的跨学科能力，围绕共同的主题，破除学科界限，把不同学科、不同领域的理论和方法有机整合，有目的、有计划地设计课程内容和教学活动。当前并没有明确的跨学科课程标准和配套教材，怎样高效及时地传播学校在教学改革过程中形成的教育理念，让教师不断接受新的观念、进而形成团队的“教育共识”，提升教师整体的专业素养和跨学科能力，是项目化学习过程中教师团队共同面临的问题。因此，2019 年秋季学期，园区第二实验小学启动了“慧学课堂：八点播报”教师项目。教师团队的每日播报是教师在理论与实践相结合中进行自我反馈与提升的过程，通过不断反思项目化学习过程中的优缺点，直面项目化学习推进过程中的困难，同时在与其他学科教师的交流过程中不断汲取不同学科的理论知识，使自己处于“做项目”和“指导学生做项目”的状态，在两个“全息场景”中任意切换，完成跨学科能力的大幅提升。

项目化学习课堂是园区内课堂改革的创新之处，并且对学生的“核心素养”培养也初具成效。苏州市义务教育学业质量监测数据表明，园区义务教育学段学生在各学科的运用创新能力水平逐年提升，由此可见项目式学习对提升学生科创素养有着积极价值（表 3-1）。

表 3-1　园区义务教育学段 2018 届、2019 届毕业生创新能力水平得分情况

科目	运用创新能力类型	2018 届毕业生得分	2019 届毕业生得分	增长值
科学	应用	5.9	7.1	1.2
数学	运用规则	5.8	10.2	4.4
	非常规问题解决	12.7	9.3	3.4
语文	运用与评价	1	4.9	3.9
	阅读评价	2.9	5.9	3.0
英语	分析与评价	4.0	11.0	7.0
	产出与创造	3.2	9.0	5.8

三、引领教育潮流的“未来学校实验区”建设

1. 以数据变化整体把握“未来学校实验”项目成果

数据是最直观呈现变化的形式，根据数据平台的反馈，可以明显看到园区自“未来学校实验”项目启动以来的成效（表 3-2）。

表 3-2　园区“未来学校实验”项目成果一览表

数据平台名称	成果名称	具体数值
新型教与学模式实验	未来教室	22 个
	“云端协同”课堂	40 个
	教师建设在线课程	232 747 节
	在线诊断资源包	100 000 余项
	实施课程	96 797 次
	提交反馈	3 000 多条
	线上有效学习人数占比	99.85%
STEM 教育	区级学习中心	5 个
	校园特色空间	124 个
	科创教育场馆	5 个

（续表）

数据平台名称	成果名称	具体数值
STEM 教育	企业科普实践基地	56 个
	STEM 线上部落	n 个
	功能实现	
易加互动学习平台	自动化数据汇聚	
	高质量数据管理	
	关联性数据驱动	

新型教与学模式实验、STEM 教育与易加互动学习平台三者都是“未来学校实验区”建设中的重要组成部分，更是推动园区进行学习革命和课堂改革的重要实验。作为“未来学校实验”项目中独立且重要的部分，三个项目聚焦的教学创新点各有不同。新型教与学模式实验作为课堂创新的先驱，着重点在于利用互联网对传统课堂制授课形式进行了改革，打破了传统课堂对地域及时空的硬性要求。STEM 教育则是在大数据的支持下，依托信息技术，根据课程的设计要求搭建适合学生的不同的主题学习平台，提高学生学习效率，使得教育资源在交互流动的过程中真正为学生所用。易加互动学习平台则侧重于汇集并大批量地处理在学生学习过程中收集的相关数据，按照一定的量化标准处理后将不同个体的数据联合起来对比。在数字处理的过程中，通过对学生不同状态下学习效率的量化评价，分析个体在学习过程中的可取之处与不足，并且有针对性地帮助学生高效地补缺补差。

尽管三个部分在课堂转型与教育改革过程中关注的重点有所不同，但三者之间的关系是相辅相成的。新型教与学模式实验作为园区学校进行“未来学习”的开拓部分，线上课堂中的师生互动及课堂教育过程中对学生学习效率的判断离不开易加互动学习平台的数据大规模收集、运算处理；STEM 教育活动中多主题不同活动的开展也无法与易加互动学习平台的数据处理完全剥离；与此同时，易加互动学习平台在完成数据运算后，需要与其他教学设计平台连接，根据不同的学生个体设计适合他们的课程，才能真正使大数据在课堂转型与学习革命过程中发挥最大的作用，否则也只是一堆数据。

2. 初见成效的园区课程改革

园区第二实验小学是园区运用大数据教育，在STEM教育的加持下，重构校园教育课程体系的典型。作为园区“新教育”实验学校，园区第二实验小学从2013年起着手校内课程改革，在“十四五”期间，全体师生共同创造了更具延展性的校园生活，并构建了全新的校园教育体系——由无涯课程、儿童群落共同构成的无界教育。

“慧学课堂”是园区第二实验小学校园学习变革过程中进行课堂转型的重要成果。传统的课堂教育只重视对学生的科学知识的教授，园区第二实验小学在培育学生“核心素养”的教育总目标下，不仅注重“育智”，更注重“育德”。相比于传统课堂，“慧学课堂”更加注重学生思维的培养，将学生的思维生成、发展与教师的教学行为结合，关注师生对话与互动中具有的思维价值，要求课堂活动围绕着促进学生的发展开展。该课堂教改实践的特色具体表现为以下方面：基于学情，确定适宜的学习内容；基于布鲁姆教育目标分类表，设计高阶的学习活动；基于倾听，重构课堂中的学习关系；基于一致性，实施有效的学业测评。与此同时，学校以物型课程理念构建立体化慧学校园，打造了适合师生的泛在学习空间，实现了师生、生生间智慧的互享与交流。“慧学课堂”的泛在学习空间，是基于园区易加平台开拓出的智能学习空间，满足了学生自主学习、个性化学习的需求，能有效帮助教师做到“慧教”，让学生“慧学”。

打造“慧学课堂”是园区第二实验小学课堂转型的第一步。在取得一定成果后，该校教师逐渐开始了更多更新的教育改革探索，通过逐步扩展学科边界、打破教学时长的边界、消除教学空间的边界、打开教学资源边界的教育教学探索，最终形成了跨学科的合作、长短课的协调、校内外的联动、线上线下的混合等项目，并最终构建了无涯课程体系。

“无涯课程”的体系主要包含以下五大课程。

（1）文化奠基课程

文化奠基课程主要是国家课程的实施及校本化的表达，与传统课堂不同的是，学校通过开设经典诵读课程、英语电影课程、数学益智课程将课堂内容实体化、校本化，改变了传统课程只停留在字面理论解释的授课方式。同时开设特色音乐（如民乐）、美术（泥塑）、劳动课程等，全面培养德智体美劳全面发展的学生。

（2）学科跨界课程

学科跨界课程既有学科内跨界，又有学科外相关联学科的跨界，以及多学科跨界。学科跨界课程强调主题式学习、项目式学习。学校根据不同的课程要求设置多学科融合的学习模式，通过开设戏剧课程、StarT 课程、STEM 课程和 PBL 项目式课程等，丰富学生的学习内容。

（3）国际理解课程

国际理解课程是学校前一阶段特色课程的延续，注重文化理解和包容。学校通过开设节日课程、世界遗产教育课程、非物质文化遗产教育及博物馆课程等，帮助学生开拓国际文化视野。

（4）未来探索课程

未来探索课程主要侧重于学生科学知识素养的教育，侧重于对学生进行人工智能、审美和生物科学等领域的培养。学校开设了毕业课程、人工智能课程、360 职业体验课、酵素生态课程和 3D 打印课程等，从生活日常入手，开设多种体验课程，让学生体验科学技术知识的应用，培养其探索发现的兴趣和能力。

（5）世界瞭望课程

世界瞭望课程主要培养儿童的好奇心和探索精神，学校通过开设相关的研究性学习活动等，引导学生关注具有影响力的国际时事，指导学生了解国际热点并且正确看待新闻，帮助学生瞭望世界。

在形成课程体系的同时，无涯课程在实施后切实做到了以人本德育为基础，营造了家校社群共育的教育氛围。学校创办了“德性涵养家族”，在正确的人生观和价值观视域下构建具有传承性的无区隔的学习组织。同时打造了儿童创造教室、儿童研究社区、儿童对话中心等对儿童成长发展有利的活动内容。

无涯课程与“慧学课堂”共同组成了以儿童教育为核心的无界教育体系。可以说，无界教育是园区第二实验小学针对学习革命及课堂转型的一项实践成果，其中对儿童文化的彰显是该教育体系的特色内容。无界课程体系打破了传统教育的壁垒，打造了学习资源与学习场景交互下无围墙的学习生态圈，帮助学生从纸上的“二维学习”走向生活中的“三维学习”，真正让教育围绕学生，使教育无边界，学习无止境。

四、数字化背景下深化园区教育改革的要点

安全是大数据平台运行的底层支撑，运营是为了提升大数据平台运行效能所作的服务，安全运营是大数据平台为了发展更多的用户、获得更大的收益而从事的平台经营、运作、维护等相关的工作，安全运营也是现在园区内以“核心素养”为教育目标导向的课程转型需求。

对于区域教育大数据平台的环境布局而言，安全运营服务是重要的一方面，直接影响用户体验与平台价值的实现。然而在当前的区域教育大数据环境布局中，安全运营也是极易被忽略的部分。为保障园区内教育供给侧结构性改革的顺利施行，园区致力于保障平台安全运营，全力构建可持续发展的运营管理模式，基于网络组、运维组、业务运营组三大智慧教育运营体系，在工单派出、过程管控、绩效评估等方面均形成了一套行之有效的规范管理流程，认真做好网站维护、网络阅卷、招生招师、数据采集、数据库维护、资源建设及相关运营

试点和推广等诸多方面的工作，做到响应及时、过程落实、结果真实。在完成系统标准运维、教育业务数据维护及应用系统的有效推广应用等工作的同时，尝试创新运营机制，实现主动运营管理模式，打造稳定、优质和高效的运营团队，为区域教育大数据平台生态发展提供强有力的保障。

将科技融入课堂，改变传统授课方式也是园区为推动学习革命进行课堂转型迈出的重要一步。为保障科技在课堂中能充分发挥其主要的辅助作用，避免影响教师的授课质量，学校在课堂转型的过程中必须谨遵以下要求。一是牢记运用大数据的目的。园区教育大数据平台的环境布局，都是“属教育”的而非“姓技术”的，即以教育业务为出发点，让技术为教育服务，迭代发展。只有这样，才能让区域的教育大数据平台充满活力，由教育教学而来，为教育教学服务。二是不忘课堂转型的大数据服务对象。园区对教育大数据平台的环境布局，是以促进师生、学校、区域发展为目标，以“适合的教育”推进为根本路向，以“核心素养”为支点，通过全员参与、全员培训、全员应用、全员考核实现“四全 JOIN，全员 ENJOY”，切实提高师生的学习质量。三是课堂转型与学习革命最终要实现的是核心素养的培养。园区的教育大数据平台环境布局，完备“采集、统计、分析、表达”数据链，形成“个性学、智慧教、精准管、科学测、智能评”的教育闭环，提升教育教学与管理决策的效能，为师生个性化发展提供指导性服务。四是“提质量”。园区的大数据平台环境布局，重视从“学有趣味”走向“学有绩效”，从“资源聚集”走向“资源融汇”，从“经验评价”走向“实证诊断”，从“数据循证”走向“精准施策”，从“知识掌握”走向“素养提升”，利用数据刻画，全方位了解学生、精准改善学生薄弱之处、为学生提供个性支撑，让学生乐学、学会、会学，实现数据驱动下的学科核心素养落地。

核心素养的性质使得相关人才的培养任重道远，园区的“未来学校实验区”建设也将在教育供给侧改革深化的过程中持续推行。“未来学校实验”项目倡导“未来课堂是学生生命成长的精神家园，是突破时空的立体学习场，是信息技术助力教育教学的实践场域，是学习要素高度互动的活动社区”。“未来学校实验”项目为园区的未来教育吹响了前进的号角。未来，园区将继续以核心素养为课程转型的支点，推动园区教育生态化的建设。

第四节　苏州工业园区教育评价改革与创新

一、迫在眉睫的教育评价改革现状

教育是培养人的活动，其根本目的在于育人。教育评价贯穿教育发展的全过程，是基于既定的教育目标对育人过程和结果进行的价值判断，发挥着重要的诊断、导向和激励作用[18]。是推动教育实践、促进学生发展、提升我国人才培养质量和规格的关键。然而，我国传统的读书观与相对单一的“五唯”评价体系影响下的人才千篇一律。一千多年的科举的历史与文化影响使得人民群众广泛持有“万般皆下品，惟有读书高”的教育观，多数家长认为读书的主要目的不是成为有利于国家与社会的人，而是追求名利与社会地位。主流的教育评价观也是“唯分数、唯升学、唯文凭、唯论文、唯帽子”，因此造成了教育评价体系的沉疴难愈，并对高素质、全面发展的人才的培养产生了副作用，教育评价的标准亟须改革。

2018 年习近平总书记在全国教育大会中强调：“要克服唯分数、唯升学、唯文凭、唯论文、唯帽子的顽瘴痼疾，要从根本上解决教育评价指挥棒问题。”[15] 在当今的社会环境下，大数据信息化在推动社会变革的同时，也对教育产生了系统的影响，并为教育的供给侧改革提供了新思路，推动着教育教学从知识本位的时代进入注重全面发展的智慧教育时代。在知识为本位的时代，学生的教育评价标准是相对单一的，对知识的掌握是否牢固是唯一的评判标准，因此也造成了机械刷题、教育模式固化等问题长期存在。可以说，知识本位的时代的教师只是知识的传播者。长此以往，教师队伍会形成教学模式固化的问题，教育教学思维也会具有一定的滞后性。然而，智慧教育时代的教师已不再只是知识的传播者，而应扮演着学习合作者、情感引导者、价值协商者、道德培育者等多样化的角色；学生也不再只是一种学习机器或知识容器，而应成为智慧的学习者、知识的创造者、生命的享受者[19]。

中国特色社会主义进入新时代，我国社会主要矛盾已经转化为人民日益增长的美好生活需要和不平衡不充分的发展之间的矛盾。伴随社会主要矛盾的转变，“教育评价面临的主要矛盾在于人们日益增长的高质量教育评价需要和教育评价质量不平衡不充分的发展之间的矛盾”。因此通过教育改革，改变人们长久以来的读书观，为社会培养德智体美劳全面发展的人才，激活教师团队活力，建构长期可持续发展的教育评价体系已然成为当下教育评价改革的主要目标。

为推动解决教育评价“五唯”顽瘴痼疾，政府在政策层面颁布了诸多支持与推动教育评价发展与改革的政策，尤其是中华人民共和国成立以来第一个关于教育评价系统性改革的文件《深化新时代教育评价改革总体方案》的颁布，为教育评价改革和破除“五唯”顽瘴痼疾提供了方向；在理论层面展开了有关教育评价理论问题的探讨，并提出了一些破除“五唯”顽瘴痼疾的理论路向；与此同时，国家在实践层面作出了诸如综合素质评价、教师职称评价改革等探索。自上而下的政策改革推动虽然起到了一定的成效，但仅在政策层面、理论层面、实践层面采取一些措施和提供一些支持，仍难以破解教育评价制度不平衡不充分的问题。从根本上解决新时代的教育评价矛盾，亟须建构一个适应新时代和未来教育发展需要，能够解决教育评价主要矛盾的教育评价理论体系来总揽全局、整体调控和系统指导。只有如此，教育评价的主要矛盾才会在正确的理论、实践与政策的协调开展和协同推进中得到解决。

二、面向未来的苏州工业园区现代教育评价体系建构

园区现代教育评价理论体系的建构必须与我国基本的教育目的和教育方针契合，这是建构适合现代教育评价理论体系的根本基石和根本方向。在明确这一根本基石和根本方向的前提下，建构园区的现代教育评价理论体系还需要遵循一系列的基本原则和坚持多样综合的思维方式。与此同时，园区对适应现代化、面向未来的特色教育评价体系的建构，必须建立在对学生的成长轨迹及教学规律、教育评价规律有一定的认识的基础上，提高教育评价和教育发展的质量。

为满足上述需求，园区在进行教育评价改革的过程中研制了区域教育质量综合评价指标体系，该体系主要由学生学业质量检测及中小学综合性评价指标组成，前者根据中小学各学科核心素养需求研制出核心素养测评工具，进行学业质量和相关影响因素的检测；后者则关注学生发展水平、教师发展水平及学校发展水平。该测评体系同时包含教育满意度测评部分，包括内部满意度和外部满意度，实现了“历史性数据，过程化记录，校际观差异，学校看发展”的评价新样态。具体来说，可以分为以下五个模块。

1. 以德为先，构建“小五星”评价体系，促进学生全面发展

“小五星”评价体系是指评价内容有五个维度，该维度的设置着眼于学生核心素养的五个方面，分别为：思想品德、学业水平、身心健康、艺术素养、社会实践。该评价体系将五个维度作为一级指标，每个一级指标下分别设立16个二级指标，将学生纵向学习的全过程和横向发展的全要素有机整合，多方位多角度对学生进行整体的学习评价。同时，以“易加综合素质”平台为基础，形成“区域—学校—班级/教

师—学生/家长”的数据采集与反馈的链路。在评价过程中，教师、家长、伙伴及自我多方参与，共同完成全面的学生“自画像”，所有的数据都在学生的日常学习生活及互动中产生，真正做到根据实际情况为每一名学生制定个性化的科学合理的学习反馈结果，切实帮助学生扬长避短，促进学生的全面发展。

2. 数据赋能，通过人才指数测评，优化教师资源配置

园区建构“教育人才指数”测评体系用来反映综合评价区域和学校教育人才整体状况。人才指数由刚性和柔性两方面指标构成。刚性指标是从科学数据上反映教育人才现有特点或水平，体现出区域或学校师资整体素质与人才发展的硬实力的指标，包括骨干教师（含名师）指数、教学能力与教学成果指数等 9 项指标；柔性指标是对教育人才成长具有影响作用的指标，能够反映出师资整体素质在下一个时段内的变动趋势及同时段在区域范围内的发展水平，包括区域人才交流指数、人才成长环境指数等 5 项指标。该评价系统自 2014 年正式投入使用后，为园区学校优化教育教学人才队伍、提升整体综合实力发挥了重要的引领作用。与此同时，为促进教师人才队伍的全面发展，园区不断优化教师评价机制，以发展的眼光对待人才。通过强化教师过程评价、探索教师增值评价、数据驱动评价三者并驾齐驱，运用“易加人才”数据分析平台，综合考量教师的个人成长，并在每一名教师的差异性中发现其独特性与价值。创新性的教育评价系统在多年来的教育教学过程中取得了一定的成果，截至 2021 年，园区内近 14 000 名教师使用这一系统并收集到相关数据 20 多万条，依托这一系统，园区在 2021 年江苏省教育厅举办的基础教育优秀课评比和青年教师基本功大赛中取得了骄人的成绩，共 25 人获得一等奖，获奖数量位居全省县区级之首。在每年度的苏州市教师专业素养竞赛中，园区获奖人数及获奖层级一直居于较高水平。

3. 素养导向，形成“学、教、测、评、研”的教学管理和跟进式改革方式

在学科层面，以培育学生“核心素养”为目标，构建了不同的测评指标系统——素养导向的测评指标体系，形成了“学、教、测、评、研”一体的改进模式及对区域学业质量评价模式进行了创新。素养导向的测评指标体系针对不同学科的核心培养目标，不是只从基础知识掌握的层面对学生进行评价，而是从素养目标出发，促进教学行为从“育分”向“育人”转变，不断探索核心素养在课程中的培养方式。以语文学科为例，以素养为导向的测评指标体系将语文学科分为“语言、阅读、表达、文化”四个板块，每个板块下又从不同的角度进行考量。多维度不同方面的综合测评能够更精准地发现学生在语文学习过程中的细节掌握情况，更加全面地对学生进行学习诊断与相关学科素养的培养（图 3-1）。

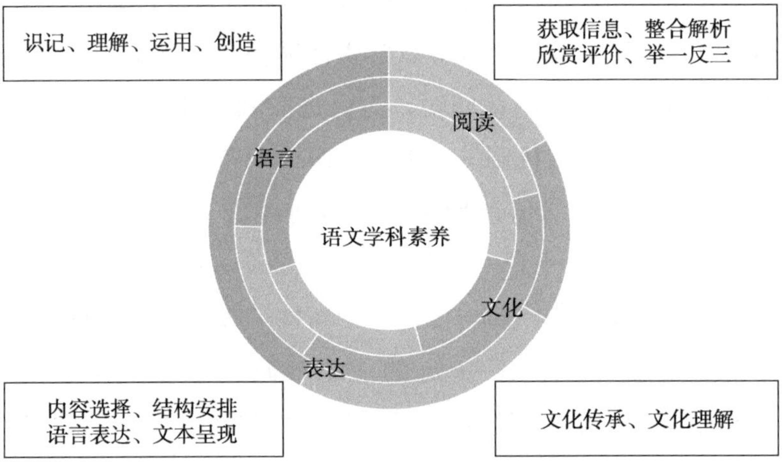

图 3-1　语文学科素养测评指标体系

“学、教、测、评、研”一体的改进模式，能够更加精准定制符合每个学生的个性化学习方案，打破了传统评价体系中师生二元一体的

学习互动模式，同伴与小组互助的方式能够让学生在团队的学习中根据自我及他人的学习情况进行双向的反思与学习（图 3-2）。

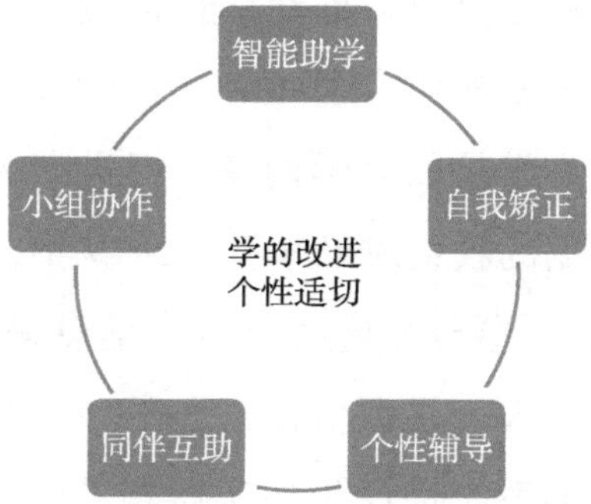

图 3-2　改进后的学生学习过程

相较于传统区域学业质量评价模式，园区构建了“问题与立项、工具与监测、分析与诊断、方案与举措、督导与解决跟进式闭环”的“5 + 1”区域教育质量评价模型，这一模型在程序与环节上是闭合的，形成一个互联互通的平台，具有齐抓共管和不断优化的特征，常态化开展自主监测、班级监测、学校监测和区域监测，让监测成为重要的教学诊断工具，用监测带动决策，以决策优化管理。

4. 关注发展，以“大五星”评价体系促进办好人民满意的学校

“大五星”评价体系是指从五个方面对学校进行评价的综合评价标准，该评价体系的主要目标是改革评价内容，引领学校内涵式发展，具体评价内容分为两大部分五个维度，其中两大部分是指教育内涵发展指数和教育服务满意指数，五个维度则包括“学校发展水平”“学生发展水平”“教师发展水平”“内部满意度”“外部满意度”。该体系打破了传统评价体系仅限于学生、教师的框架，让家长及社会人士加入评价，通过“网络问卷”“专家评估”的形式，充分调动社会参与，进一步提升了全社会对教育改革的关注度与参与度，形成学校、家庭、社会共建共育的良好生态。

“大五星”评价体系以“易加评价”体统为基础，突出过程性监测，突出数据采集和分析，突出通过评价引领学生自我诊断、自我剖析，突出问题导向和精准改革，推动在日常监测和数据分析的基础上形成学校科学有效的成长机制，引领和推进学校自主、创新、持续发展，整体提升区域中小学校的办学内涵，促进学校多样化发展，全面提升办学质量。从数据的收集成果来看，2019 年、2020 年的问卷参与人数均超过 35 万人次，参与率超过 90%，信息采集更加注重大样本、常态化，大大提高了“大五星评价体系”的评估信度和评估效度。一年两次的全社会参与的系统性评价切实做到了以社会需求为导向，为教育评价深度改革及教育治理创新提供了更为精准的数据决策依据，为持续提升区域教育现代化水平奠定了基础。

5. 素养导向，在动手动脑中完善过程评价、增值评价、综合评价

园区在完善“大小五星”评价体系的同时，辅以多种形式的教育评价项目和学习方式，整合启发式、探究式、互动式、体验式和项目式等各种模式，开展能够增进学生积极思维的思维型探究和实践。通过少年科学院、研学营、创新港等多个载体，在真实场景中，加强知识学习与现实生活、社会实践之间的联系，实现学生对核心概念的深度理解、有效建构和灵活应用，并在动手动脑中完善过程评价、增值评价、综合评价。

通过数据监测反馈，明显可以看出，在该教育评价系统下园区的教学质量得到了综合性的提升，学生、教师及学校等多层面的评价创新促进了教育体系的完善与发展。苏州市教育质量监测中心的学业质量监测数据追踪比对显示，园区学习品质（学习习惯、学习方法、学习动力）、学业支持（教学支持、人际支持）均居苏州市最前列，并呈现逐年上升态势；客观学业负担中的补习负担处于苏州市最低值，作业负担呈现逐年降低的态势；学生的主观幸福感也逐年上升，并跃居苏州市最前列。

三、敢为人先的园区学校创新评价体系实践

1. 园区学校特色评价体系实践

在园区的大小五星教师评价体系框架下，园区内各学校根据不同的特色及学生培养方式设立不同的教师人才队伍目标，并构建不同的教师评价体系。典型的如工业园区第二实验小学。

教师评价长期以来一直是学校管理的重要组成部分，也是激活学校教育教学队伍的关键。因此，每个学校都设有多项评比，用以激励教师的成长。然而，传统的教师评价大多以教师的授课能力及班级成绩为唯一的评价标准。园区第二实验小学以培养全面发展的学生为目标，学校除重视“育智”外，更重视学生的“育德”过程，因此对负责教育教学的人才队伍提出了一定的要求。在“大小五星”评价体系的大框架下，根据学校发展需求设立了“慧爱教师”评价系统，以“不功利、不专制、不题海、不停滞”为价值导向，制定了以下评分细则。

（1）师德高尚

师德是教师的基本道德标准，因此对教师的评价应把师德师风放在首位。“慧爱教师”评价标准要求教师应有强烈的事业心与责任感，严于律己，廉洁从教。

（2）热爱教学

对教学事业的热爱是教师能保持教学激情的重要因素，符合“慧爱教师”标准中的“教学人才须保持积极向上、不断学习的状态，能深刻理解学习的本真意义，对本学科由衷热爱，愿意为本学科教学投入精力和时间”。园区第二实验小学的教师评价标准中，教师是否讲授过公开课、竞赛课，是否有论文与课题并不重要，只要热爱教学、踏实从教、心系班级就符合“慧爱教师”的评价标准。

（3）学生爱戴，家长满意，同事认可

“慧爱教师”应做到关爱学生身心健康，能够带领学生不断前行，能够获得学生高度的认可。积极做好与家长的沟通工作，家校合作共同做好学生的教育。同时，“慧爱教师”应在年级组、教研组团结协作并起到示范引领作用，得到同事的认可。

在上述评价标准的基础上，园区第二实验小学的评价过程并不采用传统的收集评价申报表的方式。“慧爱教师”评比是一种校内评比体系，在学校这种熟人社会中，教师每一天的工作状态都是评价材料。将教师日常表现作为评价材料的方式也优化了学校的学习风气，尽管只是一项校内的评比，但其依然得到了校内广大教师的认同。积极良好的评比标准也推动了在校教师间形成和谐、统一、良好的学校教育教学风向。良好的教师团队管理风气会在教师工作的过程中潜移默化影响学生，从而使得教师团队避免不良的内卷，改变了只关注教学成绩的风向，也避免出现唯“排名”论学生好坏的现象。不专制、不功利的教育人才队伍能够更全面、长远地看待孩子。学校这种不根据教学成绩排名次的评比方式也有效避免了传统排名容易导致的教师工作懈怠、内卷的两极化的问题，教师将全部精力集中于教学工作，更能够关注到一些班级中的弱势群体，如身体残疾的学生、智力障碍的学生、发育迟缓的学生等，真正做到有教无类。学校中的学生各有所长，因此每一个学生都是独立的特别的个体，在教育中更需要注重他们的个体成长需求。只有将教师群体从只关注授课成绩的评价方式中解放出来，才能让教师在有限的时间内将足够的精力集中于学生的教学当中，为学生提供更适合个人发展需求的可持续的学习管理与教学方式。

2. 园区学校“大小五星”综合评价体系实践成果

在“大小五星”综合评价框架内，园区内学校建设取得了一定的成果。从数据平台收集到的整体反馈来看，园区内独墅湖学校、西安交通大学附属苏州中学、星海实验中学及星海实验小学在“大小五星”评价系统的帮助下，学校办学水平、教学队伍水平及学生的发展水平都得到了一定的整体提升，上述学校综合水平在全园区学校中排名靠前。“大小五星”评价体系帮助学校在依法办校、课程建设等学校基础管理方面进行调整，提高了各学校根据国家法律法规及义务课程标准设计课程的水平。同时，在国家“双减”政策等大背景下，从园区整体数据收集反馈来看，“大小五星”综合评价体系实践促进了学生身心发展水平提升；减轻了学生的学业负担，课堂减负增效效果明显；教师的内部满意度也有了大幅度提升。

尽管目前园区内学校建设已经从整体上取得了一定的进展，但仍存在一定的问题，且此类问题在园区学校中是普遍存在的。当前，园区内学校广泛存在师资力量不均衡，骨干教师及学科带头人数量占比较小的情况。例如园区星海实验中学，根据 2018 年度监测数据，该校教师发展水平中结构优化得分为 60.65，师资培养得分为 43.6，交流互动得分为 17.89，师资建设得分为 63.65，均低于区内同类学校平均得分。内部满意度中，教师评估得分仅为 94.67，明显低于同类学校得分及区域整体得分。西安交通大学附属初级苏州中学的同年的相同标准检测数据显示，学校教师发展水平高，部分指标超越同类学校，但学校苏州市名师、全国优秀教师等杰出教师人数不够理想，名师工程建设、区域辐射不明显，该年度市级骨干教师增长得分为 0。园区独墅湖学校的监测数据则表明，2018 年度，学校教师“交流互动”这一板块得分为 15.62 分，得分率为 78%，远远低于同类学校的得分（17.52 分）和区域的得分（17.84 分）。由此可见，以上述学校为代表的园区内学校发展仍要扎实推进交流互动，提高教师发展水平。根据以上数据资料可知，教师队伍水平难以满足当下园区学校整体发展要求是目前普遍存在的问题，针对这一问题，园区学校须进一步加强师资队伍建设，提升教师的专业竞争力。首先需要完善师资队伍建设的有效机制，发挥名师的示范、引领、帮教作用，促进成熟教师发展，带动青年教师成长。其次，要重视青年教师的培养，为青年教师的快速成长保驾护航，重视青年教师长期发展任务，建设长效发展的人才队伍；要多搭建平台、创设机会，为不同层次的教师发展提供舞台，促进教师专业能力的整体提升。

此外，园区内学校仍须进一步加强教学管理，提升学生的发展水平，尤其是在学生的品德发展、身心发展、兴趣特长等方面。提升学生发展水平，是一项系统性的工程，除了学生、家庭甚至社会等因素，学校的教育教学管理也是一个重要因素，教学工作是学校的中心工作，教学质量既会影响学校的美誉度，也会影响办人民满意教育目标的达成，科学完善的教学管理制度和措施，是提高学生发展水平、提升教学质量的重要保障。学校要坚持以课堂教学为重点，开展课堂教学改革，有效提高教师的专业素养，规范教育教学行为，促进“减负增效”工作向深入推进。要加强教育教学管理，规范教学行为，切实减轻学生的课业负担。要优化课堂教学方式，探索轻负高效教学途径，促进每一个学生身心健康发展。

四、聚沙成塔长期发展的教育评价系统

园区的教育评价体系始终建立在促进学生个性成长，以“以人为本”为核心的教育目标之上，积极倡导评价过程的可塑化途径。园区以“大小五星”评价体系为中心的评价系统，是集学校教育各部分人员集体智慧的教育改革创新。教育的最高价值是帮助人激扬生命活力、体验生命乐趣、发现生命意义、实现生命价值，这也是教育评价制度的意义所在。园区长期以来构建的教育评价系统立足于“为每一个学生提供适合的教育”，其目的是在“双减”政策下，减轻学生的课业负担，同时有效提高学生的学习质量，赋予每个学生快乐成长的机会和空间，激励每个学生充满成功的自信和希望，引领他们不断在成功中

找到生命的乐趣，学会自由地成长。“小五星”综合素质评价改革的实施是进一步落实基础教育“立德树人”根本任务的需要，更是促进学校改进教育质量管理、转变育人模式，全面促进“适合的教育”的深入实施的需求。这一评价体系从根本上打破了传统“五唯”评价系统的单一性，同时将教育评价的关注视角扩展到教师团队与学校本身。这一科学的教育质量评价机制的建立，能够准确反映学校的教育质量状况，科学诊断存在的问题，发现教育教学部分自身的不足，为进一步改进教学和调整策略提供科学依据，提高学校教育决策的科学性。长期以来，“五唯”教育评价体系只重视学生的学习成绩，因此造成部分教职人员以“成绩的好坏”为评判学生的标准，为学生贴上标签，尤其是在义务教育发展阶段，这样的做法会极大地打击学生的求知欲，不利于学生的心理健康发展。以培养学生“核心素养”为最终目标的园区教育评价系统在促进学生自我学习的同时，更能发挥教育评价的积极导向作用，引导全体教职员工树立正确的教育质量观，更全面地促进学生的自主发展。回溯 2016 年以来的改革历程发现，从“适合的教育”的践行到“评价改革”的探索，正是对“深化新时代教育评价改革总体方案”的时代诉求的回应。

对于学生的成长而言，教育评价应该是教育的重要组成部分，而不只是一种为了评价而评价的教育形式，只有真正运用好作为教育手段的教育评价的反馈功能，才能让“适合的教育”真正培养高素质的社会人才。从 2002 年园区逐步深化教育评价改革开始，教育评价体系从“大五星”到“小五星”逐渐细化，从“线下”到“线下”与“线上”相结合，从“用材料说话”到“用数据说话”，从“政府主导”到“百姓满意”。该体系从点到线到面再到整体逐步完善的过程，也是深化教育改革见证学生发展取得长足进步的过程。园区以学生“核心素养”为支点的教育评价改革，切实以“五育并举”破除唯分数、唯升学率的评价导向，以评价多元化驱动学生自我生长，以评价科学化驱动学校共同发展，以评价智能化、实证化驱动区域教育的优质均衡发展，在深化教育评价改革的道路上身先士卒，是大数据走进校园辅助教育的成功实验。

第五节　教育数字化转型赋能教师专业发展

一、“双减”政策下，教师赋能专业发展已成为时代要求

教师是学校教育的重要环节，是国家发展教育事业的核心力量，也是影响我国是否能够实现教育强国目标的重要因素之一。然而，传统的学校教育一直将关注点集中在学生群体上，学校在关注学生成绩及办学效果的同时极易忽略教师人才团队的发展需求。学校单方面要求提升学生的成绩，追求办学效果，导致学生课后学习任务重、学习效率低，促使了教培行业“野蛮疯长”。教培行业一时之间成了市场热门，但教培行业师资良莠不齐，难以保证教育的质量，教育的市场化更会使得教育资源不均衡的情况雪上加霜。

2021 年 7 月 24 日，中共中央办公厅、国务院办公厅印发的《关于进一步减轻义务教育阶段学生作业负担和校外培训负担的意见》（以下简称“双减意见”）宣布整顿教培行业乱象，其主要是为充分发挥学校教书育人主体功能，强化校外培训机构规范管理，促进学生全面发展、健康成长而实行的，本质上是为了减轻学生的学习负担[19]。“双减意见”明确规定学校需要承担更多的社会责任，且更多的教学活动和教学任务应该在课堂上或者在校时间完成。这也意味着学校需要做到在减轻学生课业负担的同时确保学生学习效率的提高，促进学生对知识的融合与吸收。这对教师人才队伍提出了一定的要求，因为单一的知识传播者的教师身份已经不能够适应“核心素养”要求下学生的发展需求。随着教育部《中国高考评价体系》的颁发，以“一核四

层四翼”为鲜明特色的新的高考制度建立，意味着课堂教学革命的兴起。课堂教育革命所要实现的育人目标对教师也提出了一定的要求，在这场课堂教学革命中，教师只有抓住“课改”“考改”带来的新机遇，以先进的教育理念为指导，掌握大数据技术，解放思想，锐意进取，大胆创新，勇于实践，使自己成为智能型教师，才能胜任本职工作。时代的需求及教育的改革促使教师人才队伍作出改变。

美国斯坦利·麦克李斯特尔（Stanley McChrystal）等人在《赋能》（*Team of Teams*）一书中认为，应对不确定的关键就是赋能，“我们所处的环境会出现太多的可能性，已经无法进行有效的事前规划，于是我们必须习惯于赋能”。教师的赋能具体而言是为教师群体进行赋权增能的活动。20 世纪 80 年代，美国对第一次学校教育改革的经验做了总结，发现改革效果甚微或停滞不前的原因主要在于改革方案从规划到执行都是采取自上而下课程推进方式进行的，其很大程度上忽略了地方、学校及教师等作为改革执行者的主体性作用，导致各执行主体冷漠应付改革。对学校来说，“赋能”就是给予教师自由发展的空间，给予教师自发实践的平台，给予教师自主成长的可能。教师赋能是保持教师人才队伍活力的重要方法，也是保证学生学习效率的先决条件。在基础教育课程改革中，教师赋能是促进学校教育有效改进的抓手，主要强调追求教师的专业化发展。

自 2016 年起，园区全力推进教育数字化，贯彻落实“双减”政策，但园区教育依然存在一些在短时间内去除的“顽疾”：“减负增效”尚未全面落实，到校早、放学晚、资料多、效率低等问题依然没有得到根治。与此同时，园区也面临着教师人才队伍流失严重，教育管理体制、发展机制不够灵活，教育创新能力有待提高，教育人才政策的吸引力有所减弱，人才培养模式还不能完全适应经济社会发展需求的问题。教师是课程改革的一个主体，使其能够发挥作用的前提是对其进行赋权增能行动。作为推动深化教育改革、提升学生学习效率的重要组成部分，解决园区内教师人才队伍问题已然成为园区推进教育数字化的关键，教师赋能则为园区解决人才队伍问题提供了新的思路。

二、数字化支持的苏州工业园区教师赋能

在“双减”政策的大背景下，园区以数字化大力推进教育改革，将大数据逐步融入学生的日常教育。在此过程中，因园区内教师群体质量难以完全满足大数据支持下的教育系统对师资的要求，呈现出教师整体学历参差不齐，专业性不够的情况。为解决上述情况，应从整体上赋能教师人才队伍，全面提升教育教学人才的整体水平。

1. 强化师德师风建设

教师对学生的教育不仅在于传授基础的科学文化知识，更在于在潜移默化中帮助学生逐步建立正确的世界观、人生观与价值观，尤其是在“五育融合”的教育方针下，对学生的德育培养也意味着对教师群体提出了一定的道德要求。因此，园区进一步完善对教师的考核、激励与监督相结合的长效机制，深入开展师德师风专题教育活动，引导广大教师以德立身、以德立学、以德施教。从体制上规范教师群体的师德师风，为学生树立良好的榜样。教师评价制度作为有效促进教师群体提升的手段，在园区的教师赋能活动中与大数据融合，构建了教师“人师＋经师”双优评价体系：“四有四引四统一”“课前课中加课后”。用技术赋能，通过易加学院构建课堂教学新模式，打造人网融合新样态。

2. 加大培养培训力度

当前园区的教育教学体系还存在着教育管理体制、发展机制不够灵活，教育创新能力有待提高的问题，教育人才政策的吸引力有所减弱，人才培养模式还不能完全适应经济社会发展需求。教师人才队伍的质量是衡量教师团队水平的重要标准之一，因此园区进一步完善教

师教育网络，做实做细教育人才指数测评实验、教师培养基地学校、教师培训指南与教师教育课程等标准化体系，做优做强骨干教师共同体、班主任共同体、名师工作室与学科联盟等协作性组织，做精做亮校长学习活动周、金鸡湖教育论坛、金鸡湖校长国际论坛与青年干部培训班等系列活动，逐步扩大培养规模，不断提高培养质量。教师人才队伍共同体的建立能够充分帮助个体在团队学习的过程中发现自身的不足，做到精准化自省，同时吸收他人的长处，促进个人与教师团队协同发展。

3. 完善教师队伍管理

园区开发建设初期，学历不达标的代课教师占 1/3，区级以上学科带头人仅有 3 名，整体师资极其落后、优秀骨干教师极度匮乏。针对上述问题，园区内建立了多种制度，开发教师成长平台与空间，建立教师交流制度、星级教师评估制度、骨干教师激励制度、校长职级年薪制度，培养了有能力、有干劲、有担当、有创新的优秀教师；与此同时，鼓励优秀人才长期从教、终身从教机制的构建以及金鸡湖教育人才计划、姑苏教育人才计划先后推出并持续实施，平稳实现了中小学校教师从身份管理向岗位管理的转变。园区依据未来学校评估标准构建“未来教师能力框架”，以真实教学问题为驱动，以数据实证诊断为指引，开发评价标准体系和培训课程。

此外，为了满足持续扩容的区域教育发展需要，园区教师每年保持千余人的规模增长，叠加高校师范毕业生性别结构失衡等因素，造成园区中小学校教师队伍的年龄结构、性别结构不够合理。为了迅速改善师资状况，园区长期坚持引进与培养并举，提前退养 178 名在岗教师，持续大规模引进优秀教师，完善教育人才培养培训体系，教师干部队伍建设实现量质齐升。在园区多重措施并举的教师赋能活动中，园区教师人才赋能建设已初见成效。目前，全区累计引进具有区级以上荣誉的优秀骨干教师 400 余名，组织教师培训，参与者达 15 万余人次，近 900 名教师参与“跨校牵手”“校长交流”“教师流动”等交流项目，呈现队伍规模越来越大、培训频次越来越多、交流力度越来越大的发展态势。全区幼儿园、小学教师本科及以上学历达 78%，初中教师本科及以上学历达到 98%，其中研究生学历达 23%，高中教师研究生学历达 34%，中小学教师学历层次水平明显高于大市平均水平。职业院校“双师型”教师达 75%；区级以上优秀骨干教师群体比例增至 35%，其中 257 名教师跻身大市学科带头人及以上级别名师行列，教师队伍整体素质实现稳步提升。高等教育领域的高端人才加速集聚，成功引进以澳大利亚技术科学与工程院院士余艾冰为代表的一批高层次人才，高校教师队伍中拥有研究生学历者超 90%，拥有海外学习经历者达 38%，外籍人员达 21%。在园区深化教育改革及全面推进教育数字化转型的过程，人才质量的提升有效保证了教育团队能够与学生队伍步调统一、协同发展。

三、协同合作的教师赋能项目共同体

师资队伍的质量影响着学校的教学质量，提升师资队伍也是提升学校核心竞争力、促进学校发展的原动力。园区各学校教师资源丰富且各有所长。为让园区的教学资源“活起来”，各学校之间成立了教师赋能项目共同体，在遵守《中华人民共和国教育法》的前提下组织学科教学交流活动，利用大数据赋能教师人才队伍。

当前，教师共同体的一个基本特征是该组织由多个主体主动发起、自愿组合，主体之间的联系往往不够紧密，缺乏坚实的关系基础，这些主体之间很难建立起稳固的合作关系。如果主体之间能够实现资源共享，那么主体之间能够形成利益方面的交换或联合，多个主体之间的关系便能够因这种利益互动而变得紧密，主体之间的相互信任也会因这种共享而加深，从而使得主体之间能够更好地合作，形成教师共同体的合力。共享是教师共同体建构的必然要求，共进是教师共同体建构的最终目标，从共享到共进是共同体建构的目标深化。教师共同体必须坚持以上目标的递进，才能使共同体的建构真正实现促进成员共同发展的目标。因此，教师需要确定对应从共享到共进价值取向的共同体建构目标，并把从共享到共进价值取向作为共同体决策的依据；同时建构促进从共享到共进价值追求实现的共同体运作机制；此外，要建设以从共享到共进价值取向为核心的共同体文化体系，建构牵引从共享到共进价值取向实践的共同体评价体系[20]。

以园区青剑湖学校为例，该校在小学数学领域开展教师培训交流活动，共同探究基于探究式教学指导的“5E 学习周期”在小学数学课堂中的应用。该培训以苏教版小学三年级数学课程“数据的收集与整理”为切入点，通过对比不同教学法，让教师对各类型的教学法有更加深入的了解，从而帮助教师在实践中找到适合自己学科的教学方法。教师接受培训之后，能够了解“5E 学习周期”，从而提升自身教学设计能力和教学水平。

20 世纪 80 年代，美国生物科学课程研究会（The Biological Sciences Curriculum Study，BSCS）认为，若要有效地进行概念教学，就必须了解学生掌握的先前概念和概念构建进程，因此其在“Atkin-Karplus 学习环”教学模式的理论基础之上提出了“5E”教学模式，该模式由参与（Engagement）、探究（Exploration）、解释（Explanation）、迁移（Elaboration）和评价（Evaluation）五个环节组成，因为每个环节的英文首字母都为“E”，故称为“5E”教学模式。21 世纪初，我国引入此教学模式，并最早将其应用于生物教学研究。近年来，随着我国学者进一步深入研究，该模式在基础教育领域中的物理、化学、数学等理科科目中都有了理论基础和教学实践。学者研究发现“5E”教学模式在课堂教学中发挥着巨大的作用，是经过了教学实践证明的科学教学模式，对我国新课程改革具有重要意义[21]。

“5E学习法”是一种探究学习的方法，从本质上而言是一种研究性学习，具体是指从学科领域或现实生活中选择和确立主题，在教学中创设类似学术研究的情境，学生动手做，并在做中学，主动地参与发现问题、实验、操作、调查、收集与处理信息、表达与交流等探索活动，获得知识，培养能力，发展情感与态度，特别是发展探索精神与创新能力。探究式学习是一种科学的学习过程，其特点是具有主动性、实践性、综合性和开放性，它引导学生主动参与，主要目的是使学生自主探索问题。这与传统的学习模式有着一定的区别，传统教学方式由课程导入、问题驱动、练习巩固、拓展延伸及综合性的练习与整体评价组成，学生习得知识的方式是单一的，形式是被动的。而探究式学习法能够使学生通过观察、分类、推论、测量、沟通、预测、假设、实验的过程，拥有内在的学习动力。通过自主探索问题的学习方式，学生能够学会学习、理解、赞赏、重视、教导和分享。在日益科技化的世界中，学生可以发展21世纪的技能来解决现实问题。在这一培养目标的前提下，探究式学习方法在实施的过程必须将培养学生的能力放在首位，在操作的过程中必须突出教学过程中学生的主体地位，因此就要求教师在备课的过程中，精心设计教学过程，多方面运用现代教育技术，根据学生的心理、生理特点创设与课程内容相关的教学情境。

在此基础上的“5E学习模式”，是一种主动的学习策略，学生的主动参与尤为重要。“5E学习模式”的主要内容分为参与、探索、解释、拓展、评价五个方面。教师在运用“5E教学法”时，以发起挑战或其他方式介绍一个主题或问题，引起学生兴趣，这一过程的目标是吸引学生的注意力，询问学生已经知道或者想知道的话题，从而有针对性地安排教学任务。在探究式学习过程中，学生在教师的指导下提出问题。在此过程中，问题的生成是多元化的，学生可以通过与教师或同学交流提出问题，也可以自主提出问题。培养学生设问的能力，能够使学生从被动接受知识向主动探究知识发展。问题的生成是教师引导学生思路的有效途径，也是能够促进学生自主学习的重要方法。在探究的过程中，教师要适时给予学生一定的指引，帮助学生在概念范围内依照一定的逻辑顺序逐步深入探究。在教学的过程中，教师要运用各种方法使学生思考：我生成的答案与其他人的答案有何不同？其他同学的结论有何优点和不足？他们的结论是否有强有力的历史史实论证支撑？除帮学生梳理知识外，更重要的是要注意引导学生以正确的态度面对不同观点。在此过程中，学生可以运用新习得的知识技能解决新情境中遇到的问题，其认识能够实现从具体到抽象的飞跃。总而言之，探究式学习的模式可以被归纳为提出问题、分析问题、解决问题三个步骤。教师在整个教学过程中，要密切关注学生的学习活动，并对此进行评价。针对学生在探究的过程中存在的问题，要及时给予帮助和纠正，否则就失去了探究的意义。

根据“5E探究式学习方法”，园区青剑湖学校以小学数学课程“数据的收集与整理”为典型，根据课程的重难点，通过生活中的案例以谈话的形式激发学生的兴趣，并根据课程的核心目标创设情境，引导学生主动参与数学的思考过程。同时设计学生自主探究环节，从不同的类型与方向设计表格。表格的设计方式应具有多元性，更应该遵从学生发展的基本规律，应既能满足课程的要求，又便于学生操作。在学生收集完数据之后，教师需要及时解释与分析学生收集到的数据，帮助学生理解不同分析方法对理解数据信息的重要性。课后，教师需要对整个课程作出评价，评价阶段的主要目的是让教师可以了解学生对新知识的掌握情况。教师能够采取的评价方式多种多样，可以是贯穿整个课堂过程的形成性评价，也可以是课后测验的总结性评价。评价的侧重点是考量学生在整个学习过程中的思考方式、参与度、态度、策略等，不应局限于学生的考试成绩。教师还要多鼓励学生自评或者评价他人，让学生对自己的学习情况有一个清晰的认识。另外，通过评价环节，教师也可以检测本节课的效果，如：本节课的教学目标是否达到、学生对知识的重难点是否掌握，以及学生在本节课中最大的收获与不足等。

新课程改革要求注重在教学理念、教学方法和教学模式上进行创新，因此教师应该与时俱进、积极探索，为基础教育改革添砖加瓦。而“5E”教学模式是一种自主探究式的学习，在这种模式下，教师不仅要教授知识，还需要对学生的创新意识、学习方法、分析问题和解决问题的能力等进行培养，它是一种有利于学生发展的教学模式，符合新课改的教育理念。因此，教师可以尝试将此模式运用于高中数学教学，从而提升学生的学习效果。园区青剑湖学校组织教师群体参与“5E教学模式”的探索与学习，是在建构教师共同体平台基础上的促进教师内涵式发展的重要举措，更是深化推进教育改革的重要因素。

四、大数据加持促进教师赋能的“智慧化”

园区为教师赋能的最终目标，是使每一名教师实现“智能化”，即将每一名教师培养为具有前瞻性、科学性、实践性原则的新时代人才。所谓前瞻性，即顺应未来教育发展的趋势（国际化、现代化、民主化、信息化、多样化、终身化的特征）；所谓科学性，即顺应教师发展的要求（创造性、指导性、综合性、终身性的特点）；所谓实践性，即根据教育政策法规的要求，把握教师发展的核心要素，在课程开发的实践中发展智能型教师，发展学校特色，发展区域优质教育。在园区大力推行智慧化教育的过程中，教师队伍的“智慧化”是不可忽视的一个方面，为了落实区域智能型教师的发展要求，园区在为教师赋能的过程中将关注点放在对教师的“四力”的培养上，即教育教学基础能力、专业发展能力、组织领导能力和大数据能力，集中性的重点培养方式是园区在为教师赋能过程中能尽快取得良好成绩的重要因素。

1. 教师教育教学基础力

教师教育教学基础力表现为对教师职业的理解力、对课程的把握力、对专业知识的掌握力、教育教学的实践能力，这是教师职业的特殊性赋予教师必备的、最基本的能力。教师教育教学基础力直接影响课堂的教育教学成果及学生的学习效率，是教师赋能过程中必备的基础要求。园区多次组织教师论坛与讲评课等活动，巩固了专业课教师对专业知识的掌握，同时以项目式学习的方式让教师在带领学生的活动中学习新的专业知识与技能，为教师的日常课堂授课做好保障。

2. 提高教师专业发展力

教师的专业发展力包括学习能力、研究能力、合作能力、反思能力，这是教师职业的专业性赋予教师必备的专业成长力。教师的发展力是有效保持教师人才队伍活力的关键因素，教师共同体的建构为教师群体提供了互相学习、共同进步的平台，课后的反馈活动能够让教师从单一的自省转向将他人评价与自省相结合，多角度全方位发现自己在教学方面的不足之处，共同体的建构也打破了同学科教师之间的信息壁垒，实现了相同学科教师之间信息共享，共同成长。

3. 提高教师组织领导力

教师的组织领导力包括组织教育教学活动的能力、教育教学决策力、教育教学活动的控制力、教育教学的影响力，这是教师职业组织性赋予教师必备的组织管理能力。在传统课堂授课的过程中，部分教师面对学生时会出现“管不住”学生，无法带领学生进入课堂节奏的情况，这其实是教育教学活动的控制力、教学影响力不足导致的问题。园区内的项目式学习则能有效解决上述问题。尽管在项目式学习中，学生群体是主要的学习体验者与参与者，但教师作为参与者也能有所得。在一个项目中，各学科教师需要协同合作组织并引导学生发现问题、思考问题、解决问题，这就要求教师不仅需要具备充足的专业知识，更需要有一定的组织领导力，能够随时应对在学生的项目式学习过程中可能出现的各种问题。可以说，项目式学习对教师而言，是一次全面的多方位的训练，不单单培养了带队教师的专业知识，更在相关过程中激发了教师组织教育教学活动的能力、教育教学决策力、教育教学活动的控制力、教育教学的影响力，为园区打造全能型的教师人才队伍奠定了基础。

4. 提高教师大数据能力

教师的大数据能力包括大数据意识、运用大数据技术开展教育教学的能力、大数据素养、大数据思维，这是大数据时代教师适应时代要求所必备的技术能力。在园区全面推进大数据加持下的课堂革命与深化教育改革的过程中，大数据被广泛使用于学生的日常学习与生活中，数据化教育已不再局限于学生的学校学习中，更是涉及学生的课后学习生活。作为教育系统与学生之间的链接者，教师需要及时反馈学生的学习状况，并根据系统科学分析后的结果及时对每个学生的学习情况作出相应的调整。因此，在数据化教育时代，教师的大数据能力深刻影响了学生的学习效率，打造“智慧型”教师人才队伍是解决相关问题的关键。

基础力、发展力、领导力、大数据能力构成了教师职业能力的结构，是教师在大数据时代胜任本职工作的基础、前提和保障。园区内教师培养相关方案也紧紧围绕上述四点进行。随着智慧教育体系在园区内的大面积推广与施行，教师团队的赋能与培养也必然需要进一步的深入，唯有实现教师人才队伍与学生群体共同成长，才能够打造符合新时代要求的学校教育。

参考文献

[1] 杨现民，余胜泉. 论我国数字化教育的转型升级[J]. 教育研究，2014，35(5)：

113-120.

[2] 王运武.我国数字化教育资源现状及发展策略[J].中国教育信息化,2008(1):9-11.

[3] 何枭吟.美国数字经济研究[D].长春：吉林大学,2005.

[4] 陈云龙,孔娜.我国教育数字化转型的基础、挑战与建议[J].中国教育学刊,2023,360(4):25-31.

[5] 郑云翔.新建构主义视角下大学生个性化学习的教学模式探究[J].远程教育杂志,2015,33(4):48-58.

[6] 王朋娇,田金玲,姜强.高校精品视频公开课建设的问题及对策研究[J].中国电化教育,2012(11):86-92.

[7] 胡鞍钢,李春波.新世纪的新贫困：知识贫困[J].中国社会科学,2001(3):70-81,206.

[8] 杨爽,周志强.高校教师数字素养评价指标构建研究[J].现代情报,2019,39(3):59-68,100.

[9] 应悦.数字化教育的现在与未来——访清华大学侯炳辉教授[J].远程教育杂志,2002(6):60-61,31.

[10] SITI ALIFAH, IBNU SALMAN, AGUS WIDODO. Distance Learning Policy (PJJ) in the new normal era in the perspective of urban communities[R]. Jakarta: Proceedings of the 2nd International Conference on Religion and Education, 2021.

[11] 吴永和,程歌星,陈雅云,等.国内外"区块链+教育"之研究现状、热点分析与发展思考[J].远程教育杂志,2020,38(1):38-49.

[12] 褚宏启.把因材施教进行到底：教育高质量发展的必由之路[J].中小学管理,2023(4):39-42.

[13] 胡钦太,郑凯,林南晖.教育信息化的发展转型：从"数字校园"到"智慧校园"[J].中国电化教育,2014(1):35-39.

[14] 陈云龙,翟晓磊.教育数字化转型的构想与策略[J].中国电化教育,2022(12):101-106.

[15] 胡钦太,危妙,陈颖珊.高等教育数字化：演进、挑战与转型[J].国家教育行政学院学报,2023,304(4):20-26.

[16] 黄晔,杨馥瑜.卓越小学教师核心素养体系构建研究[J].读与写,2021,18(31):

33-34.

[17] 王新国.“核心素养研究”的回望与思考[J].教育研究与评论(中学教育教学版)，2016(8)：36-38.

[18] 刘志军，徐彬.论我国现代教育评价理论体系的建构[J].中国教育科学(中英文)，2022，5(2)：79-87.

[19] 都芦花.新时代背景下教育数字化理论与实践研究[J].同行，2022(24)：73-75.

[20] 夏雪.从共享到共进：教师共同体建构的价值演进[J].教育理论与实践，2020，40(22)：38-41.

[21] 李静博.“5E”教学模式在高中数学“函数概念“教学中的应用探究[J].教师，2022(25)：45-47.

第四章

创新性育人：五育融合幸福年

“五育融合”育人理念是我国为适应时代发展和人才培养的需要提出的时代命题，也是新发展阶段教书育人方式的转型。苏州工业园区基础教育各学段积极推进五育并举、融合育人的教育目标，打造区域优质教育新生态。在此基础上，园区以“未来学校实验区建设”为抓手，以培养“德智体美劳”五育融合、全面发展的学生为目标，既为“幼小初高一体化”布局了生态化、系统性的未来教育图景，也将进一步全方位构建一体化的课程体系、教师队伍和组织架构，实现基础教育高质量发展。

第一节 学前教育

——以“课程游戏化”为园本特色，推动园区学前教育“五育融合”的高质量发展

学前教育泛指对0～6周岁或7周岁幼儿实施的教育，是基础教育的第一个阶段，对幼儿认知能力的发展有重要的奠基作用。在这一时期，儿童游戏、脑的发展和丰富的环境之间存在着一种互宜的关系，游戏具有神奇灵活、不可预知的特征，通过丰富环境因素，可以发挥增强幼儿大脑可塑性及与现实连接的作用。基于这一理念，以“课程游戏化”为园本特色，推动园区学前教育“五育融合”高质量发展具有科学的理论依据。

2022年是园区教育的“五育融合幸福年”，园区教育系统全力打造幸福教育、舒心校园。在学前教育阶段，园区幼儿园以先进的实践

经验为引领，寓教育于幼儿的一日生活，注重教育过程，提升教师与幼儿的互动质量。具体而言，基于课程游戏化理念，以游戏为基本活动，园区在反复实践的过程中持续完善“五育融合”高质量发展方案，紧紧围绕“以儿童发展为本”的理念，建立起从理论到实践全方位的高质量互动教育支持体系，包括开发“走向儿童”的园本课程以促进幼儿发展，在师幼共生中探索教师专业发展支持模式，以及建设“富有内涵”的能量场域、生成园所课程文化等，促进幼儿在快乐的童年生活中获得有益身心的学习和发展经验。

2023年是园区教育的“优质均衡提升年”，园区学前教育“五育融合”高质量发展将从教育生态系统内部主体发展转向内外部全员共育生态工程建设，包括政府、学校、社会组织及教师、学生、家长等多主体共治。尤其是要完善家校社合作育人机制，重点在于激活社会支持系统，以儿童友好园区建设打造出园区学前教育“五育融合”高质量发展新生态。

一、园区学前教育发展概况

1. 以“数量变化特征”观园区学前教育规模化、普惠式发展

幼儿数量、教师数量、幼儿园数量、全年新增学位（学前教育段）和幼儿接受优质普惠学前教育比例等指标的变化特征，可用以整体把握园区学前教育规模化和普惠式发展成就等基本情况，从而促进“五育融合”工程系统实施，科学规范幼儿学习生活和身心成长的时间结构、空间结构和发展方式，让幼儿有充分的时间和充足的空间全面发展、特色发展、快乐发展①。

其中，幼儿数量作为确定其他类型指标数量的前置性要素，对于衡量园区幼儿园和教师数量的达标性具有重要的参考价值。从园区2010—

① 参见苏州工业园区教育局《2021年工作总结和2022年工作思路》。

2020 年幼儿数量、教师数量、幼儿园数量及全年新增学位（学前教育段）的变化情况看（图 4-1、图 4-2 和图 4-3），十年来幼儿数量增加了近 3 万人，教师数量增加了近 2 000 人，幼儿园数量增加了近 70 所。2018—2022 年累计新增学位近 1 万个，表明园区学前教育事业逐渐呈现规模化发展状态。师幼比也从原先的 1∶16 提高到 1∶14，愈来愈接近教育部印发的《幼儿园教职工配备标准（暂行）》最低标准要求，“保教人员与幼儿比应达 1∶11—1∶13”[1]；且 2021 年园区幼儿园教师本科以上学历者达 84.39%。较高的师幼比可以增加园区幼儿园师幼互动的频率和意义性，较优的师资配置结构可以增加教师等专业人才的供给量，打造一支具备更高素养、更高水平的学前教育阶段人才队伍，这对营造良好的学前教育发展生态和保障儿童实现更好的发展起着关键作用，也为培养德智体美劳全面发展的社会主义建设者和接班人奠定了坚实基础。

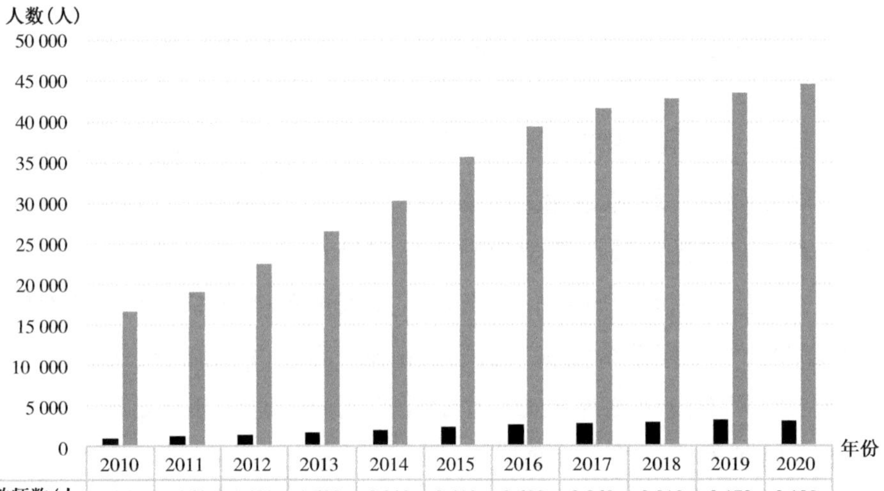

	2010	2011	2012	2013	2014	2015	2016	2017	2018	2019	2020
■教师数/人	1 054	1 269	1 481	1 732	2 012	2 410	2 690	2 869	2 918	3 172	3 108
■幼儿数/人	16 630	18 979	22 461	26 500	30 216	35 571	39 428	41 650	42 864	43 513	44 656
师幼比	1:16	1:15	1:15	1:15	1:15	1:15	1:15	1:15	1:15	1:14	1:14

图 4-1　苏州工业园区 2010—2020 年幼儿园教师数量和幼儿数变化情况

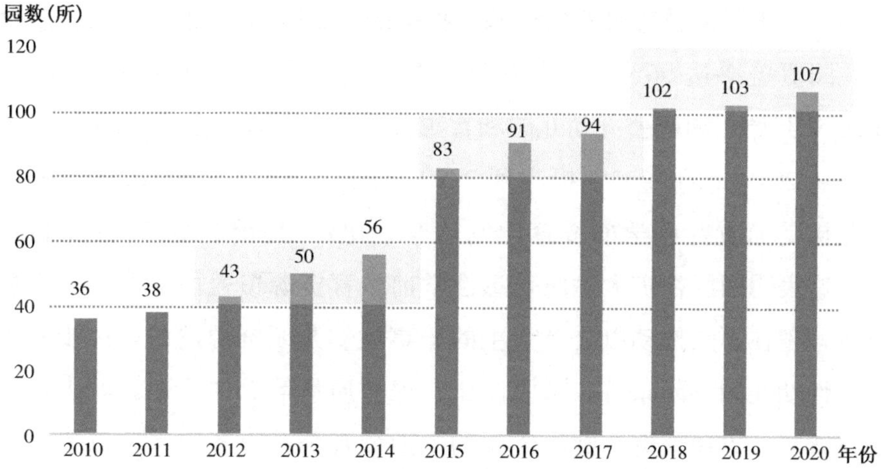

图 4-2　苏州工业园区 2010—2020 年幼儿园数量变化情况

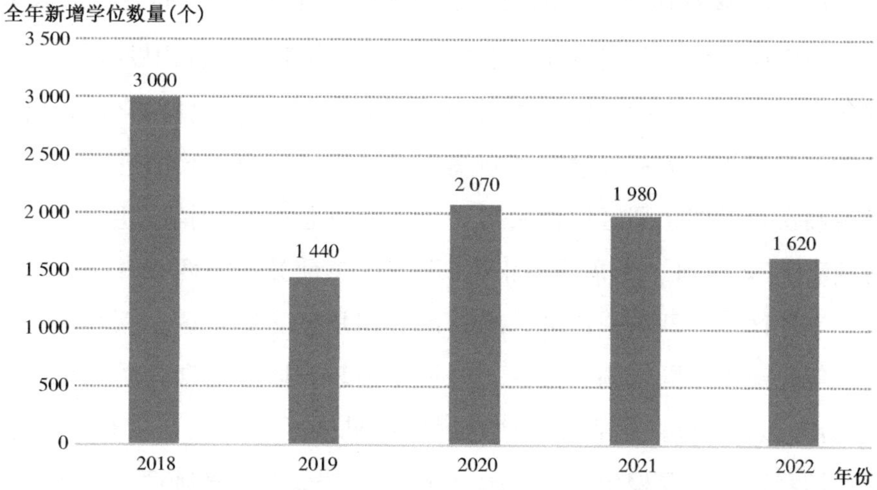

图 4-3　苏州工业园区 2018—2022 年新增学位（学前教育段）数量

此外，根据国家、江苏省、苏州市关于“十四五”时期教育事业发展的规划部署，结合苏州工业园区经济社会发展和教育发展需求，园区于 2021 年 9 月制定《苏州工业园区教育事业发展“十四五”规划》①，

① 苏州工业园区教育局. 苏州工业园区教育事业发展“十四五”规划，2021-09-10.

明确了关于学前教育事业发展基本指标的2025年目标值，包括普惠性幼儿园覆盖率达96%，幼儿接受优质普惠学前教育比例达90%等。2020年开始，园区公办幼儿园和普惠性民办幼儿园占比出现陡坡式提高，从2019年的73.3%提高到2020年的95.5%；而且2022年园区幼儿接受优质普惠学前教育比例达95.80%，提前达到2025年目标值。这表明园区在扩大优质普惠性学前教育资源覆盖面上取得了实质成效，正在不断推动以公办为主的普惠性幼儿园资源建设，逐步实现普惠性幼儿园办园条件、师资队伍、保教质量等总体均衡，着力构建公益普惠、方便就近、健康优质的学前教育公共服务体系，以追求学前教育事业更高质量发展。

2. 以“课程游戏化”汇园区学前教育“五育融合”特色发展成果

园区课程游戏化建设项目推进以来，园区学前教育积极孵化种子，强化联盟研究、智库链接、协同推进，多措并举、五育融合，开启学前教育幸福年，谱写教学改革新篇章。近年来，为持续推进区域学前教育高质量发展，园区幼教人历经“一月一巡礼”“创新月度汇”“岁月故事汇”，走进“幸福成果汇”，即园区学前教育湖西一片区、二片区、三片区等，湖东一片区、二片区、四片区、五片区、六片区、七片区等轮流以不同主题多方联合开展学前教育阶段的课程游戏化改革成果汇（表4-1）。从部分活动内容中可见园区学前教育“五育融合”特色课程建设主要聚焦“课程游戏化”，围绕幼儿、教师两大主体及园所内外场域展开，呈现园所与场域、儿童、教师深度整合，以打造多方支持的情境场、文化场、生活场等一体化场域活动模式。故下文在探索园区学前教育“五育融合”实践路径时，分别从幼儿发展、教师发展和园所发展三方面进行实例阐述，汇聚各园所实践经验，助力园区营造重文化、强内涵、有前瞻、生为本的学前教育新的优质均衡生态。

表 4-1　学前教育阶段的课程游戏化联合片区“成果汇”展示活动

时间	联合片区	活动地点	活动主题	部分活动内容
2022 年 11 月 4 日	湖东四片区、湖东七片区	苏州工业园区华林幼儿园	对话课程及场域建设成果，助推区域学前教课程改革	·课程花开：唤醒每一个童年 01 儿童在心，课程随行——从“走向儿童的课程”话幼儿发展｜02 课程伴心——从“高质量课程建设”话教师发展研学思辨｜03 同创共生，课程润性——从“课程到课程文化”话园所发展 ·场域汇智：游走每一处生长 01 对话场域环境——追寻“儿童中心”的价值理念｜02 对话场域活动——创生“游戏融浸”的活动样态｜03 对话场域关系——绘“师幼共生”的成长蓝图
2022 年 11 月 16 日	湖西三片区、湖东二片区	苏州工业园区宋庆龄幼儿园	5G 赋能·幸福共长	·漫步，看见师幼互动 ·分享，聚焦保教评估指南 ·求索，汇集片区成果：01 聚势赋能：从共同研修成长的角度，讲述片区发展的经验｜02 思行并进：一线教师从不同角度分享师幼互动的教育故事
2023 年 3 月 28 日	湖东一片区、六片区	苏州工业园区星慧幼儿园	党建引领 质量提升——指向儿童发展的教育资源探究	·聚力升级——创新课程资源体验场 01 丰富课程资源，助力路径探索｜02 丰实课程环境，助推质量提升｜03 丰润课程场域，助兴师幼发展 ·赋能共生——创新儿童发展多样态 01 一童一案，关注“发展”｜02 一隅一思，聚焦“质量”｜03 一园一行，指向“创新”
2023 年 4 月 26 日	湖西一片区、湖西二片区	苏州工业园区东兴路幼儿园	融浸场域，成就未来——基于儿童立场的场域文化建设探究	·对话场域，聚焦深度学习 01 回溯：凝心聚力共生长｜02 绽放：融浸场域再学习｜03 分享：智慧实践促提升｜04 漫谈：共话成果齐发展 ·融浸场域，劳动赋能成长 01 引航：片区成长中的强支持｜02 求索：找寻生活中的真劳动｜03 笃行：发现劳动中的新契机｜04 汇聚：共创劳动中的再生长

（续表）

时间	联合片区	活动地点	活动主题	部分活动内容
2023年5月24日	湖东三片区、湖东五片区	苏州工业园区奇智钟南幼儿园	协同共育·赋能成长	·党建“融”筑童梦 01 共生——联动微力量｜02 共振——辐射微行动｜03 共育——点亮微视角 ·教改“协同”润童心 01 回眸——教改之变｜02 倾听——拔节之声｜03 感悟——幸福之道 ·衔接“合力”育童年 01 聚心——筑牢托幼一体支撑点｜02 聚势——把握幼小衔接发力点｜03 聚力——找准协同共育突破点

二、“五育融合”特色课程在学前教育阶段的理论基础和政策依据

1. 理论基础：“五育融合”和“课程游戏化”的内涵及联系

“五育融合”作为一种新的教育理念和育人假设，是在实践中对“五育并举”的动态阐释和深化发展[2]，直接指向基础教育中长期存在的“偏智、疏德、弱体、抑美、缺劳”和“唯分数、唯升学、唯文凭”等顽疾。学前教育是学校教育和基础教育的第一个阶段，学前教育阶段在“五育融合”视域下的课程游戏化园本实践，正在以一种自发、自主、自由的活动式教学内容与方法培养幼儿语言、认知、性格、专注力、思维逻辑等方面的能力，让其充分体会惊奇感、趣味感、成就感、愉悦感、幸福感等生命情感[3]，激发其生命活力，促进其全面发展。

（1）德育

从个体角度，德育强调对人的内在性建构价值，包括个性化和社会化两个方面。一方面，德性的养成会激发受教育者认知的动力和热情，即一个拥有理想，具备勤劳、刻苦、勇敢等品质，热爱科学，满怀社会责任感的人，在探索求知过程中会充满认知的积极性和科学探

索的热情[4]。另一方面，德性的养成能让受教育者以求真至善尚美的态度去处理人与人、自然和社会的关系，与人为善，与自然、社会和谐共处。在学前教育阶段，幼儿社会领域的学习与发展过程是其社会性不断完善并奠定健全人格基础的过程。教育部印发的《3-6 岁儿童学习与发展指南》提出："幼儿的社会性主要是在日常生活和游戏中通过观察和模仿潜移默化地发展起来的。成人应注重自己言行的榜样作用，避免简单生硬的说教。"[5] 可以说学前教育阶段的德育的主要目的是让幼儿在积极健康的人际关系中获得安全感和信任感，发展自信和自尊，即利用生活机会和角色游戏，通过多种形式的集体活动，使幼儿在良好的社会环境及文化的熏陶中学会遵守规则，形成基本的认同感、归属感和集体荣誉感。

（2）智育

智育的现代化内涵是有目的、有计划地向受教育者传递系统的科学文化知识和探索问题的方法，为其打牢科学文化基础，发展其智力，促进其思维发展，激发其创新意识，培养其创新精神和创新能力[6]。对于幼儿的智育过程，《3-6 岁儿童学习与发展指南》指出，"幼儿的思维特点是以具体形象思维为主，应注重引导幼儿通过直接感知、亲身体验和实际操作进行科学学习，不应为追求知识和技能的掌握，对幼儿进行灌输和强化训练"。例如，鼓励和支持幼儿在游戏过程中探索并感知常见物质、材料的特性和物体的结构特点，使用积木、纸盒、拼板等各种形状的材料参与建构游戏或制作活动等。即在课程游戏化实践过程中，充分发展幼儿的形象思维，使其初步尝试归类、排序、判断、推理，逐步发展其逻辑思维能力，为之后幼儿参与其他领域的深入学习奠定基础。

（3）体育

体育作为"五育融合"的组成部分，以身体练习为基本手段，传授健体知识、技能，培养体育品格和体育精神，增强人的体质，促进人的身心健康、体魄健全[6]。在学前教育阶段，要保证幼儿的每天户外活动时间，其中体育活动时间不少于 1 小时，如安排幼儿经常参与拉手转圈、荡秋千、坐转椅等游戏活动，让幼儿适应轻微的摆动、颠簸、旋转；鼓励幼儿参与跑跳、钻爬、攀登、投掷、拍球等活动，促进其平衡机能的发展。以欣赏的态度对待幼儿，营造温暖、轻松的心理环境，让幼儿形成安全感和信赖感；允许幼儿表达自己的情绪，并给予其适当的引导，帮助幼儿学会恰当表达和调控情绪。

（4）美育

美育以艺术为载体，以审美和人文素养培养为核心，潜移默化地影响人的情感、趣味、气质、胸襟，激励人的精神，温润心灵，提升人文情怀[6]。幼儿艺术领域学习的关键在于利用充分的条件和机会让幼儿体验大自然和社会文化生活，促进幼儿萌发对美的感受，丰富其想象力和创造力。例如，提供丰富的便于幼儿取放的材料、工具或物品，支持幼儿进行自主绘画、手工、歌唱、表演等艺术活动；展示幼儿的作品，鼓励幼儿用自己的作品或艺术品布置环境，引导幼儿学会用心灵去感受美、发现美，用自己的方式去表现美、创造美。

（5）劳育

加强劳育，要求提升“劳可树德、劳可增智、劳可强体、劳可育美”的系统观，构建体现时代特征的劳动教育体系，引导学生尊重劳动、崇尚劳动，弘扬劳动精神、劳模精神、工匠精神和科学家精神[7]。在学前教育阶段，一方面，要通过穿衣戴帽、洗脸刷牙、收纳玩具、整理物品等自我服务性劳动培养幼儿基本的生活自理能力，成人不宜过度保护和包办，影响幼儿主动性、独立性的发展。另一方面，幼儿劳动教育的核心目标不是“为将来的成人劳动做准备”，而是使幼儿经由劳动教育萌发强烈的劳动情感[8]，例如，在“自然角”里，幼儿们共同给小动物喂食、换水，养成认真细致的劳动态度；“过家家”角色游戏中，幼儿扮演医生、教师、母亲等角色，体验不同的劳动；在“美工坊”里，幼儿们剪纸、塑泥、涂色，学习劳动制作的技能，这些活动不仅能让幼儿体验到游戏的快乐，更能让幼儿体验与同伴一起分享集体劳动果实的快乐，促进幼儿萌发强烈的劳动情感，使幼儿在收获劳动成果的同时产生快乐感、愉悦感、成就感。

在深入理解德智体美劳“五育”内涵的基础上，要进一步把握“融合”的整体性、渗透性，打破传统的“加法思维”，避免将“五育”进行简单叠加，转而在整体的框架内，在“五育”相互关联的层面上，全面思考并整体设计“五育”的具体实施[9]。例如，为幼儿设置“探索自然”教学主题，以户外探险活动为主线，以发展幼儿运动与健康知识为主体，同时，将基本劳动技能、美术、自然等知识融入其中，从而达到幼儿形成安全意识、自我保护能力、体能等多方面素养的教育效果。在尊重幼儿发展的个体差异和理解幼儿的学习方式和特点的前提下，珍视游戏和生活的独特价值，创设丰富的“五育融合”教育情境，支持和满足幼儿通过直接感知、实际操作和亲身体验获取经验的需要，严禁“拔苗助长”式的超前教育和强化训练。

2. 政策依据：“五育融合”和“课程游戏化”相衔接的政策推动

在国家政策层面，中共中央、国务院印发的《中国教育现代化2035》明确：更加注重学生全面发展，大力发展素质教育，促进德育、智育、体育、美育和劳动教育的有机融合[7]。从“五育并举”到“五育融合”的转化，是教育从静态平衡到动态融通的进路，是教育从价值引领到育人实践的探索。在学前教育阶段，2021 年 3 月，《教育部关于大力推进幼儿园与小学科学衔接的指导意见》提出：幼儿园要贯彻落实《3-6 岁儿童学习与发展指南》和《幼儿园教育指导纲要》；建立幼儿园与小学科学衔接的长效机制，全面提高教育质量，促进儿童德智体美劳全面发展和身心健康成长[10]。为进一步推进学前教育普及普惠安全优质发展，2021 年 12 月，教育部等九部门印发的《“十四五”学前教育发展提升行动计划》从整体布局上指出：“推进科学保教。坚持以幼儿为本，遵循幼儿学习特点和身心发展规律。坚持以游戏为基本活动，保教结合、因材施教，促进每名幼儿富有个性的发展。”[11] 在省域政策层面，结合省内学前教育实际情况，江苏于2022年制定了《江苏省“十四五”学前教育发展提升行动计划》提出，要研制《江苏省幼儿园课程游戏化实施指导手册》，并指导各地形成一批符合地方实际的课程实施指导手册，提升县域课程实施质量[12]。在园区政策层面，2021年印发的《苏州工业园区教育事业发展第十四个五年规划》提出“全面落实立德树人根本任务，大力实施五育并举系统工程、全员共育生态工程，加快完善德智体美劳全面发展的培养体系”的发展目标。

根据国家、江苏省、园区关于“十四五”时期学前教育事业发展的规划部署，园区教育局于2022年印发《苏州工业园区教育系统“五育融合幸福年”实施方案》①，决定于2022年度在全区教育系统开展“五育融合幸福年”活动。在学前教育阶段，园区以“课程游戏化”构建幼儿学习生活和身心成长的时间结构、空间结构和发展方式，让幼儿在丰富多彩的农耕体验空间、动物饲养空间、田野游戏空间、研学实践空间、生活保障空间中获得充分自主、快乐、全面的发展。

三、聚焦“课程游戏化”，探索园区学前教育“五育融合”实践路径

1. 幼儿发展：开发“走向儿童”的园本课程

幼儿阶段是儿童全面发展的关键阶段，课程游戏化是幼儿与教师之间重要的互动、探究和学习形式，也是幼儿获得直观经验、获取环境中的信息并进行自我建构的途径。聚焦课程游戏化，开发“走向儿童”的

① 参见苏州工业园区教育局《苏州工业园区教育系统“五育融合幸福年”实施方案》。

园本课程，就是要根据幼儿身心特征，从幼儿视角考虑如何通过课程教学实现其大脑和身体发展，健康和安全发展，认知与情绪、情感的发展，社会性和个性发展，艺术和审美发展，道德和公民性发展等多方面的融合发展[13]。园区内宋庆龄幼儿园构建起“时代小先生园本课程”，奇智钟南幼儿园打造出系列“亲自然”主题课程，这些课程中有吸引幼儿参与的任务、恰当的认知刺激、丰富的语言互动、积极的人际交流和社会情感体验等内容，即从幼儿的立场出发，在满足幼儿游戏需求的同时，教师通过活动预设与活动生成，有目的、有计划地运用不同的方式引发幼儿自主学习，从而让幼儿快乐地玩、有效地学。

（1）苏州工业园区宋庆龄幼儿园：全面构建“时代小先生”园本课程

园区宋庆龄幼儿园在传承宋庆龄儿童教育思想的基础上，积极融合新时代背景下学前教育的发展使命，立足苏州地域文化，确立“五育融合、德育为先”的园本培养目标，以多姿的主题活动和多元的中外社团引导幼儿德智体美劳全面发展，逐步成为具有“优良品德、优美情操”“童蒙智慧、童趣视野”“健康体魄、健全人格”的“时代小先生”。例如，在扎根幼儿经验所形成的园区课程游戏化项目基地等12个系列化项目探索中，利用园内外场域资源及社会人文资源，使幼儿自主探索、开阔眼界，将幼儿培养为“具有世界胸怀的中国人、具有中国情怀的世界人”。在缤纷的选择中尊重幼儿兴趣，让幼儿在自主的游戏与探索中快乐成长。此外，马术、击剑、无人机、创客等各类社团成为校队孵化基地，其中的小队员们在各类竞赛中崭露头角，这些社团也能够为小学阶段的校队培根育苗。总之，园所立足“宋庆龄儿童观”，聚焦“课程游戏化”理念，进而构建“时代小先生”园本课程，促进幼儿全面发展。

（2）苏州工业园区奇智钟南幼儿园：打造系列“亲自然”主题课程

园区奇智钟南幼儿园秉持着“亲近自然、喜欢探究是幼儿的天性，大自然和生活中真实的事物与现象是幼儿探究的内动力，能激发幼儿探究兴趣和热情”的教育理念，挖掘“有趣的洞洞”“嘿，小蝌蚪”“你好，蘑菇菌”“嘿！蚯蚓先生”“一沙一世界”“我的树培育”“‘樱’为有你”等课程故事，打造系列“亲自然”主题课程活动，为幼儿创设自主探索、发现的教育环境和空间，让其了解与感受生命的成长过程。例如，在“嘿，小蝌蚪”课程故事活动中，让幼儿将其从各处寻找到的蝌蚪带至幼儿园，与小蝌蚪近距离接触，每天实时观察小蝌蚪的变化；在“‘樱’为有你”课程故事活动中，以“初识”“趣探”“写生”“制作”等多样化形式为幼儿开启一段樱花奇遇记。在“一沙一世界”课程故事活动中，园区教师会设计适宜问询幼儿的调查问卷，了解幼儿对于沙子的种类、用途的已有经验，并且收集利用奶粉罐、漏斗、筛子、塑料瓶等材料，让幼儿与材料互动，在“挖沟”引流、“管道”连接引流、“架桥”引流的操作中，导入“引流”概念，增强幼儿玩沙的好奇心和探知欲。

2. 教师发展：勾绘“师幼共生”的成长蓝图

“师幼共生”是指教师要在课程游戏化过程中，以情感联结、效益达成、互动支持为原则[14]，实现师幼同频共振、携手成长。园区鼓励幼儿园教师要在“共育式研学、共融式指导、共建式监测”中，感受幼儿的百种语言、百种样态，养成自身“尊重、理解、信任、支持”的思行合一素质，将适宜的师幼互动转化为师幼共生共长。如通过观察随身集、记录百宝箱、评价口袋书、指导折叠书等“观察指导四部曲”开展师幼有效对话，找到自有的节律，汇聚师幼共同成长力量。园区内星慧幼儿园以项目组为抓手，筑建“四有”好教师成长营，钟园幼儿园聚焦教师与幼儿相处的真实问题与场景，开展沉浸式教研活动，这些做法聚焦课程游戏化的全过程开发思路，在教育实践中既促进幼儿的全面和个性发展，又带动教师自身的专业水平提升，勾绘出“师幼共生”的成长蓝图。

（1）苏州工业园区星慧幼儿园：筑建“四有”好教师成长营

在《幼儿园教育指导纲要》和《幼儿园工作规程》的指导下，星慧幼儿园贯彻落实《3-6岁儿童学习与发展指南》，以项目组为抓手，依托校外专家资源，遵循教师成长规律，筑建“四有”好教师成长营。教师根据兴趣自主报名，成立了足球、表演、语言、美术、音乐、科学六大项目组，以各项目组活动为契机，围绕园所的实际情况，制定科学合理、符合幼儿德智体美劳均衡发展的活动内容，助推幼儿全面发展、教师能力提升、园所整体成长。其中，足球组确定了园所足球游戏的目标，设计了符合各年龄段幼儿的足球游戏内容；表演组会在不同层次的班级开展不同的表演活动，如小班以手指谣、童谣朗诵为主，中班以故事讲演为主，大班以绘本剧演绎为主；美术组、音乐组、科学组先分别围绕班级美术区、音乐区和户外科学区创设，观察记录和集体活动有效性等内容进行研讨，然后以项目组的形式，紧密结合课程游戏化要求，诱发教师持续关注、不断思考。通过适宜有效的研训工作，切实提高教师专业素养，使其成为有理想信念、有道德情操、有扎实学识、有仁爱之心的“四有”好教师，助推高质量课程建设。

（2）苏州工业园区钟园幼儿园：开展多种形式的沉浸式教研活动

为全面贯彻落实《江苏省教育厅关于加强学前教育教研工作的意见》，提高教师对儿童语言区的关注度，深度挖掘儿童阅读的核心价值，园区钟园幼儿园尝试聚焦真实问题与场景，开展沉浸式教研之语言区研讨活动，在观摩对话中拓展了教师关于语言区环境改造与功能的视野。除此之外，针对不同类型的主题活动审议的方式、蓝本、生成主题的审议路径等问题，园所会邀请校外专家从课程审议基于幼儿全面发展的原因、课程审议的定义、不同类型主题的审议、幼儿园主题活动的全要素全过程审议、如何提高主题审议成效的方式五个方面为教师进行深度解析，致力于寻找课程与儿童生活中的契合点、链接点，让课程审议变得更加适宜、有效。园所在一系列沉浸式、观摩型教研活动中，逐渐形成以“体系化的教研构想”“工具性的教研思考”“聚焦化的教研逻辑”“实效性的教研模式”为四大亮点的教研氛围，鼓励教师从教育的最小颗粒入手，促建儿童发展与教师回应共生向善的美好样态。

3. 园所发展：建设“富有内涵”的能量场域

幼儿园游戏环境作为一个多层次的环境体系，是幼儿大脑和身体发育的重要场域，在建构中要突破班级和区域等观念的限制，注重不同环境功能的内在通融性和逻辑关联性[15]，明晰幼儿如何基于富有内涵的高质量游戏场域，获得健康全面的发展。园区内华林幼儿园建构起课程游戏化理念下丰富多元的 STEM 幼儿教育实践环境，新加花园幼儿园不断完善内涵式基础设施建设工程。这些实践做法都立足儿童需求，因地制宜整合园所资源，承载儿童生活经验，构建丰润而富有内涵的游戏环境能量场域，引发幼儿自主观察、主动探索、敏于发现和积极表达，支持每名幼儿全面、可持续发展。

（1）苏州工业园区华林幼儿园：创设 STEM 幼儿教育实践环境

园区华林幼儿园作为江苏省首批 STEM 项目试点学校，将“STEM 理念，创意建构”作为园区内涵式发展的特色定位，秉承游戏精神，拓展教改视域，基于“探究”“思辨”“创新”“合作”和“坚持”五大核心素养，建构课程游戏化理念下丰富多元的 STEM 幼儿教育实践环境。一是在户外建构区设置大型积木建构区、PVC 管道建构区、苏式白沙建构区以及木工坊，激发幼儿的建构兴趣和工程创意思维潜能。二是在班级区域设置科学区、益智区、生活区和自然角，摆放兼具功能性和安全性的不同工具，让班级每个角落都成为幼儿 STEM 探究的天地。三是在专门教室里打造乐高趣味空间，幼儿利用齿轮、皮带传动等乐高材料制作会升降的城门、会开合的大门、转动的摩天轮、直升飞机等作品，在玩的过程中学习并融合技术、工程、科学、数学、艺术等交叉知识。四是合理规划走廊、楼梯等公共区域中的探究空间，如在走廊墙设计含音砖、小球坡道、磁铁轨道、磁性拼图等内容，灵活多变的材料能够给予幼儿更加多元的探索空间。

（2）苏州工业园区新加花园幼儿园：完善内涵式基础设施建设工程

园区新加花园幼儿园在园本特色课程建设中，以儿童为本，致力于打造“儿童立场”的幼儿园。为深入推进园所课程游戏化建设，加快园所教育内涵式发展和质量提升，新加花园幼儿园不断完善“木工资源坊”“山坡游戏场地”“动物园”等促进课程游戏化内涵式发展的基础设施建设工程。其中，“木工资源坊”是专为幼儿打造的集木工手工创作、趣味游戏、作品展示、工具收纳、课程方案于一体的专业活动场所，为幼儿进行木工创作提供工具、材料、课程、环境、场地的支持。“山坡游戏场地”主要是依靠园所自然环境“小山坡”构建生成户外课程，“小山坡”是自然赐予幼儿的天然的游戏探索空间，开放的空间、变化的环境，让幼儿的主动探究更具挑战性和发展性。总之，园所把环境作为重要的教育资源和促进幼儿智力开发、个性养成的隐性课程，以完善园所内涵式基础设施建设工程，以营造兼具独特文化和实用价值的园所环境，既能提高教师创设能力，又能激发幼儿自主性探索兴趣。

四、面向未来，打造园区学前教育“五育融合”高质量发展新生态

社会不仅承载着丰富的教育资源，更为重要的是它为幼儿的发展提供了一个连接现实生活的关键场域，其实践性为幼儿的整全和有机发展提供了基本支撑[16]。所以面向未来，园区学前教育“五育融合”高质量发展新生态不仅限于幼儿发展、教师发展和园所发展三大维度，还需将发展的视域扩大至学前教育治理层面，包括政府、学校、社会组织及教师、学生、家长等多主体共治。尤其是要完善家校社合作育

人机制，该机制的重点在于激活社会支持系统，包括社区、街区、图书馆、剧场、体育馆、博物馆和青少年宫等社会层面的共育支持。

从 2022 年园区教育的“五育融合幸福年”到 2023 年园区教育的“优质均衡提升年”，教育生态系统从内部主体发展转向内外部全员共育生态工程建设，以达到优质均衡的目标。在具体实践层面，园区党工委、管委会深入贯彻落实国家、省、市关于建设儿童友好城市工作的决策部署，于 2022 年 12 月成立苏州工业园区儿童友好园区建设工作领导小组，出台《关于建设儿童友好园区的实施方案（2022—2023 年）》，围绕“五个一”工作目标，成立一个工作领导小组，建设一支专兼结合、多方联动的儿童友好工作队伍，打造一个符合园区特色的儿童友好品牌，创建一批适儿化改造示范工程，推进一批儿童工作实事项目。目前，《苏州工业园区推动托育服务高质量发展实施方案》等 10 余项涉及儿童生命健康关爱、家庭教育指导、权益维护保障的工作制度已实施，园区率先启动儿童友好社区、街区试点，建成儿童友好示范社区、街区、图书馆、剧场、社会实践基地等 13 个儿童友好园区建设示范工程，有效开展科普教育、艺术研学、自然体验、亲子运动等 40 余个儿童友好服务项目，儿童友好园区建设取得了初步成效。

关于“五个一”工作目标，一是成立一个工作领导小组。是指各成员单位间跨部门合作，邀请相关儿童专家学者、社会组织、儿童代表共同参与，定期组织召开工作会议，形成党工委领导、成员单位协作、社会支持、公众参与的组织体系。二是组建一支由专业儿童工作者、儿童社会工作者和儿童服务志愿者构成的工作队伍。为儿童友好园区建设提供坚实的人力资源保障。专业儿童工作者负责各社区儿童友好建设工作，儿童社会工作者负责为社区儿童提供心理疏导、法律咨询、危机干预、收养评估等专业社工服务，儿童服务志愿者负责为社区困境儿童提供志愿帮扶服务。三是打造一个友好品牌。以儿童友好理念为核心，打造符合园区定位、特色、气质的儿童友好 IP 形象，形成风格鲜明统一的特色品牌。四是争创一批示范工程。如儿童友好街区建设、儿童友好社区建设、儿童友好公园建设、儿童友好学校建设、儿童友好医院建设、儿童友好场馆建设等示范工程。五是开展一批实事项目。如开展儿童暑假实践托育项目、儿童文明素养提升计划和儿童权益保障提升行动。未来要全方位、多形式、立体化宣传儿童友好园区建设的经验和成效，提高儿童友好园区的知晓度、参与度和感知度，使儿童友好成为全园区的共识和行动，以儿童友好园区建设打造出园区学前教育“五育融合”高质量发展新生态。

第二节 义务教育

——聚焦教育新生态，推动园区义务教育“五育融合”的高质量发展

义务教育是国家依照法律的规定对适龄儿童和青少年实施的一定年限的强制教育的制度，我国实行九年义务教育制度。义务教育阶段是继学前教育之后的基础教育第二阶段，这一阶段对儿童和青少年的独立思考能力、创新能力和实践能力的形成具有关键影响。为推动园区义务教育“五育融合”迈向新水平，园区强调要努力形成重文化、强内涵、有前瞻、生为本的区域优质教育新生态，将“五育融合幸福年”（2022 年）的目标落地于教育教学方式变革和科创教育品牌建设等具体措施中。并且，园区将进一步紧抓集团化办学和教育数字化转型两大着力点，推动义务教育各生态主体、生态要素之间的优质资源互补发展，实现义务教育优质均衡的高质量发展。

一、园区义务教育发展概况

1. 以“数据变化特征”量园区义务教育规模化、数字化发展

义务教育阶段学生数量、教师数量、学校数量、全年新增学位

（义务教育段）数量及易加互动学习平台相关资源量等指标的变化特征可用以整体把握园区义务教育规模化、数字化发展等基本情况，从而助力系统着眼优质均衡发展目标，通过教育系统内部结构的有效调整和教育系统外部环境的良好构建，形成教育新生态，带动“五育融合”育人。

其中，义务教育阶段学生数量是确定其他类型指标数量的前置性要素，对于衡量园区义务教育学校和教师数量的达标性具有重要的参考价值。从园区2010—2020年义务教育阶段学生数量、教师数量、学校数量及2018—2022年全年新增学位（义务教育段）的变化情况看（图4-4、图4-5和图4-6），十年来义务教育阶段学生数量增加了近8万人，教师数量增加了近6 000人，学校数量增加了近15所，2018—2022年累计新增学位近5万个。其中，虽然学校数量增幅不大，但班级数量从2010年的789个增加到2020年的2 635个。《江苏省义务教育学校办学标准（试行）》明确义务教育阶段学校实行标准班额办学，小学班额不超过45人，初中班额不超过50人，可见班级数量的增幅与学生数量的增幅基本持平。以上数据表明园区义务教育事业逐渐进入规模化发展状态。

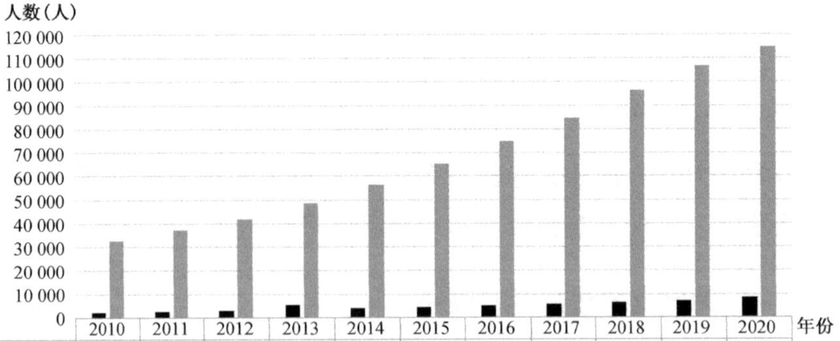

	2010	2011	2012	2013	2014	2015	2016	2017	2018	2019	2020
■专任教师数（人）	2 380	2 731	3 076	5 347	3 912	4 450	5 020	5 630	6 440	7 121	8 611
■学生数（人）	32 619	37 151	41 926	48 648	56 535	65 288	74 773	84 824	96 506	106 687	114 935

图4-4　苏州工业园区2010—2020年义务教育阶段专任教师数量和学生数量变化情况

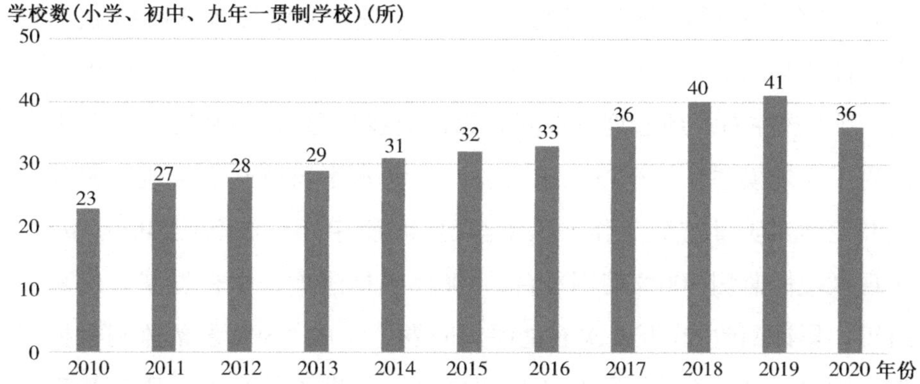

图 4-5　苏州工业园区 2010—2020 年义务教育阶段学校数量变化情况

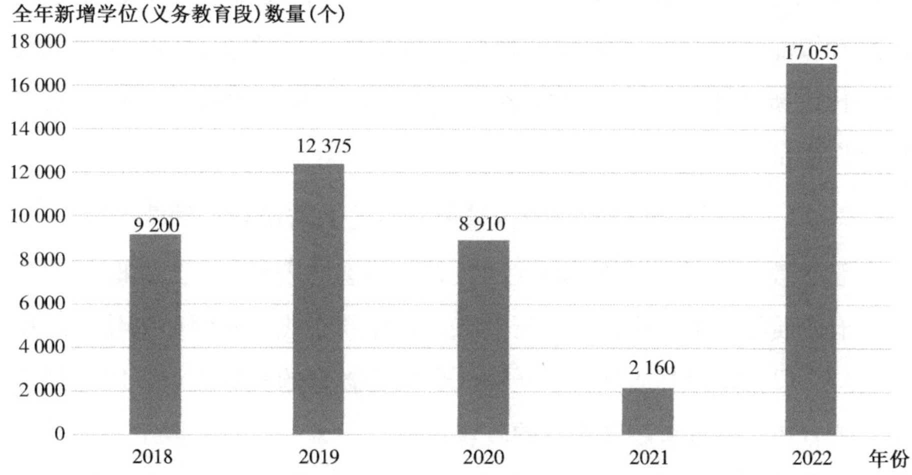

图 4-6　苏州工业园区 2018—2022 年新增学位（义务教育段）数量

2020 年，园区被列为教育部“基于教学改革、融合信息技术的新型教与学模式实验区”，不断推进智慧教育“易加”枢纽平台的建设应用工作，易加互动学习平台资源不断充实。同年，线上 12.4 万余节优质课程、6.5 万余个微课视频（含名师实验微课等精品资源）、174.2 万道精品试题等优质资源与线下 22 个未来教室、40 个互动在线课堂实现对接。融合创新应用不断深化：全区教师建设在线课程

124 507 个、开展在线作业测验 92 511 余项，实施课程 36 017 次，提交反馈 3 467 多条，累计线上学习人数 2 600 万人次，日活跃用户在 2.4 万人次左右；新冠疫情期间，累计上线学习达 1 000 万人次，平台经受了大规模并发的学习需求考验。学业水平监测扎实推进，累计完成九轮学业质量监测工作，采集全区 41 所中小学校数据 40 万条次，实现区域性监测 100%使用平台、100%数据进库；学校发展评价高效组织，累计回收 86 万人次五星评价问卷，完成 6 800 多条监测数据采集，输出区域、学校评价报表近 180 套，促进了教育教学质量管理的绿色发展。当前，随着“易加教育 4.0”项目的启动，园区将以“双链四新九提升”为教育蓝图，旨在改造学生评价支撑，增加教师服务应用和智能管理应用，集成区块链、数据链，实现新师训、新教学、新评价、新“智”理，形成数字转型新生态，开启“减负增效、五育融合”新征程。

2. 以“教育新生态”话园区义务教育“五育融合”新改革成果

智慧教育是园区在数字时代的教育新生态的表现，与工业时代教育生态有着质的差别。这种教育新生态，依托新一代互联网信息技术，积极回应人民群众对高质量、多样性、个性化教育的美好需求，以达到培养“德智体美劳五育融合人”的教育目标，在义务教育阶段主要涉及四大新改革成果。一是新在学校形态的改革。智慧校园推动各种教育类型、资源、要素等的多元结合，实现区域教育大数据的汇聚与可视化呈现，通过数据采集与汇聚、建模与分析、表达与应用，为学生、教师、学校、行政管理画像，从而为“个性学、智慧教、科学测、智能评、精准管”提供支撑。二是新在课程体系的改革。聚焦发展素质教育，课程体系的建构逻辑转变为基于系统化的知识点逻辑关系建立数字化知识图谱，创新内容呈现方式，让学习成为美好体验，培养学习者高阶思维能力、综合创新能力、终身学习能力。三是新在教学方式的改革。通过情境化、智慧化的教学方式助推园区“生活化学习”“自适应性学习”“自主探究学习”“混合学习”“网络协同学习”“感知体验学习”六大学习模式的落地。四是新在合育格局的改革。智慧教育既利用互联网的便捷程度沟通家校社协同育人，为“五育融合”创建优势资源互动场景；又以数据治理为核心、数智技术为驱动，整体推进教育管理与业务流程再造，提升教育治理体系和治理能力现代化水平。

二、“教育新生态”与“五育融合”在义务教育阶段的理论基础和政策依据

1. 理论基础：“教育新生态”和“五育融合”的内涵及联系

“生态”是指生物在一定的自然环境下生存和发展的状态，是在一定的时间和空间范围内，生物与环境、生物与生物之间通过物质循环、能量流动和信息传递构成的具有特定结构的功能整体。随着学术的发展，生态学的理论不断向其他学科延伸，“生态”这一概念也不断渗透到其他领域。在教育研究领域，教育生态涉及一个由教育行政部门、若干学校（若干师生、基本办学条件）组成，家长、社会密切参与的完整生态系统，包含着内外部诸要素之间的交互关系[17]。教育新生态是指在新时代、新环境下能够与这一生态系统相适应的更好的生存与发展状态。“五育融合”作为一项针对教育生态主体“人”的教育发展目标，其内涵在于要更加注重人的全面发展，大力发展素质教育，促进德育、智育、体育、美育和劳动教育的有机融合。教育新生态通过联系学校、家庭、社会等生态圈，沟通教师、家长、社会工作群体等生态主体，以及改良课程、教学等其他要素，为“五育融合”提供一个良好的结构空间和流动场景。

学校是“五育融合”育人的前沿阵地，对教育理念和文化、课程和教学、制度和管理、技术和物质等要素进行全方位优化，为驱动学

生德智体美劳全面发展创造良好的育人环境。随着教育资源的泛在化，在全方位优化学校要素的过程中要构建起学校新形态，延伸“五育融合”的育人空间，如把“家校社协同育人”作为义务教育阶段校内校外学习共同体育人的形式之一，通过重视家庭的家风、家训等道德熏陶，以及充分利用社会内图书馆、博物馆、美术馆、科技馆、青少年宫、社区公益中心等功能场地，联系起学校、家庭、社会等生态圈，对学校教育起到补充作用。

教师是“五育融合”育人的一线实践者，让教师在思想政治、师德师风、学科教学、心理知识、班级管理、家校社沟通、人文素养、科学精神等不同维度上接触到优质的学习资源[18]，提高教师与家长、社会工作群体的沟通效率，实现教师自身专业化发展，改良教学方法，这是学生德智体美劳全面发展的后盾力量。2018 年中共中央、国务院印发的《关于全面深化新时代教师队伍建设改革的意见》也提到教师是教育发展的第一资源，要全面提高中小学教师质量，建设一支高素质专业化的教师队伍[19]。

课程是“五育融合”育人的载体，需要不断改良课程目标、课程内容、教学方法、课程评价等要素，以适应新时代对人才素质的要求，为促进学生德智体美劳全面发展打磨合适的育人通道。自“新课标”“新方案”正式发布以来，学校实践层面不断探索跨学科学习、学科实践活动、综合实践活动等以弥合学科与学科、学科与实践、学科与社会、学科与生活的割裂，可以说从课程目标、课程内容组织与呈现、课程评价等方面皆可窥见“五育融合”的身影。

从学校、教师、课程等校内要素出发，扩展到校外要素，会发现教育系统不但具有生态系统的物质循环、能量流动、信息传递的功能，而且具有生态演替性和自我调节性的基本特征，还需要充分发挥家长、社会和政府的力量，共建协同育人空间，以寻找未来教育新生态的优质均衡发展之道。

2. 政策依据："教育新生态"和"五育融合"相联系的政策推动

在国家政策层面，2021 年 7 月，中共中央、国务院发布《关于进一步减轻义务教育阶段学生作业负担和校外培训负担的意见》（简称"双减"）。"双减"成为一项家喻户晓、深入人心，直接改变我国 1.8 亿中小学生和数亿家长日常生活的重大教育政策。2023 年 3 月，国务院教育督导委员会办公室印发《关于继续把"双减"督导作为教育督导"一号工程"的通知》，这是"双减"连续第 3 年成为年度教育督导"一号工程"，该通知特别强调要将当前学科类培训隐形变异、学校课后服务水平仍有待提高等突出问题，纳入市县政府履职"重点督"内容。"双减"明确规定要为学有余力的学生拓展学习空间，开展丰富多彩的科普、文体、艺术、劳动、阅读、兴趣小组及社团活动，助力中小学校课后服务高质量发展，促进中小学校教育质量和课后服务能力不断提升[20]，为"五育融合"的育人目标创造了良好的教育新生态。

教育部于 2022 年 4 月发布《义务教育课程方案和课程标准（2022 年版）》[21]，指出要完善育人目标，优化课程设置，重组课程内容，增强课程育人功能，系统绘制新时代义务教育的育人蓝图。其中，课程目标从掌握基础知识和基本技能（即"双基"），到"知识与技能、过程与方法、情感态度价值观"的三维目标，再到核心素养，即把三维目标整合为正确价值观、必备品格和关键能力，使学科知识、学科活动、学生发展统一到学科育人轨道上。可见，多年课程改革将目标逐步从使学生获得相对割裂的学科知识、能力等向培养学生以学科为载体但又不能分割的核心素养和关键能力转变，这实际上强调了"五育"间的内在融通[22]。

根据国家构建教育新生态相关的政策部署，园区于 2022 年印发《苏州工业园区教育系统"五育融合幸福年"实施方案》①，决定于 2022 年度在全区教育系统开展"五育融合幸福年"活动，强调要努力

① 参见苏州工业园区教育局《苏州工业园区教育系统"五育融合幸福年"实施方案》。

形成重文化、强内涵、有前瞻、生为本的区域优质教育新生态。该方案指出，既要深化智能时代的教育教学方式变革，推进科创教育品牌建设，又要完善多元集团化办学实践，还要做优家庭教育服务体系，着眼多个生态圈和多项生态要素的改进和互动，致力于以教育新生态推动园区义务教育“五育融合”迈向新水平。

三、聚焦“教育新生态”，探索园区义务教育“五育融合”实践路径

当前教育已进入从重数量发展到重质量发展的转型期和关键期，教育质量的提升已经不能仅依靠教育资源的大量投入，更主要的还是要靠教育内部的结构性调整和教育外部良好生态的构建。同时，互联网信息技术的迭代升级，在教育领域牵动出协同共育新理念、智慧校园新空间和数字化教学新技术。因此，势必要构建新的教育生态以适应高质量的“五育融合”育人新要求。因此，构建良好的教育新生态将成为今后一段时期教育改革与发展的重要推手[17]，从教育生态要素来看，目前主要包括构建学校新形态、制定课程新体系、探索教学新方式和形成合育新格局等四大方面。

1. 构建学校新形态

义务教育阶段的学校作为促进学生基础性发展的核心场域，它是一个开放的系统，学校自身需要不断地与外界之间进行物质、能量和信息的交换[23]。一方面，智慧校园作为数字时代的学校新形态，将突破学校教育的外在边界，推动各种教育类型、资源、要素等的多元结合，融合物理空间、社会空间和数字空间，创新教育教学场景。《智慧校园总体框架》（GB/T 36342—2018）指出，智慧校园的建设包括校园基础设施、智慧教学环境、智慧教学资源、智慧教学管理、智慧教学服务[24]。也就是说建设智慧校园的实质是借助新型技术，以智能应

用服务系统为载体，打造教与学、校务管理与校园生活的智能融合，从而构建学校新形态。另一方面，集团化办学作为深化教育体制改革的时代要求，也是推进义务教育优质均衡发展的有效手段和新型的集体式学校形态[25]。2018 年以来，园区大力推进学校共同体建设，取得了积极成效，已于 2020 年实现集团化办学全覆盖，形成协同创新型、一体紧密型、标准引领型三种集团化办学模式，促进园区基础教育优质资源共享。

园区星洋学校成立于 2015 年，是一所九年一贯制学校，其前身是园区凤凰小学。作为中国数字化学习工程技术中心的智慧教育示范校，星洋学校在教育信息化建设方面做了有效的探索，引入“互联网 +”思维，应用云技术、大数据、移动智能互联等技术，构建网络化、数字化、个性化、终身化的“互联网 +”教育创新生态，积极打造面向未来的“智慧校园”。依托移动互联，跨平台智能终端等技术与资源，立足校本创新实践，对“云课堂”进行整体架构。“引入云问卷”“云教研”“云教学”“云评价”“云直播”“云阅卷”“云合作”“云课程”八朵主干“教育云”，搭建云端应用架构；从“情境化、结构化、交互化、精准化”四个角度和“参与度、适切度、融合度、达成度”四个维度，探索与评估“云课堂”；在此基础上，提出“前学课程导学、在线问卷诊学、课堂互动精学、课后个性研学”的“云课堂四学”流程教学范式，优化了课堂的呈现方式、交互方式、评价与管理方式，建构了“个性学、智慧教、精准管、科学测、智能评”的线上线下融合互动的“云课堂”。这为学校在教育数字化转型及云端一体化校本创新实践中积累了丰富的成功经验。

园区星湾学校创办于 2008 年，是园区管委会直属的九年一贯制公办学校，毗邻苏州地标东方之门和科技文化艺术中心，现有玲珑街、槟榔路两个校区。星湾学校是苏州市较早实施“共同体”办学的实验学校之一，星湾学校教育集团于 2023 年 5 月 13 日授牌成立，这标志着学校集团化办学高质量发展改革试点正式启动。多年来，学校始终秉承“管理团队一体化、文化建设一体化、教师发展一体化、日常研修一体化、学术引领一体化”的五个“一体化”理念；始终坚持“理念文化共享、管理制度共享、教育资源共享、质量保障共享”的“四个共享”的基本策略。同质同构，从联合到融合，实现了高质量发展的教育愿景；优质新构，从自觉到自强，达成了师资队伍的良性循环。当前“一校两区三地教学”的超级规模办学新样态，使得“结构化管理”“扁平化项目式管理”及“场域管理”模式应运而生。学校扎实推进集团化办学模式创新探索，在集团化办学体制机制的创新发展过程中探索实践，先行先试、大胆尝试，为园区教育集团化办学提供示范式经验。

2. 制定课程新体系

《义务教育课程方案和课程标准（2022 年版）》表明从“五育”并举到“五育融合”已经成为新时代中国义务教育发展的基本主张和趋势。虽然“新方案”和“新课标”中未正面使用“五育融合”概念，但从课程目标、课程内容组织与课程呈现、课程评价等方面皆可发现“五育融合”的要求。例如，“劳育”不等同于劳动实践，也不仅指专门的劳动课程，其本质在于引导学生将“学”与“做”融通，使学生成为兼具理论素养、实践技能和创新精神的人[26]。其中，把握“新课标”中运用两个或两个以上学科知识或方法，去解决真实世界的问题或理论问题的“跨学科主题学习”的课程体系建设新要求是推进“五育融合”最直接、最有效的突破口。

园区星海实验中学创办于 2000 年 9 月，是园区第一所九年一贯制学校。其课程体系具有较强的前瞻性，构建了以人文底蕴、科学精神、创新能力、综合素养为着眼点，“五育融合”的以基础性、实践性、拓展性、拔尖性为主体的发现教育课程体系。以“让教育成为发现与创造的艺术”为教育理念，在园区教育局的引领下，将劳动教育作为“五育融合”的突破口，构建以实践为主线的“星光 1 + 3”劳动教育课程体系。在实践层面，一是开展国家劳动课程必修课，开发校本劳动教育系列课程之“心・体验”实践式劳动课程、“星・探索”实践式劳动课程和“新・创造”实践式劳动课程，涉及生活、农业、科技、艺术多个场域的实践活动。二是将劳动教育与社团课程、美育课程相融合，开设非遗传统工艺劳动社团——掐丝珐琅社团，利用掐丝、点蓝工艺呈现传统题材，传递中华民族的文化符号，讲述文化与文化相遇的故事。星海实验中学劳动教育带领学生在劳动中传承中华民族传统文化，扎根沃土，涵育美好心灵，助力学生以劳育美、以劳创造。

园区第二实验小学创办于 2004 年 9 月，作为园区管委会直属的全日制公办小学，既是园区运用大数据教育，在 STEM 教育的加持下重构校园教育课程体系的典型，更是苏州市、苏州工业园区教育系统内一所靓丽的窗口学校。在“十四五”期间，全体师生共同创造了更具延展性的校园生活，并构建了全新的校园教育体系——由“无涯课程”、儿童群落共同构成的“无界教育”，主要包含五大课程，即文化奠基课程、学科跨界课程、国际理解课程、未来探索课程以及世界瞭望课程。例如，学科跨界课程既有学科内跨界，又有学科外相关联学科的跨界，以及多学科跨界。学科跨界课程强调主题式学习、项目式学习。学校根据不同的课程要求设置多学科融合的学习模式，通过开设戏剧课程、StarT 课程、STEM 课程和 PBL 项目式课程等丰富学生的课程形式和所学内容。这一新课程体系的开发不仅打破了传统教育的壁垒，而且构建了学习资源与学习场景交互下无围墙的学习生态圈，帮助学生从纸上的“二维学习”走向生活中的“三维学习”，真正让教育围绕学生，实现教育无边界，学习无止境。

3. 探索教学新方式

教学方式，是教学过程中教师与学生为实现教学目的和教学任务要求，在教学活动中所采取的行为方式的总称。在学校形态与课程体系结构变革的背景之下，教学方式正在由原来的组织教学转换为以动机激发学生自主学习兴趣，变教师“讲授知识”为学生“主动求知”，从而充分培养学生的问题意识和进取精神，在不同教学情境里关注学生个性差异和不同的学习需求，引导学生通过自主、合作、探究的学习方式，学会发现学习、合作学习、自主学习[27]。

园区金鸡湖学校创办于 2011 年，是园区管委会直属的九年一贯制义务教育学校，现有石港路校区和苏桐路校区两个校区。作为“5G+智慧教育”应用项目先进实验学校，学校“以让更好的学习发生为目标，以区域 5G 支持下核心素养导向的混合式教学项目实验学校建设为依托”，推进基于各种教学场景应用的教学模式的深化研究和行动落地。混合式项目化学习成果覆盖学校一年级至九年级全体学生，学生应用核心概念解决综合问题时的“学习能力”“实践能力”都得到提升，通过混合式项目化学习激发了现阶段学生的学习积极性，提高了学生自主学习能力。2021 年 5 月，学校举办了“桥”见未来 STEM 月度汇，是以中学物理学科跨学科学习为主的 STEM 现场月度汇；2021 年 12 月，学校承担了江苏省的 STEM 教学成果大会的分会场工作，从 STEM 到跨学科学习再到项目化学习和混合教学，学校的教学改革是学生学习方式的变革，让学生在奔向未来的路上遇见更好的自己。

园区东沙湖小学成立于 2020 年 9 月，由原九年一贯制东沙湖学校分设而出，是一所追求“生趣化的课堂”“生本化的教育”“生态化校园”等优美教育场景的学校。场所可赋予人一个作为“存在的立足点”的学习空间，学校以“情境”创“艺境”达“育境”，校内的艺术市集主张让学生在课堂上的艺术学习经历从作业到作品到艺术品、到艺术行为的过程，让艺术的概念在校园的生活情境中“具现”。例如，学校为师生打造了一座“NO. 99 美术馆”。美术馆从学生审美兴趣出发，为学生搭建展示个性风采、抒发艺术观念、实践跨学科融合的课程情境和艺术场域，赋能学校美术教育。除此之外，学校还依托园区版画联盟平台，主动加入区域联盟，并承担联盟学校的展览策划、工坊展演等课程实践活动，按照教学实际分层制定版画的游戏性体验、文化性解读和创造性表达、艺术性审视和创意性表现等学习内容，让学生在其中体验游戏的乐趣、感知艺术的语言、理解版画的内涵。可以说，通过创设学习情境关注学生“积极体验式”学习的方式是富有意义的，学生在场馆课程和场馆布展中以共同参与者、共同学习者、共同实践者的角色乐在其中、真正投入、真实决策，增强了学生的自我效能感，深化了学生的自我认同。

4. 形成合育新格局

构建家校社协同育人新格局是为了打通课内课外、课前课中课后、校内校外的学习边界[28]，让教育新生态通过联系学校、家庭、社会等生态圈，沟通教师、家长、社会工作群体等生态主体，为“五育融合”提供一个良好的资源互动空间。2023 年 1 月，教育部等十三个部门发布了《关于健全学校家庭社会协同育人机制的意见》，强调学校充分发挥协同育人主导作用，家长要切实履行家庭教育主体责任，社会要有效支持服务全面育人[29]。例如，充分发挥中小学生背后的家长群体能量，有效激活社会学习和活动社群协作支持系统，以及扎实提高政府教育治理和服务水平，都是形成“家校社”合育新格局的重要表现。

一是全面落实开门办学，通过发挥家长专业优势，汲取家长实践智慧，探索家校共建校园文化[30]，形成“家校”合育新格局。作为校园文化名片“大家讲坛”的重要组成部分，“家长讲坛”的开设对于帮助学生开阔视野、了解社会、规划生涯发展起到了积极的推动作用。“家长讲坛”包括校区和年级层面的“家长职业讲坛”及班级层面的“家长进课堂”活动等，专门聘请“家长讲师”结合自身的职业或专业实际，介绍不同行业和职业的规则、特点，同时展示精湛的职业技能，让学生不仅了解各行业与职业的特色与要求，也懂得做好任何工作都需要勤奋努力和勇于担当的精神的道理。园区独墅湖学校是园区党工委、管委会2012年批准建设的九年一贯制学校，学校专门成立了“家长学校”来汇聚独特的优质家长资源。其中独墅品牌“家长讲师团”由一批学历高、素质高、水平高的“三高”家长讲师组成，包括江苏特聘教授、教育部青年长江学者及“姑苏重点产业紧缺人才计划”引进人才、国内外知名大学博士后等。“家长讲师团”自成立以来，已开展了多次精彩的课程分享，内容涉及经济、科技、医药、文学、建筑、生活等多个领域，丰富了学生的课外知识，开阔了学生的视野，让他们在动手、动脑的体验中，有探究和收获。

二是校外活动中心和学习中心的结合与学校教育组成了“校社”合育新格局，以激活社会支持系统，促进教育潜在资源有效式配置。园区青少年活动中心创办于2009年5月，树立了一批人文艺术、科技创新和阳光运动等品牌社团，以及国粹文化、创意科普剧和花季大舞台等品牌活动，开创着园区校外教育发展的新局面。冷泉港亚洲DNA学习中心由园区管委会与美国冷泉港实验室于2015年7月合作建立，学习中心致力于向大众普及生命科学知识，分享基因科学教育研究的进展，让更多的人领略生命在分子层面的精妙和美丽，提高青少年学生发现问题和实际动手解决问题的能力。例如，苏州市青少年“小小生命科学家”培养计划是面向苏州市4-9年级学生设立的大型公益项目，旨在为青少年提供国际先进的科学实验室、顶尖的师资团队和专业的研究课程等资源，为青少年打造一个科学性、国际化、专业型的生命科学学习平台。由苏州市科学技术协会、苏州市教育局共同主办，苏州工业园区科学技术协会、苏州工业园区教育局协办，苏州工业园区科技镇长团、苏州工业园区青少年活动中心、冷泉港亚洲DNA学习中心共同承办的第二届苏州市青少年“小小生命科学家培养计划”，通过培养青少年体验式的学习方法和科学型的思维能力，选拔和培养生命科学领域的人才。

三是园区政府不断优化教育政务服务“一网通办”，促使更多高频应用的数字化教育场景落地，通过智慧化教育治理，让服务型政府融入“家校社”合育新格局。目前建立的教育管理公共服务平台、教育统计信息系统和学校教育教学信息系统，加快形成了现代化的教育管理与监测体系，推进了大数据支撑下的教育治理体系和治理能力现代化，提升了园区教育的统筹能力、管理效能和服务能力。同时，加强教育信息化数据与技术标准建设，对接园区“一网统管”“一网通办”等“智慧城市大脑”系统，融入全区统一的大数据共享交换平台，促进教育管理精准化、行政决策科学化、公共服务便民化。推进安全技术措施与信息化建设同步规划、同步建设、同步使用，建立健全网络安全监管制度，实施网络监测预警和信息通报制度，落实网络安全责任，全面提高教育系统网络安全防护能力，为园区智慧教育保驾护航。

四、面向未来，基于“五育融合”实现园区义务教育的优质均衡提升

从20世纪90年代“两基”基本实现到21世纪初提出均衡发展，再到实现基本均衡，我国义务教育走过一条艰辛漫长之路，整体发展水平获得巨大提升。面向未来，从0到1、从1到N，从“有学上”到“上好学”，从“基本均衡”到“优质均衡”，这是一条理所应当且正确有力的逻辑理路，更是义务教育高质量发展的固有要求。

中共中央办公厅、国务院办公厅印发的《关于构建优质均衡的基本公共教育服务体系的意见》[31] 提出，要以推进学校建设标准化为重点，加快缩小区域教育差距；以推进城乡教育一体化为重点，加快缩小县域内城乡教育差距；以推进师资配置均衡化为重点，加快缩小校际办学质量差距；以推进教育关爱制度化为重点，加快缩小群体教育

差距。在苏州市级层面，为发展老年群体与青年群体的优质融合教育，促进不同教育主体之间的均衡发展，苏州市教育局关工委在广泛征询公众意见的基础上，结合苏州的工作实际，于2022年制订了《苏州市基层学校关工委优质化建设基本要求》[32]，指出各地各校要把教育关工委优质化建设均衡发展列入教育部门和本校今后五年的工作发展规划和年度计划，全面、积极、扎实地推进关工委优质化建设均衡发展。可见，对于义务教育内部而言，宏观层面的优质均衡既是指基于城乡二元结构破除、区域差异不断消除、校际鸿沟持续弥合的无差异性的教育资源高质量供给、配置与产出，也是指义务教育与学前教育、高中阶段教育、职业教育、高等教育等不同类级教育之间的均衡；中观层面主要指学校分配合理、张弛有度的“五育融合”的时间序列与空间结构；微观层面则主要指学生个体德智体美劳全面和谐发展[33]。

园区在2022年聚焦教育新生态，推动园区义务教育“五育融合”的高质量发展的基础上，2023年全力打造教育“优质均衡提升年”。一方面，集团化办学是促进教育优质均衡提升的组织保障，按照园区《关于集团式推进学校发展共同体建设，进一步促进教育优质均衡发展的实施意见》要求，通过组建优质教育集团，创新办学体制和管理机制，发挥优质教育资源的影响、辐射、示范和带动作用，缩小校际差距，稳步推进区域学校教育均衡、优质、持续发展。另一方面，深耕智慧教育，依托“易加”平台赋能教育数字化转型是促进教育优质均衡提升的技术动力。2012年起，园区基于需求，分阶段推进区域智慧教育平台研发，注册国家级“易加”品牌，满足5大类用户（学生、教师、行政、家长、居民）的业务需求。平台一期建设侧重“管理补缺、基础提升”，建成“一库一门户六系统”；二期建设关注“学习创新、评价优化”，建成“双线五块”；三期建设着力“数据驱动，智能应用”，建成“一站三块六系统”；四期建设聚焦“五育融合、减负增效”，规划“双链四新九提升”。接下来，园区将坚持“内容为王”理念，举全区之力，体系化建设本土化资源，做到所有国家课程、所有年段、所有学科、所有章节、所有知识点、所有素养点的微视频资源、同步资源全覆盖。未来，园区将进一步聚焦集团化办学和教育数字化转型两大着力点，大力推进学校联盟、合作教研，运用信息技术开展“线上优质教育”资源共享，逐步实现课程共享、教师流动和联合招生，推动园区教育优势互补发展，实现优质均衡发展。

第三节　高中教育

——以“强基计划”为学校建设发展方向，
推动园区高中教育的优质多元化发展

一、迫在眉睫的高中教育改革与教学建设

21 世纪的教育的目的主要是将学生培养为德智体美劳全面发展的人才，为了突破传统应试教育的束缚，必须实行素质教育，素质教育能够激发每一名学生个性潜能，培养学生的价值观念。然而在当前高中素质教育过程中，由于学生课业负担相对繁重、思想压力诸多，在一定程度上阻碍了自身健康发展，为了改变现状，高中素质教育必须创新发展。《国家中长期教育改革和发展规划纲要（2010—2020 年）》提出：“高中阶段教育是学生个性形成、自主发展的关键时期，对提高国民素质和培养创新人才具有特殊意义。注重培养学生自主学习、自强自立和适应社会的能力，克服应试教育倾向。到 2020 年，普及高中阶段教育，满足初中毕业生接受高中阶段教育需求。”截至 2015 年，我国高中阶段教育共有学校 2.49 万所，在校学生 4 037.69 万人。其中，普通高中 1.32 万所，在校学生 2 374.4 万人；中等职业学校 1.12 万所，在校学生 1 656.7 万人；其余学校为成人高中。我国高中阶段学生总数已经超过 4 000 万人，举办着世界上规模最大的高中教

育，正在向着普及高中教育的目标前进[34]。从宏观数据来看，高中教育改革和高等学校招生考试改革取得了较大的进展。但目前高中教育依然面临着以下问题。

首先，高中教学目前普遍存在教学方式单一、落后的问题。在素质教育与新课程改革大力推进下，信息技术在教育领域的应用在全国掀起一股热潮，学生自主课堂的开展逐渐落实，教育界似乎发生了一场翻天覆地的变化。然而，受教师自身专业素养和综合素养的限制，教学方式的转变和教学手段的多样化进程缓慢，课改效率不高，教学效果不好，再加上偏远山区等地经济发展落后，即便是全国大力提倡发展实践，经济发展落后地区教师也是心有余而力不足，随着时间的流逝，传统灌输接受式教育依然是部分教师教学的主要方式，创新式教育的发展进入瓶颈期，教学效率不高，不利于学生的终身发展。

其次，在教育教学的过程中，学生的主体地位极易被忽视。以人为本是当下教育工作的重难点，同时也是教育工作者在教学中最易忽视的关键性因素，高中各学科往往逻辑性极强，学生通过自主课堂很难理解掌握、熟练运用相应知识，基于这一点，高中教师极易因急于追赶教学进度而直接忽视学生自主课堂的重要性，对学生进行传统灌输接受式教育，学生被动接受、教师单向传输。高中素质教育教学要注重学生在课堂上的主体地位及学生的兴趣，如果教师一味地以自我为教学主体，就极易使学生失去对学习的激情，不利于师生课堂互动，不利于教学的顺利进行。

最后，素质教育设备不够完善。近几年，中国多所高等院校将招生规模不断扩大，这样的举措引发的直接效应就是校园内部学生人数持续增加。然而，在不断增长的学生数量面前，有限的教育资源与教师资源难以完全满足所有学生个体的不同发展需求，紧张的教育资源导致教师教育教学工作的开展受到极大的限制，教学进度缓慢，正常的素质教育教学工作无法顺利开展，因此无法将理论知识学习与实践操作高效结合，错失了将理论与实践相结合的最好机会。

由此可见，高中教育改革是当下发展高中教育的重要举措。高中教育改革是对现实高中教育理念、内容、方式、评价的变革，由于国家、地区之间历史形成的经济基础和文化特征的差别，难以形成统一的模式，但存在值得共同关注的地方。具体来说，世界各国高中教育改革的成功经验，都涉及以下要素：一是重视高投入，更重视高效益；二是重视高成绩，更重视高素养；三是重视高科技，更重视高创意；四是重视高标准，更重视高境界[35]。园区学校在进行高中教育改革时，须在借鉴成功经验的基础上，结合地区特点制定出适合园区情况的特色高中教育改革方案。

二、基于地区情况的相关政策支持

国家出台了相关法律法规，为全国高中教育改革指明方向。《国家中长期教育改革和发展规划纲要（2010—2020 年）》中指出了普通高中应多样化发展的具体方面，规定普通高中要在学校类型、培养模式（包括评价）和办学主体等多方面实现多样化发展。对此，有研究者指出，其中最为关键的是培养目标多样化。有学者进一步指出，学校类型的单一化源于普通高中职能的单一化和培养目标的单一化。只有当培养目标实现多样化，且在这一前提下培养模式得到改善，普通高中多样化才可能实现。

《国家中长期教育改革和发展规划纲要（2010—2020 年）》中关于高中教育的部分为苏州工业园区区域内高中教育改革提供了总体的目标与方向，在此基础上，园区教育部门从总体区域教育发展出发，利用大数据教育模式，为区域内高中学校提供了相关政策支持。园区从整体规划角度出发，以“高质量、全方位、大格局”为目标对区域内高中进行整体规划升级。

首先，园区在进行智慧教育改革打造未来教育的过程中，利用大数据为高中教育体系赋能。对于区域内高中教育学校，全面实施智慧教育升级工程。园区对标国家教育信息化 2.0 行动计划，将智慧教育纳入区域智慧城市建设体系，与智慧交通、智慧医疗、数字经济等统筹实施，推进“教育 + 互联网”和人工智能与教育教学深度融合，将大数据全面融合渗入学生的日常生活。与此同时，高中学校须坚持“高校引领、政府支持、企业参与、学校应用”的 UGBS 工作思路，即“高校（University）引领 + 政府（Government）支持 + 企业（Business）支撑 + 学校（School）应用”，汇聚智慧教育新资源，创建智慧教育新模式，提升智慧教育治理水平，在园区现有的易加互动学习平台的基础上，构建能够覆盖全区学校，满足学生及学校教师团队发展要求且具有全国影响力的“易加”教育品牌。

其次，为从根本上解决传统教育难题，实现高中教育改革目标，园区学校须推进普通高中优质多元发展。深化普通高中课程改革，必须开展高品质示范高中建设。在这一基础上，园区加强对教育部“强基计划”的研究，树立高中教育人才培养目标——培养有志于服务国家重大战略需求且综合素质优秀或基础学科拔尖的学生。园区落实推进拔尖创新人才分类培养计划，开发拔尖创新人才培养课程，完善各学段间拔尖创新人才培养体系，优化拔尖创新人才评价制度。探索项目化、个性化和常态化的人才培养模式，聘请高校或校外导师，与知名高校共建生源基地，组织学生参加国内国际学科竞赛和创新能力大赛，打通拔尖创新人才个性化成才通道。针对园区内高中教育培养目标，园区高中争取到 2025 年实现省优质高中比例达 100%，建成一批学术性研究型高中。回应人民群众关切，逐步提高普职比，扩大高中资源供给。创新办学形式，积极探索综合高中建设，对接地方产业发展需求，科学制定办学方案，合理配置教育资源，优化课程设置，加强学生管理，形成园区开放大学附属综合高中特色品牌。

最后，教学质量是教育改革成功与否的重要评判标准。高中教育改革在根本上需要保证学校的教育质量。针对这一办学需求，园区内高中全面实施教学质量“筑峰工程”。学校紧扣全面提高育人质量目标，聚焦教育内涵建设，创新育人模式，持续深入推进“筑峰行动”。改变传统的以成绩为唯一评判标准的教育模式，丰富学生的校本内容，全面落实素质教育，深化课程改革，创新教学内容和教学方式，切实提高课堂效率，全面提升学校办学核心竞争力。

除此之外，为提高高中教育质量，全面贯彻“五育融合”的办学理念，园区内全面开展课程体系建设活动。区域内学校以国家课程标准为前提，开发具有学校特色的校本课程，全面落实新课程新教材的理念和要求，认真做好课程实施。同时，进一步建立园区课程资源库，丰富园区内的教育教学资源，健全课程资源共享机制，探索国家课程校本化、校本课程共享化、共享课程区域化机制，保证学生及教师团队的资源使用。开发建设系列区域精品课程和“强基计划”人才培养课程。立足园区生物医药、纳米技术应用、人工智能产业等特色资源和对外开放优势，积极开发主题课题、探究课程、活动课程和阅读课程等，探索 STEM、创客等以培养学生综合素质为核心的跨学科课程和主题学习课程，培养学生发现问题与提出问题的能力、分析问题与解决问题的能力。此外，园区内建设和做优一批课程改革实验基地，开展课程实施创新实验、课堂教学改革实验、培养模式改革实验、教育教学评价改革实验等工作。

三、聚焦“强基计划”，实现园区内高中教育质量提升实践路径

全面发展的教育是对含有各个方面素质培养功能的整体教育的概括，是为使受教育者在多方面得到发展而实施的多种素养培养的教育活动的总称，在当今我国教育话语中就是培养德智体美劳全面发展的社会主义建设者和接班人。德智体美劳“五育”是对人的全面素质的概括，“五育”的各个部分是独立的，各部分都有独特的内容和任务，不能相互替代，同时，“五育”各部分之间又有密切的联系，共同构成

中国特色的素质教育体系。基于此，园区在全面推进区域内高中教育改革的进程中，构建了“一科一体系”“一校一图谱”的高中教育体系。

《基础教育课程改革实施纲要（试行）》明确提出实行“国家、地方和学校三级课程管理”。在这一背景下，积极构建校本课程，充分发挥其补充和拓展价值，已成为高中培养和发展学生学科素养的重要途径。以高中物理和化学课堂教学作为载体，针对核心素养下理化交融的校本课程开发进行探究，可以更好地培养学生的跨学科学习意识，融会贯通理化知识，提高学生的学习方法和技巧。随着新课程改革的深化，适合本校具体情况的“校本课程”成了专家、学者研究的重点。自此之后，“校本课程”开始出现在师生的视野中，并以其独特的教育价值彰显出极大的魅力。与国家和地方课程体系相比，校本课程是素质教育的“有力抓手”，成为落实学科素养教育的主要途径。校本课程的实施，有效弥补了国家统一性课程中存在的弊端，学校可结合自身的特点、学生的实际需求等，为学生量身定做有针对性的课程。在校本课程中，课程的开发权力逐渐“下放”，逐渐从教育部、课程专家的手中，下放到学校的一线教师手中，一线教师则结合学校的实际情况、学生的学习需求，重新配置教育资源，融入本地的素材，积极构建具有针对性、具备特色的理化交融校本课程开发的重要性研究。多学科交融的校本课程的开发是时代的需求，更是在“五育融合”背景下培养全面的人才的需求，独具特色的校本课程开发是适应科学发展的必然趋势。当今时代，科学技术得到前所未有的发展、进步，且随着人们对学科知识应用重要性的认识逐渐深化，各个学科之间的联系、交叉也更加深入，传统学科的界限逐渐被打破，跨学科教学理念逐渐兴起。在这一背景下，促进物理、化学学科的有效整合，是科学发展的必然趋势，个性化的校本课程是适应新课程改革的必然要求。目前，在国家新课程标准中，明确了物理、化学学科的育人价值，要求教师应顺应新课程改革的要求，创新人才培养模式，并结合理化学科的特点，从综合性的角度出发，全面加强跨学科内容的教学，使学生在学习的过程中拓展自身的视野，开阔思路，能够运用综合性知识分析问题、解决问题。因此，从这一角度上来说，积极开发理化综合性的校本课程，契合了新课程改革的要求。最后，“一科一体系”“一校一图谱”是落实“立德树人”的必然要求。新课程标准明确了“立德树人”这一育人目标旨在为社会培养出德智体美劳全面发展的综合性人才。“立德树人”充分体现了国家的教育思想、教育目标、教育内容。因此，在日常教学工作中，应充分发挥各个学科的育人价值，密切关注各个学科的联系，借助跨学科的主题活动，将具备关联的学科内容整合到一起，使得学生在综合性课程学习中形成一定的核心素养。在新时代下，社会发展达到前所未有的高度，同时也出现了新问题，包括温室效应、能源问题等，且这些问题日益复杂。学生是国家未来建设的中坚力量，对于学生的教育不仅需要教授相应的知识，更要使学生在面对新的社会背景时，有理想、有担当。因此，唯有适应社会发展的必然要求，打破学科的限制，密切相关学科的内在联系，才能将学生培养为社会所需的综合性、创造性的高素质人才。

1. 高中语文教育

在“三新”（“新课标、新教材、新高考”）教育背景下，语文教育不仅仅是为了让学生在考试中取得好成绩，更重要的是培养他们的语言表达能力和文化素养。园区在高中语文教学实践中聚焦可复制、可推广、高质量的“5G 支撑下核心素养导向的混合式教学”新实践，驱动教与学模式创新，促进“5G 支撑下核心素养导向的混合式教学”师能提升。在这一理念的指导下，园区高中构建了独具特色的语文课堂，注重学生的课堂参与和对学生语言思维能力的培养。

在阅读教学中，呵护学生观点，以学定教；汲取智慧，培养深刻的思维能力和高尚的情感品质。苏州工业园区将阅读作为拓宽学生阅读视野、提升学生作文成绩的有效手段，在阅读课安排、阅读指导、内容编写、读后检测、素材整合与利用等方面进行有效探索。教师根据学生的阅读兴趣和学业水平，为学生推荐经典文本，并组织阅读讨论活动。学生参与阅读讨论活动并分享自己的读书心得，进行作品评选，并在在线学习平台上展示自己的阅读成果。

在写作教学中，允许学生开展多重尝试，让学生能够自由表达自由抒发。通过一系列写作任务，引导学生学会思考、组织语言和灵活表达，让他们在写作中学会用精准的语言表达复杂的情感和思想。教师根据教学目标布置写作任务，并提供写作指导。高三年级追求“满分”，高目标引领高驱动，课堂上坚持“学生主体”，给予学生充分空间；高一年级追求“写全”，落实各种角度的“写全”；高二年级承上启下，做好准备。同时将智慧教育项目研究、易加平台应用推进与检测数据应用等工作融入教育教学工作。学生自主完成写作任务，并展示作品，系统会根据学生写作质量给予其积分和奖励，写作成果可跨平台分享。

2. 高中数学教育

新时代的数学教育的目的不单纯是让学生在考试中获得高分，更是培养应用型数学人才。园区高中在课程校本化的过程中重构了高中数学教育方法，改变了传统高中数学教育过程中只注重分数与解题的问题，从学生核心素养的培养出发，让学生在数学学习的过程中理解数学、应用数学。在此理念下，园区高中学校建设了独具特色的数学课堂，注重学生的课堂参与和对学生数学逻辑思维的培养。

数学作为抽象概括客观现象而逐渐形成的科学语言与工具，不仅是自然科学和技术科学的基础，而且在人文科学与社会科学中发挥着越来越大的作用。随着现代信息技术飞速发展，数学更加广泛应用于社会生产和日常生活的各个方面。正因为数学有着如此广泛的应用性，数学素养已成为现代社会每一个公民所应具备的基本素养。数学核心素养是以数学课程教学为载体，基于数学学科的知识技能形成的重要思维品质和关键能力，是在数学知识技能的学习过程中形成的。园区高中数学学堂设置了“做数学”“想数学”“用数学”“玩数学”“赏数学”五大数学学习活动，引导学生经历数学知识的发现、形成、发展与应用的完整过程，帮助学生理解数学概念、锻炼数学技能、感悟数学思想方法、积累数学思维与实践经验，形成数学能力、发展学科素养。数学学堂基于常态练习、专项练习、监测练习等数据形成优势素养知识点、薄弱素养知识点分析，从而改善课堂设计，优化学习路径，实现分层教学、个性学习和精准辅导，形成教、学、评闭环。数学学堂主要由“发现数学”“数学实验”“数学实践”“数学文化”“进阶挑战”五大功能模块组成，上述模块都以数学知识体系和数学核心素养为基础架构，旨在促进数学素养的有效落实。

“发现数学”模块的立意为“会用数学的眼光观察现实世界”。借助“发现数学”模块，引导学生学会发现问题、提出问题，“获得数学对象”，提高、强化学生对数学本质的理解。教师或学生可根据需要自行发布活动主题，参与相关活动，并可展示活动过程和活动结果，同时可对活动结果进行投票等评选。并可对活动积分、排行奖励和成就等进行分享。

“数学实验”模块的立意为“会用数学的思维思考现实世界”。借助“数学实验”模块，引导学生学会分析问题、解决问题，“研究数学对象”，在动手操作、用眼观察、动脑思考中，改变、丰富学生的学习方式。教师根据教材上的实验内容或自主开发设定一系列实验专题，并提供实验指导。学生可根据需要自行选择参与实验专题，并可展示实验过程和实验成果，同时通过投票等形式对实验结果进行评选。系统可自动生成实验结果排行、发放积分和勋章等奖励，学生成就可跨平台分享。

“数学实践”模块的立意为“会用数学的语言表达现实世界”。教师借助“数学实践”模块，引导学生从数学回到生活，“应用数学知识”解决生活中的数学问题。教师发布学习任务，强化实际应用，拓宽学生学科视野，加强学科综合，引发学生的数学创造，引导学生体验数学价值。学生能够通过阅览教师发布的活动内容、活动说明和活动要求及提交功能，学习教师发布的指导资料，个性化上传自主完成实践活动成果。教师通过成果评选对学生进行积分奖励、勋章奖励和个性化奖励。学生可查看自己活动成果的得票、被赞情况和教师针对本次实践活动的点评。学生可以将活动和成果跨平台分享。

“数学文化”模块注重教师从数学与文化层面上向学生提供帮助，鼓励学生了解数学历史、数学应用和发展的数学文化功能，在学习数学发展历程和中国古代数学的同时，也了解了数学家的故事和简要的知识。教师、学生都可以浏览、搜索和查看系统中的数学文化资源，并可点赞与点评等。教师可以向学生推荐优质资源，学生也可以自主查看学习，资源可以跨平台分享。

在经过上述阶段的练习后，学生须进一步接受数学技能相关训练。教师根据教材和课标要求确定每个年级的知识范围，自定义多个挑战星级，以便学生逐级挑战。在“易加”学习系统的支持下，这一模式不仅适用学生自主挑战训练，更适用于常态教学应用场景的教师布置挑战任务的挑战训练，教师可以查看挑战详细情况，并可抽取其中的练习在课堂教学中使用。练习系统支持重新挑战、挑战竞赛等功能，系统支持挑战排行，完成挑战可获得积分及勋章等奖励，挑战成就可跨平台分享。

3. 高中理化教育

区域内高中理化教育在易加互动学习平台的支持下，形成了“前学·共学·延学”模式的教学链。“前学”环节安排在课前，通过“易加学院”平台呈现微课、图像等素材，引导学生自主学习，期待学生提出问题；“共学”环节安排在课上，体验情境，借助软件优化科学探究环境，激发学生深度思考；“延学”环节安排在课后，基于数据推送个性化作业，注重学生的个性化发展。学校通过“易加”大数据学习平台，整合全平台资源，根据学校的不同的教学进度设计适合该学校学生的课程，优化学生的个性化学习任务，学生完成“前学”任务后，教师可以通过后台查看“学生课程整体学习情况”“学生的困惑建议”等报告，从而在课堂上能够有针对性地设计课程内容。“共学”则是进一步的深度学习，“共学”环节围绕两个情境展开，通过模型建构、科学推理、科学论证培养学生的科学思维，运用理论探究和实验探究的方法，达成对于物理化学知识的深度理解和灵活应用。同时，平台会根据“前学”“共学”两次作业的统计数据，分层次布置课后习题：针对前两次作业得分不高的 10 名学生布置基础练习，以基础题、同质题为主，针对前两次作业都完成得很好的学生布置进阶练习，以提升题和创新题为主。

每次提交作业后，系统都会及时反馈参考答案，让学生及时订正，对于仍旧存在的问题，学生可以在讨论留言区展开讨论，寻求帮助。与此同时，借助教育平台，除了能够及时接收学生对于知识掌握情况的反馈，平台还能够从细节处发现学生的长处，例如部分学生在完成作业的过程中展现了其在绘画建模方面的优势。对于此类学生，教师能够更有针对性地发展学生的特长。此外，针对学有余力的学生，教师能够及时做出筛选并设置相关拓展内容，在帮助学生进一步进行提升的同时，让科学知识真正回归生活。

“易加学院”所打造的“前学・共学・延学”教学模式，围绕学生“自主的学”，服务学生“深度的学”，在智能技术支持下，采集学习数据，注重情境体验，达成深度学习，培养学生终身发展、适应时代要求的能力和素养。“前学・共学・延学”教学模式激发了学生学习兴趣，提高了教师教学效率，能够让学生自主选择学习资源，甚至成为学习资源的建设者，促进了学生深度学习，提升了学生的科学素养。

4. 高中英语教育

《普通高中英语课程标准（2017 年版）》提出，教师要“重视现代信息技术背景下教学模式和学习方式的变革，充分利用信息技术，促进信息技术与课程教学的深度融合，根据信息化环境下英语学习的特点，科学地组织和开展线上线下混合式教学，丰富课程资源，拓展学习渠道”。

作为高考的重要科目之一，高中阶段的英语学习是高中学习的重要一项，同时也是留学深造所需的重要语言交流手段。园区高中英语教育，依托“易加”创设英语特色课堂，改变传统照本宣科的枯燥语言教学模式，实现教育资源整合。学校努力改变模式化、表层化、被动式的学习方式，实现学习资源多样化、学习渠道多角度，促进学生的英语学习方式由被动变主动，由窄变广，由内向外变革，推进英语学习转型升级，开辟学生英语学习的新时空。

英语特色学堂在“易加慧学学堂”的基础上添加了词汇闯关、听说训练、阅读沙龙、主题练笔和影音视听 5 大功能模块，将教师引导的教与学生自主的学相结合，在夯实学生词汇基础的同时，充分支撑听、说、读、写、看的教与学活动，培养学生语言能力、文化意识、思维品质和学习能力等英语学科核心素养。

词汇闯关改变了传统背单词的模式，在大数据的支持下，教师可根据教学需求自主设置试题或选择系统初始试题组织闯关竞赛活动，支持学生自主闯关，学生可以使用互动打播功能。阅读沙龙则是教师组织阅读活动与学生自主阅读相结合。教师自主设计或者选择区域资源库中的资料布置阅读任务，引导学生阅读，学生也可以在区域阅读资源库中自主选择材料进行阅读。主题练笔是教师自主创建的练笔活动，学生可以上传书面作品，教师可以集中管理学生的作品集。影音视听区域分类共建共享影音资源库，支持教师推荐和师生的点赞、评价功能。

在整个英语特色学堂系统里，学生的英语学习构成一个“测—学—练—评—辅”的个性化学习闭环，不仅能够使学生根据自身学习情况有选择性地进行个性化的学习，更能让教师根据每一名学生的不同情况给予及时的反馈与帮助。

四、立足核心素养的高中教育展望

时至今日，高中教育改革尽管在园区内取得了一定的成效，但在深化高中教育改革的过程中，仍有一些广泛且长期存在的问题值得注意。首先，要具有时代观念。教育工作者的使命是适应时代的发展来促进人的发展，又通过促进人的发展来推动时代的发展。因此，教育工作者特别是管理者应当站在时代的前沿，肩负起时代赋予的使命。当今时代充满挑战和机遇。一方面，人与自然关系的失衡、人与人关系的失衡直接危及人类的生存和可持续发展；另一方面，新一轮科技革命和产业变革正在迅速兴起，世界多极化和经济全球化已经形成，为人们提供了发展机遇。所以，经济发展、社会包容性和环境可持续发展三者的统一，已经成为当代人们追求的人文价值底线，高中教育必然要为服务时代需求而改变。因此，为防止教育长期片面化、应试化，要强化评价的引导和激励作用，使评价的判断功能、评估功能和选拔功能统一起来，使教育评价真正具有鲜明的时代色彩，促进时代教育的改革与发展。其次，要树立人本观念。教育管理要坚持以人为本，教育工作者不是工具，受教育者也不能被培养为工具。因此，管理是为人的发展服务的，人是教育事业的主体，管理者应学会智慧地做事、做人，管理的最终目的是充分发挥人的积极性和主动性。因此，管理者要尊重和信任学校，尊重学校从实际出发的首创精神，使学校真正成为自主办学的主体，形成自身的特色；要尊重和信任教师，使教师充分展示自己的聪明才智，成为教学过程中最活跃的力量，使教育生涯成为教师的人生追求与享受；要尊重学生，使学生真正成为学校的中心，相信学校生活只是学生人生的一个阶段，在这里奠定的基础会支撑不同的人创造不同的未来人生。

面对新的时代要求，高中教育需要加大改革的力度，同时又必须坚持正确的方向和策略。高中教育改革是一项理论与实践相结合的艰苦的、渐进的动态过程，充满着矛盾和困惑，充满着传统观念和习惯势力的阻力。因此，在这个过程中，需要有改革的担当和勇气，需要有改革的决心和智慧。

第四节　以“未来学校实验区”建设展望园区“幼小初高一体化”教育图景

《中国教育现代化 2035》提出要“发展中国特色世界先进水平的优质教育”[7]，要面向未来推动学校形态变革和全方位改革创新，全面加强中小学校办学理念建设、课程体系建设和校园文化建设。根据《中国教育现代化 2035》确定的核心任务，教育部学校规划建设发展中心发起《未来学校研究与实验计划》[36]，聚焦基础教育领域和 0—18 岁儿童的发展，在新的时代条件下，应用新理念、新思路、新技术，面向未来推动学校形态变革和全方位改革创新，更好地推动素质教育和培养创新人才。依据《中国教育现代化 2035》，结合实际情况，江苏省制定《江苏教育现代化 2035》，特别强调要建成更加开放畅通的教育通道，各级各类教育纵向衔接、横向沟通，形成促进人的多向度发展和多通道成才的立交桥。园区作为江苏省苏州市的中心城区，既是国家级开发区、国家级高新区，也正在创建世界一流高科技园区，在促进数字科技与园区教育深度融合发展过程中不断做好中国特色未来教育创新实践，不断加快迈向教育现代化的步伐。例如，近年来，园区大力推进“未来学校实验区”建设，创设“UGBS”场域体系和“五育融合”式课程，组建专业化教育队伍进行混合多元教学模式的探索，为中国特色未来教育体系的快速高位发展提供了丰富的实践经验，也为园区内“幼小初高一体化”布局着生态化、系统性的未来教育图景。

一、“未来学校实验区”建设的战略意义

随着互联网、人工智能、物联网、生命科学等技术迅速演变，物理空间、生物空间和网络空间交融发展，而教育具有上层建筑的本质特点，教育变革也会受到生产力发展的驱动。世界经济论坛发布了《未来学校：为第四次工业革命定义新的教育模式》报告[37]，其中把这个创新时代的优质教育称为“教育 4.0”，提倡社会、学校和企业共同推动教育变革，为学生的全面、全纳、持续发展服务。《中国未来学校白皮书》指出，未来学校将突破时间、空间、内容和师资等限制，满足人们不同需要，可以更好地提高全民素养，以应对未来更加复杂的社会挑战[38]。聚焦基础教育阶段，未来学校作为数字化、智能化时代的新型学校群像，是基于“互联网 +”、AI 和 5G 等思维、方法构建的开放式学校生态结构体系[39]，将促进学习资源供给纵向衔接、横向扩展，课程与教学设计生态式发展，以及带动家校社协同治理，推动实现《中华人民共和国国民经济和社会发展第十四个五年规划和二〇三五年远景目标纲要》所提出的“建设高质量教育体系”重点规划。

具体而言，一是未来学校在突破传统学校生态边界和僵化封闭的供给体系后，会依托学习者的个性化需求形成市场主导的跨界供给链，包括教学课程、校外师资、校外场馆资源和管理资源等，在不同主体、组织、层级、领域等之间形成动态关联、高效互黏、相互监督、共同发展的社会化协同的一体化新型形态[40]。二是未来学校采用跨课时、

跨课堂、跨班级的生态式课程，有效利用跨界资源，摆脱传统的单元、课时、班级和课堂等教学观念的束缚，在根据教学主题特点实行长短课、大小课、综合实践活动等多种教学形式的基础上，统筹幼小初高各学段不同课程的功能定位和育人目标，使基础教育阶段课程在纵向上有序过渡、逐渐递进。三是未来学校生态结构体现出“平等性、互动性、开放性、合作性”的特点，传统学校的“单一行政管理”转变成“家校社多元协同治理”，构建多方参与、扁平化的体制机制[41]，促进学校治理现代化。

中国教育科学研究院于2013年率先启动中国未来学校创新计划，其中，江苏省苏州市是全国二十多个“未来学校实验区”之一，园区作为苏州的教育高地，将在智慧教育工程建设的过程中描绘出“未来学校”雏形，构建和谐开放、灵活多元、富有生机的学校生态，为学生提供更加适合、更加全面的高质量教育。

二、园区“未来学校实验区”建设的发展演变

截至2023年2月，园区有幼儿园86所、小学17所、初中5所、九年一贯制学校17所、普通高中4所、完全中学1所、十二年一贯制学校2所、特殊教育学校2所、外籍人员子女学校2所、中等职业学校1所、青少年活动中心1所、市属驻区中学1所，全区基础教育段现有在职教职工1.7万余名，全日制在校学生近18万人。随着信息技术对教育的影响不断深入，慕课、微课、翻转课堂、云教育等新的教学形态不断涌现，面对现有基础教育体量，园区从2012年开始，依托创新之城、智慧园区建设大背景，全面开展智慧教育工程建设。在新的时代和新的技术条件下，教育理念、目标、形式和内容都在发生变化，同时也分别呈现出园区“未来学校实验区”建设的三大阶段性发展演变（图4-7）。

图 4-7　园区“未来学校实验区”建设的阶段性发展

1. 资源融合阶段

教育资源包括一切可被师生开发和利用的物质、能量和信息，如各种学习材料、媒体设备、教学环境及人力资源等。教育资源建设是教育现代化的基础，需要依据育人和学生发展逻辑，对相关物力、人力和财力进行选择、收集、组织和开发，使之形成可利用、可转化的教育资源系统[42]。园区在资源融合阶段，通过建平台、建网络、建资源库、试题库、课程库“三大金库”，跨学段、跨场景实现教育资源共享。其中，“资源库”中的资源以微视频为主，多达 30 000 余个；“课程库”内有整合学习目标、学习内容、学习资源、学习评测的 116 600 多个课程包；“习题库”提供 200 多万道在线试题，满足园区教师在线命题、制卷、批阅、统计等需求，支撑学生实时自主评测学习。除此之外，园区还设计了学科素养图谱、知识图谱、中高考地图等类型多样的资源关联设计。这些成体系化融合状态的资源内容覆盖小初高全学段各学科的所有知识点、重难点和特色内容，教学形式丰富，微课类型多样，为实现“人网融合的课堂教学”和“教智深融的泛在学习”打下坚实基础。

2. 应用融合阶段

资源融合的价值在于应用，尤其是在智慧校园应用、人才队伍培养、信息安全保障、信息化教学常态应用等方面需要形成区域特色[43]。园区将智慧教育纳入教育改革发展整体规划，以智慧教育引领教育信息化，加速教育资源和管理平台建设，推动教育模式与学习方式的革命性变革，率先打造大数据时代背景下“人人学习、时时学习、处处学习”的智慧教育高地。园区大数据促进“适合的教育”实践研究坚持业务主体为先、技术支撑辅助，以业务驱动开发、引领应用。例如，“教学展示月度汇”聚焦课堂教学质量，打造新型教与学未来样态；“岁月故事汇”以游戏融浸项目研究、借力技术赋能教师和幼儿共同发展；“联盟群英汇”以学科融浸、数据赋能为突破口，探索科创教育之路[44]。除此之外，在基于区域性质量监测的教学改革及跟进式教学管理的过程中，通过智能技术支撑标准化的监测数据采集、智能化的监测数据分析、自动化的监测报告和可视化的监测结果，构建学业质量监测全环节的智能技术支持系统，为幼小初高开展各类“微监测”，以多层级、多维度、多轮次数据画像循证促进幼小初高贯通的立体化、全学段、追踪式教育质量监测体系构建。

3. 生态融合阶段

生态融合阶段有两层含义，一是在应用融合之后形成独特的区域经验，可向其他主体推广；二是要依托互联网技术互联互通的优势，多方主体联动形成教育生态圈[45]（图 4-8），构建治理主体间的协同关系，提升基础教育均衡发展治理绩效与品质。后者是一种“多元整合—协作共治”模式，即在各级各类充裕资源系统的支持下，以微观学校为主体，将政府、学校、非营利性组织、媒体、教师、学生等力

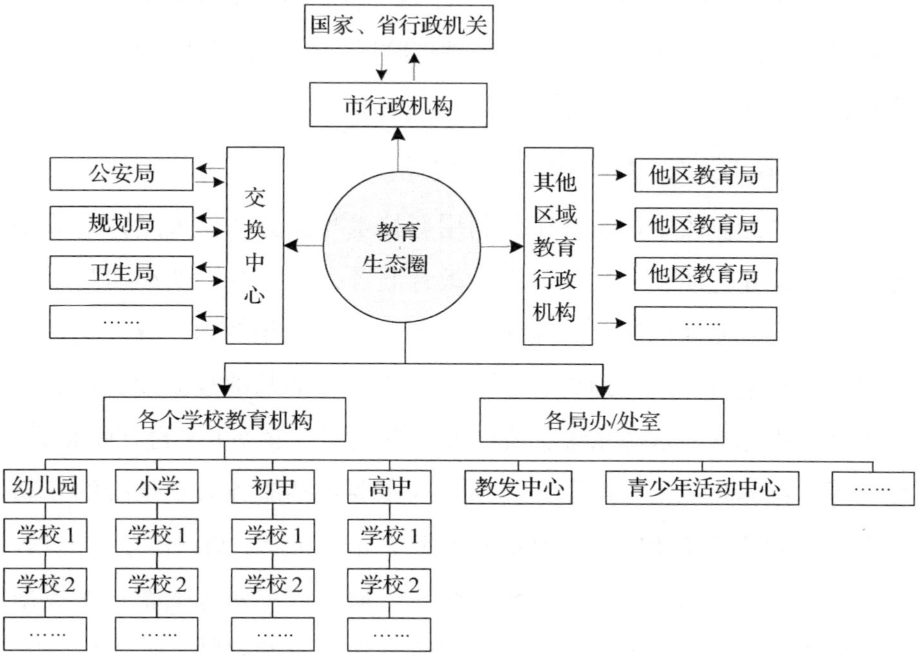

图 4-8　园区“教育生态圈”关联主体

量全面纳入治理范畴，开展整合协作。例如，园区坚持因地制宜、因校施策，探索协同创新型集团化办学和一体紧密型集团化办学两种运行模式来打造学校发展共同体。一方面，努力实现共同体学校在办学思想、管理水平、教育质量等方面的接轨，充分发挥优质教育资源的辐射引领作用，扩大优质教育资源的规模和效益；另一方面，充分发挥全学段集成优势，联动探索基础教育全学段育人模式，为培育创新型、复合型、应用型人才夯筑坚实的基础。

三、园区“未来学校实验区”建设助力“幼小初高一体化”的实践经验

园区以“未来学校实验区”建设为抓手，以培养“德智体美劳”五育融合、全面发展的学生为目标，逐渐形成“易加”数字化学习平台、“STEM”融浸式课程项目、“UGBS”协同创新机制和数字化监测与评价方法四大区域特色，在基础教育阶段，助力“幼小初高一体化”发展。

1. 打造“易加”数字化学习平台

基于供给侧改革，园区充分利用新技术与新方法，重点打造数字化平台，构建优质、个性、灵活的教育服务体系，为“幼小初高一体化”提供高效便捷的线上落地场景。2012—2022 年期间，分三期系统推进数字化平台研发与建设。一期工程主要包括基础数据库、智能门户空间、生态学习资源系统、协同办公系统等，解决了平台互联互通、学习资源结构化供给等问题。二期工程主要包括服务教学条线的互动学习平台和评测条线的学业质量监测系统等，健全了测评体系与工具，支撑 STEM、项目化学习和评价优化。三期工程主要包括教育大数据仓和驾驶舱、在线虚拟学院、学生综合素质评价和教师人才评价等系统，赋能以项目化学习为核心的混合式学习。通过三期的自主研发，

园区构建了服务“学教测评管”全对象、全过程、全领域的数字化平台体系。目前，园区成功注册国家级“易加”数字化平台版权，形成“易加＋模块”品牌。如“易加学院”以虚拟学院学堂服务教学全程；“易加分析”提供多样分析工具、服务学业质量监测；“易加评价”构建完整的评价体系和评价工具，服务学生综合素质评价等；而“易加数据”作为数字化平台的数据中枢，服务平台数据融通和更强大的数据决策。各模块集成发力，支撑项目化学习的设计、实施、展示和评测等环节，打散幼小初高各学段数字资源，重新进行模块化排列组合，推动全要素、全流程系统化运作。

2. 开发 STEM 融浸式课程项目

针对现实教学中，教师缺乏完整的项目化学习设计能力与项目实施支撑，园区以需求为导向，增加优质教育资源供给，以跨学科和学科项目两类结构化资源建设为抓手，深入推进全域开展 STEM 融浸式课程项目学习，为“幼小初高一体化”串联起促进学生全面发展的递进式教育内容。一方面，根据国家课程要求，根据不同年龄阶段的学生身心特征，挖掘和丰富跨学段、跨学科项目化学习的课程内容资源；另一方面，结合区域科创特色，开发本土化课程资源；同时，深入课后延时服务、链接社团活动、走向课外生活，逐渐形成了全学段、多学科的课程群资源。例如，园区华林幼儿园依据幼儿 STEM 项目整体性、游戏化、开放性等特质，以“实验园—联盟园—名师工作室—导师团—实验区”的五级联动，滚动推进、在“实境”基础上为幼儿打造 STEM 立体空间，支持幼儿在与多元材料、多维空间的互动中全面发展。星海实验中学的“天地融合教育”课程，在地理课程中渗透天文教育。通过建设校内远程天文基地，开发“家园·星空”和“爱上地理”系列资源，搭建“天地融合教育云平台”等，支撑“天地融合”教育突破时间、空间、学段限制，为园区“地球与宇宙科学联盟”学校学生及区域外学生提供了多元化、多层次的跨学科、跨学段项目学习选择。

3. 构建“UGBS”协同创新机制

UGBS 模式，即“高校（University）引领 + 政府（Government）支持 + 企业（Business）支撑 + 学校（School）应用”协同创新机制，实施该模式的目的是为“幼小初高一体化”汇聚校内校外协同创新力量。“高校引领”是指加强与高校的战略合作，建立以发展教育信息化为主要任务的产、学、研、用一体化的研究机构，为教育信息化提供理论支撑、技术支持与实践指导。“政府支持”是指将教育信息化融合创新项目列入智慧城市建设等项目，列为政府实事工程。“企业支撑”是指将企业先进科技创新成果嵌入教育过程，这类成果包括华为的规划架构、H3C 的安全服务、国科的存储、腾讯的智慧校园、科大讯飞的大数据、海康威视的视频技术等。“学校应用”是指把每一项重大信息化项目做到从研究到试点、从试点到推广、从推广到普及。例如，科创教育是教育改革的前端，是教育走向现代化的必由之路，园区政府创造性地推进高质量的科创教育，并以此牵引教育教学改革。领科海外教育学校的科创教育是园区教育特色之一，其与西交利物浦大学、西安交通大学苏州研究院和纳米学院、新加坡国立大学苏州研究院、苏州大学、东南大学苏州校区、冷泉港亚洲 DNA 学习中心等周边高校、研究机构达成战略合作，共同研制开发适合学生发展的学科领域和课理模块，将科创素养培育与国家课程高度融合，建立科创特色课程过程评价机制，实现高等教育与基础教育领域国际化教育的融合和发展。

4. 创新教育数字化监测与评价方法

“幼小初高一体化”给学生、教师、学校带来的有益发展，借助教育数字化监测与评价方法得以循证，使得监测与评价成为带动“幼小初高一体化”深入发展的“方向盘”和“稳定器”。园区以学校发展、教师发展、学生发展、教育内部满意度、教育外部满意度五个维度构建学校发展五星评价指标，为学校发展设计多维度画像，进行立体循证；立足“知识点、能力点、素养点”全面评测，研制学科核心素养测评指标，绘制适合园区生情的中小学语文、数学、英语、物理等学科的核心素养图谱；从学生的思想品德、学业水平、身心健康、艺术素养、社会实践五个方面出发构建学生“小五星”综合素质评价体系，用数据跟踪学生成长轨迹，汇聚“学、教、管、测、评”等各类基础数据和主题数据，形成区域、学校、教师、学生及学段、年级、班级等多层级用户画像，进行广泛循证。2018—2023 年，完成了 5 轮共计 211 份学校五星评价报告，回收了超过 100 万份问卷提供数据支撑；实施了 9 轮学业质量监测、输出了 30 多套监测报表，回收了 60 多万份问卷、4 000 多条监测数据，输出评价报表 100 多份，真正实现“一校一报告、一人一图谱”，实现了“历史性数据、过程化记录，学校看发展、学优扬特长、学困补短板”的“适合的教育”的新样态。

四、面向未来，全方位构造“幼小初高一体化”教育图景的建议

一体化是指将两个或两个以上相对独立、零散的要素逐步联系成具备共同特征的整体的体系化过程，强调系统布局、统筹发展。基础教育领域的“幼小初高一体化”教育图景，包括从一体化的课程体系、教师队伍和组织架构等方面进行全方位构建，既要打通不同学段学校之间的纵向衔接，又要促进从校内资源到校外资源的横向扩展。

一体化的课程体系是发展核心，探索十五年一体化人才培养模式，学校需要构建国家课程、地方课程、校本融通课程的立体式融通课程结构，以实现课程知识的广度包容与课程深度的纵向衔接。我国学前教育阶段的课程包括语言、数学、常识、音乐、美术、体育等分科课程，还包括不同园所的特色主题园本课程；义务教育阶段的课程包括语文、数

学、英语、品德与生活、科学等主要科目，还包括体育、艺术、健康、法制、信息技术、综合实践等附属科目，以及不同学校的校本课程；在高中教育阶段，普通高中开设语文、数学、外语、思想政治、历史、地理、物理、化学、生物、技术、艺术、体育与健康科目和综合实践活动等国家课程，还开设地方课程及校本课程。面对不同学段的课程设置，要根据各学段、各年龄段学生的思维方式，围绕“核心素养”的培养，建立“幼小初高一体化”的课程研究机制，开展一体化的学科主题教研、“微格教研”、特色教研。一方面，要强调课程间的横向整合，通过幼小初高四个学段多种学科的知识互动、综合能力培养，促进师生合作，实现以人为本的新型课程发展，在课程结构、课程内容、课程资源以及课程实施等各个方面实现一定程度的整合，从而促进课程整体变革。另一方面，还要强调课程的纵向贯通，建设各学段的融通课程，加强一体化校本课程的建设，使课程目标、课程内容、课程实施和课程评价等方面均体现出进阶性、整体性和一贯性。

一体化的教师队伍是发展动力，幼小初高教师自身的专业发展过程需要一体式推进，以培育具有跨学段、跨学科素养的综合师资力量。在方法上，要将教研、科研、培训、教学有机融合，以课题研究为抓手，以课程、课堂研究为载体，在“训”中“研”，在“研”中“训”。除此之外，还要以学科名优骨干教师命名一批县级学科工作室、学科工作站（联盟）和学校学科工作坊，培育若干学科力量强、教研基础好、教改风气浓、学校热情高的学科教研基地校，带领更多教师成为学科教研的参与者、实践者，教育教学的改革者、创新者，共研教改热点，共克教研难题，共生育人智慧，共享教研成果，共促专业提升。

一体化的组织架构是发展后盾，在基础教育阶段，基础教育集团化办学是我国基础教育制度的改革和创新，也是一体化的学校组织架构改进模式之一，旨在打破学校间和区域间的“壁垒”，实现教育资源均衡发展。当前，园区教育局全力支持星海教育集团、星湾教育集团先行先试、走深走实“精神引领、标准输出、质量共享”集团化办学路径，强势推动成员学校多元一体管理、高位创新发展，为义务教育优质均衡发展提供可复制可推广的成功范例。未来，上述教育集团将进一步秉持管理团队、文化建设、教师发展、课程教学等一体化发展和共建共享理念，打造出“幼小初高一体化”的紧密型集团标杆，放大优质学校品牌效应，释放协同联动发展活力，带动各学校品质提升和文化重塑，从联合到融合，从单个品牌学校走向品牌教育集团，从品牌教育集团走向品牌园区一体化教育，实现高质量发展的教育愿景。

参考文献

[1] 教育部.关于印发《幼儿园教职工配备标准(暂行)》的通知[EB/OL].(2013-01-15)[2023-08-11]. http://www.moe.gov.cn/srcsite/A10/s7151/201301/t20130115_147148.html? eqid=f5c37e5600095deb00000006642ea1c5.

[2] 宁本涛,杨柳.以“五育融合”之力撬动基础教育高质量发展——来自第二届全国“五育融合”研究论坛的观点[J].中国电化教育,2021(6):1-6.

[3] 鞠玉翠.“全息式五育融合”:建构全面培养教育体系的一种思路[J].人民教育,2023,885(2):6-10.

[4] 宁本涛,覃梦蒙.“五育”如何美美与共[J].教育发展研究,2021,41(22):48-53.

[5] 教育部.关于印发《3-6岁儿童学习与发展指南》的通知[EB/OL].(2012-10-09)[2023-08-11]. http://www.moe.gov.cn/srcsite/A06/s3327/201210/t20121009_143254.html.

[6] 冯建军.构建德智体美劳全面培养的教育体系:理据与策略[J].西北师大学报(社会科学版),2020,57(3):5-14.

[7] 中共中央,国务院.中国教育现代化2035[EB/OL].(2019-02-23)[2023-09-28]. http://www.gov.cn/xinwen/2019-02/23/content_5367987.htm.

[8] 陈琼,柳友荣.高质量幼儿劳动教育的价值追求与实践理路[J].中国人民大学教育学刊,2021,44(4):125-137.

[9] 李政涛.“五育融合”推动基础教育高质量发展[J].人民教育,2020(20):13-15.

[10] 教育部.关于大力推进幼儿园与小学科学衔接的指导意见[EB/OL].(2021-03-31)[2023-08-11]. http://www. moe. gov. cn/srcsite/A06/s3327/202104/t20210408_525137. html.

[11] 教育部."十四五"学前教育发展提升行动计划[EB/OL].(2021-12-14)[2023-08-11]. http://www. moe. gov. cn/srcsite/A06/s7053/202112/t20211216_587718. html.

[12] 江苏省教育厅.江苏省"十四五"学前教育发展提升行动计划[EB/OL].(2022-7-06)[2023-08-11]. http://jyt. jiangsu. gov. cn/art/2022/7/6/art_77617_10531569. html.

[13] 朱旭东,李秀云.幼儿全面发展的基本维度[J].人民教育,2021,861(23):56-57.

[14] 彭迎春.幼儿园师幼互动质量提升的实践与探索[J].中国教育学刊,2023(S1):171-174.

[15] 董志杰.幼儿园游戏环境的构建[J].学前教育研究,2016,261(9):58-60.

[16] 王绯.幼儿园以社区为基本场域开展主题活动的价值与路径[J].学前教育研究,2021,323(11):83-86.

[17] 刘秀峰.论我国良好教育生态构建的提出、内涵与路径[J].四川师范大学学报(社会科学版),2022,49(2):116-125.

[18] 教育部教师工作司.建强教师专业发展体系厚育新时代大国良师[J].中国教育学刊,2022(9):1-6.

[19] 中共中央,国务院.关于全面深化新时代教师队伍建设改革的意见[EB/OL].(2018-01-31)[2023-08-11]. http://www. gov. cn/zhengce/2018-01/31/content_5262659. htm.

[20] 吴开俊,庾紫林,黄炳超."双减"政策下课后服务的生态变化及多元协同[J].中国教育学刊,2023,359(3):12-17.

[21] 教育部.关于印发义务教育课程方案和课程标准(2022 年版)的通知[EB/OL].(2022-04-08)[2023-08-11]. http://www. moe. gov. cn/srcsite/A26/s8001/202204/t20220420_619921. html.

[22] 伍红林,杨玥.《义务教育课程标准(2022 年版)》中的"五育融合":回溯、内涵与实施建议[J].天津师范大学学报(基础教育版),2023,24(1):25-30.

[23] 葛孝亿.论未来基础教育学校的形态特征[J].中国教育学刊,2013(7):35-38.

[24] 全国信息技术标准化技术委员会. GB/T 36342—2018 智慧校园总体框架[EB/OL]. (2018-06-07)[2023-08-11]. https://std.samr.gov.cn/gb/search/gbDetailed?id=71F772D82EE8D3A7E05397BE0A0AB82A.

[25] 尹玉玲. "十四五"时期基础教育集团化办学高质量发展的思考[J]. 教育科学研究, 2022(10): 22-28,43.

[26] 李政林. "五育融合"视域下劳动教育的过程逻辑与未来路向[J]. 教育理论与实践, 2021,41(s4): 13.

[27] 刘国文. 以"问"促"学"的教学方式变革[J]. 人民教育,2022(9): 71-72.

[28] 马曙辉. 促进家、校、社共育: 小学生非正式学习的显性成效[J]. 中国教育学刊, 2023(6): 103.

[29] 教育部. 教育部等十三部门关于健全学校家庭社会协同育人机制的意见[EB/OL]. (2023-01-13)[2023-08-13]. http://www.moe.gov.cn/srcsite/A06/s3325/202301/t20230119_1039746.html.

[30] 孙逵. 共识共振共创家校共育新生态[J]. 中小学管理,2021(10): 53-55.

[31] 中共中央办公厅,国务院办公厅. 中共中央办公厅 国务院办公厅印发《关于构建优质均衡的基本公共教育服务体系的意见》[EB/OL]. (2023-06-13)[2023-08-13]. https://www.gov.cn/zhengce/202306/content_6886116.htm.

[32] 苏州市教育局. 苏州市基层学校关工委优质化建设基本要求[EB/OL]. (2022-08-10)[2023-08-13]. https://www.suzhou.gov.cn/szsrmzf/bmwj/202208/62b72180db12415c8dcfe442bd83d329.shtml.

[33] 柳海民,林丹. 优质均衡: 加快义务教育高质量发展[J]. 人民教育,2022(21): 38-40.

[34] 陶西平. 深化高中教育改革的四个关键点[J]. 创新人才教育,2017(1): 11-13.

[35] 颜国庆,宁平平. 浅析高中素质教育中存在的问题及改革创新措施[J]. 文渊(中学版),2020(1): 878.

[36] 教育部学校规划建设发展中心. 未来学校研究与实验计划[EB/OL]. (2017-10-10)[2023-09-28]. https://www.csdp.edu.cn/article/3038.html.

[37] World Economic Forum. Schools of the future: defining new models of education for the Fourth Industrial Revolution[EB/OL]. [2023-09-28]. https://www.weforum.org/reports/schools-of-the-future-defining-new-models-of-education-for-the-fourth-industrial-

revolution.

[38] 王素，曹培杰，康建朝，等. 中国未来学校白皮书[R]. 北京：中国教育科学研究院未来学校实验室，2016.

[39] 朱永海. 未来学校顶层设计与结构体系研究[J]. 教育理论与实践，2021，41(34)：25-30.

[40] 余胜泉，汪晓凤."互联网+"时代的教育供给转型与变革[J]. 开放教育研究，2017，(1)：29-36.

[41] 楚江亭. 学校治理现代化：内涵、困境与路径重构[J]. 人民教育，2020(10)：13-16.

[42] 曹雨柔，张铭凯. 高质量基础教育资源建设：目标指向、价值诉求和行动网络[J]. 湖北社会科学，2023(09)：153-160.

[43] 唐烨伟，钟绍春，杨焕亮，等. 从应用融合向创新融合发展转变——《深圳市基础教育信息化发展报告》解读[J]. 中国电化教育，2018(12)：75-80.

[44] 葛虹. 大数据促进"适合的教育"——基于前瞻性项目的区域基础教育教学改革实践[J]. 中国教育信息化，2023，29(3)：99-108.

[45] 秦志永，卢文青. 省(市)级基础教育生态圈——应用互联网+大数据实现信息技术与基础教育深度融合的途径探索[J]. 教育理论与实践，2017，37(8)：15-17.

第五章

专题化研究

苏州工业园区以大数据支撑下“适合的教育”实践探索为杠杆，深入推进“双减”政策落地与实施；构建“平台+资源+路径”三维一体的项目化学习模式，赋能新型教与学方式的变革。通过不断创新发展，园区奋力构建区域教育高质量发展新生态，让大规模因材施教成为现实，为培养更多优秀创新人才奠定基础。

第一节　“平台+资源+路径”三维一体的项目化学习

在“双减”背景下，时代对学校教育提出了新的要求，传统的学校教育方式已经不再适宜当下的人才培养。苏州工业园区教育部门在逐步将数字化引入课堂的同时，积极寻找新的教育教学路径，突破传统课堂教育的桎梏，建构了“平台+资源+路径”三维一体的项目化学习，以先进的PBL教学法为切口，打造了一套具有教育竞争力的独特学校教育体系。

一、新时代需求下“三维”教育教学法的提出

从20世纪50年代至新课程改革之前，我国基础教育的主要目标是“双基”，讲授法是最有效的教学方法，也是学校教育教学方法中最为常用的一种。与此同时，结合讲授法存在的一些问题，辅以讨论法、问答法、训练法等，形成了我国基础教育最基本的教学方法。这些基本方法在传授学科知识和培养学生基本技能方面是有效的，符合学校教育以间接经验为主的教学特点，也符合人类认识的基本规律，因此，

讲授法及其辅助方法成为流行且普遍使用的教学方法[1]。随着讲授法越来越单一化和机械化，我国基础教育课堂教学中讲授法的弊端日益暴露，中小学课堂教学“唯知识”的应试教育倾向愈演愈烈，严重影响了基础教育的教学质量。开展教学活动的目的不仅仅是使学生获取知识，教学活动还需要结合学生的兴趣与需要，以学生的直接经验为基础，促进学生道德的发展、健全人格的形成和整体素养的提高。21世纪以来，我国基础教育课程目标从“双基”调整为“三维目标”，至此，课堂教学方法中增加了自主、合作、探究的新型学习方式，为教学方法改革注入了新鲜血液。《基础教育课程改革纲要（试行）》明确提出：“改变课程实施过于强调接受学习、死记硬背、机械训练的现状，倡导学生主动参与、乐于探究、勤于动手，培养学生搜集和处理信息的能力、获取新知识的能力、分析和解决问题的能力，以及交流与合作的能力。”新型的学习方式变革为基础教育课堂教学方法改革拉开了序幕。

“三维”教学是高质量课堂的重要条件，也是学生主动学习的体现。素质是人自身品质的深刻内涵，核心素养只有经过学习消化才能转换为个人的素质。所以，推行素质教育，必须在教学过程中明确学生是学习的主体，充分调动学生主体的积极作用。在课堂上，需要促使学生主动参与，敢于探究交流，从而激发其主动性、积极性和创造性，引领学生自主学习，做课堂真正的主角。“驱动思维”是学生开始自发学习的紧要前提，是“自发思维”和“协作思维”发展的依托。“自发思维”是学生主动参与学习的重要实质，是激发学生主观能动性的关键。“协作思维”有助于培育学生的竞争能力、组织能力和创造力，促进师生在课堂教学中进行思维碰撞，从而教学相长、共同进步。

在“三维目标”下，注重教学过程与教学方法成为中小学课堂教学改革的热点。从教学过程来看，教学不仅是一种特殊的认识过程，更是一种学生情感、态度和价值观发展的过程[2]。从教学方法来看，教学不仅包括教师教的方法，还包括学生学的方法，而且教师教的方法要以学生学的方法为基础。从学生的学习方法来看，自主、合作、探究三种新型的学习方法是一个有机的整体，自主学习突出学生学习的主体性，合作学习强调学生之间相互学习的价值，探究学习旨在结合学生的直接经验与间接经验。新课程改革提出的自主、合作、探究的新型学习方法与传统教学方法不是对立的关系，更不是要替代传统的讲授法，而是在课堂教学方式的变革方面打破单一讲授法，形成教和学并重的方法体系。在上述理论基础上，2021 年 7 月，中共中央办公厅、国务院办公厅印发《关于进一步减轻义务教育阶段学生作业负担和校外培训负担的意见》，文件要求着眼建设高质量教育体系，强化学校教育主阵地作用。可以说，“双减”政策在“三维”课堂教学理论的基础上进一步推动了中小学学校教育变革。理论基础与政策推动既为课堂革命的落实指明了方向，也带来了一定的挑战[3]。

园区是教育的重点区域，园区教育的提质增效一直是园区教育长期发展的重中之重。因此，园区积极响应国家政策，率先引入 PBL 教育教学法，在数据化教学的支持下，构建大数据平台，形成了颇具特色的“平台 + 资源 + 路径”三维一体的项目化学习方式，在落实教育改革的过程中探索出了独特有效的教育教学路径。

二、独具特色的 PBL 教学法

1. PBL 教学法理论溯源

PBL（Problem-Based Learning，也称问题式学习）教学法是一套设计学习情境的教学方法，具有以学生为主体、以问题为导向和以案例为依托三大特性[4]。具体来说，PBL 教学法通过问题的提出和案例的引导，在教学过程中形成以学生小组为单位自主探究的学习情境，在此种情境下，激发学生的学习兴趣，培养学生解决问题的能力，提高学生的综合素质，促进师生之间的双向交流。

PBL 教学法由美国神经病学教授霍华德·巴罗斯（Howard Barrows）于 1969 年在加拿大麦克马斯特大学首创，并于 20 世纪 80 年代后期在北美洲得到了较快的发展，20 世纪 90 年代后，欧洲部分医学院也开始进行 PBL 课程的试验。随着我国教育的不断创新，1986 年，PBL 教学法由上海第二医科大学和西安医科大学引入我国，自此该教学法在医学院校中优先开展并逐步强化。在 PBL 教学法引入国内后，国内教育界逐渐兴起一种新的学习形态并不断延展和推进，PBL 教学法几乎成了课程改革绕不开的关键步骤。PBL 教学法能够有效消除传统教学方法单方面强调理论知识的讲授、忽略学生实践能力的培养的弊病，同时，能够顺应时代的发展和教育改革的潮流，促进学生在知识爆炸的当今社会迅速发展。随着高校对人才培养质量的高度重视及高校教育教学改革的开展，各种先进教学模式不断涌现，PBL 教学法也在不断改进。主要体现在两个方面：一是 PBL 教学法从经典实施模型向改进实施模型转变；二是 PBL 教学法与其他教学相结合。在国外的研究中，PBL 教学法在医学院校开展得比较早，也比较广谱。随着人们对 PBL 教学法认识的提高，这种教学法也在其他领域迅速开展起来，例如计算机教育、心理学教育、工科教育、律师教育、公益事业教育等领域。美国很多学者悉心研究，将在医学院校开展的 PBL 教学法发展到了其他非医学院校的很多学科。由此可以看出 PBL 教学法遍布教育领域的众多学科，实践结果已经证明与传统毕业生相比，PBL 教学法指导下的学生在职业技能、沟通能力、合作能力、独立能力等方面具有一定的优势，而这些正是适应当今社会最重要的素质[5]。可以说，PBL 教学法是以问题为导向的教学方法，是基于现实世界的以学生为中心的教育方式，与学生长期接受的“填鸭式”教育是不同的。PBL 教学法努力激发学生主动探索世界的愿望，学生从被动的学习者转变为学习的主人，有利于培养学生的自主学习精神。

2. 园区学校引进 PBL 教学法的契机与发展

在园区内学校引进、落实 PBL 教学法是园区进行教育改革的重要一步，也是园区教育改革前瞻性的体现。PBL 教学法并非中国本土产物，因此，园区教育部门在引进时充分结合当下园区学校的发展问题，从教师与学生不同角度需求出发，逐步构建了三维一体的特色 PBL 教学法体系。作为一线课堂教育中的重要部分，中小学教师的专业发展尤为重要。其中，一方面是教学能力的提升，另一方面是科研水平的提升。在现行教师评价机制影响下，目前不少教师重点关注的专业发展问题仅是“我该教些什么”“我该怎么教”，不少教师采用传统教学方式的“教师讲、学生听”的传统教学方法。这样的教学导致课堂效果不够理想，在学校开展的教学情况调查中，有学生反馈“某老师的课太沉闷，自顾自说”“希望老师能多拓展延伸”“希望课堂气氛活跃些”“希望能加强师生互动”等。尽管学校反复倡导以学定教，以教促学，但缺乏有力抓手。若想解决这一问题，教师需要沉下心来研究“学生希望怎么学”“我的教该如何适应学生学”“怎样教才能让学生学得更好”。然而，传统的授课方法并不能彻底打破这种局限性，传统单线授课的架构决定了其弊端无法彻底清除，且会增加教师与学生的学校教育负担。因此，作为“未来教育”发展基地的园区学校勇于创新，积极探索全新的课堂教育教学新模式，通过运用 PBL 教学法，对教师提出了更高的要求，在这一过程中帮助教师形成教研意识，形成习惯，形成能力，结合时代特色和基础教育专业特色构建 PBL 教学法，将 PBL 教学法应用于不同学段尤其是基础教育阶段的日常课程，以提高课堂教学效果，提升教师的教学和科研水平。

园区学校在充分保留 PBL 教学法的基础上，融合区域教育教学需求，构建了适合本土学校发展的特色项目化教育教学方式，其具体原则如下。

（1）以学生为中心

以学生为中心是 PBL 教学法的重要核心，将课堂归还学生是 PBL 教学法的重要基础，也是园区教育改革过程中的关键。传统教学法采用单一的、直线的授课方式，其主体是授课教师，学生对于课堂的参与度有限，也因此限制了学生思维与创新意识的发展。因此，课堂教育应从问题开始，而不是以讲授的形式呈现新的信息。用问题激发引导学生在课堂中的学习，充分调动学生的主体能动性，提高学生的全面参与度。在 PBL 教学过程中，教师角色从传统的主导者转换为学习促进者，学生在学习过程中成立学习小组，针对案例自主提出问题，自主思考专业实践问题，集体探讨分析并共同努力提出解决方案，从而达到学习的目的。

（2）与区域特色相结合

在理论基础上，园区在进行教育改革的过程中，尝试将 PBL 教学法与区域特色相结合，借助 PBL 教学法实现以学生为主体的教学目标，满足学生内在需求、以问题为导向支撑课程体系、以项目为依托渲染课堂气氛。二者的结合有利于充分提升学校创新课程的教学质量，具体表现在以下方面：第一，能够强化教师的教学理念，引导教师寻找创新案例和设置契合案例与理论知识的问题；第二，能够充实传统的教学过程，教师通过案例和问题引导学生自主学习，从而锻炼学生的创新创造能力；第三，能够实现对教师和学生的多元评价，改变了以往对教师“唯课时”与对学生“唯成绩”的单一的评价方式，使评价充分体现真实的教师教学水平和学生的学习能力。教师在运用 PBL 教学法的过程中采用契合该教学法特点的、满足创新创业课程教学要求的和相对较为规范的课程设计。例如将课程分为教学准备阶段、教学探究阶段和评价总结阶段，再将三个阶段细化为前期准备、提出问题、分析问题、解决问题、成果展示及实施评价等步骤。

（3）注重课程设计

在学生培养成效方面，理论知识与课堂实践的协同作用有利于增强学生对知识学以致用的能力；校本课程知识的探究能明显增强学生的学习兴趣，同时提升学生的创新创造能力。课程创新在具体应用步骤方面，采用契合 PBL 教学法特点的、满足校本课程教学要求的和实现相对较为规范的课程设计。教师可以将课程分为教学准备阶段、教学探究阶段和评价总结阶段，再将三个阶段细化为前期准备、提出问题、分析问题、解决问题、成果展示及实施评价等步骤。

三、适宜地区需求的 PBL 教学法

在传统教学法中，教师是整个课堂的主体，以讲课为中心，大班授课，学生被动接受知识。由于目前教育资源有限，传统教学法在我国仍占主导地位，但是课本知识更新速度相对滞后，以教材为中心的传统的教学模式已经不能满足当前学生的培养需求。与传统教学法相比，PBL 教学法有助于学生巩固所学知识并拓宽知识面，激发学生的学习热情，提高学生运用知识解决实际问题的能力，提高学生的创新能力和团队合作能力。因此，园区学校将 PBL 教学法运用于日常的教育教学活动，同时，为了让 PBL 教学法充分发挥其功能与作用，帮助学生更好地发展，园区学校将数据化与 STEM 项目教学法融入 PBL 教学法，根据本校发展需求组建精英教师团队，为学校学生量身打造适合的项目化教学，并由此形成“平台 + 资源 + 路径”三维一体的项目化教学体系。

园区的数据平台可以通过数据显示园区教育教学活动的开展情况，判断教育教学活动是否达成了预期目标。随着数据采集与分析不断精细化、明确量化，教育者的课堂组织、学习者的课堂实践、教学空间的课程资料准备及学习者的课后反馈都被纳入一张数据网络，教学流程中的每一个环节都可以通过数据表达的方式得到完整的呈现。大数

据支撑下的数据平台具有极大的教学优势，诸如学习者的态度、效率甚至学习者的学习盲区等各种错综复杂的问题，都可以通过数据平台得到直观的表现，极大地便利了教师根据学习者学情差异因材施教，从而能够依据学习者的学习程度、问题原因等方面制定恰当的教学改进方案，为学生提出合理的学习建议。在大数据技术的支撑下，传统的教学过程变得更加科学化和智能化，特别是可以最大程度发挥教学过程的灵活性。教育者使用结合大数据技术的 PBL 教学法开展教学活动的过程中能够借助多种渠道采集和了解学习者的学习状况，并通过特定的数据分析系统针对不同的学习者提供适合其自身发展的学习建议及解决问题的策略，使学习者能够通过精准教学取得显著学习成效。学习者个体独特的发展需求能通过数据资源库、教育实施者得到快速、高效、适合的回应，充分展示了 PBL 教学法加持下的“平台 + 资源 + 路径”三维一体教学法的潜在价值。

以园区外国语学校（以下简称园外）为例，学校教师在运用 PBL 教学法时始终谨记以学生需求为核心，在制定具体教育教学计划之前思考学校教育想让学生成为一个什么样的人。在确立以正直、诚实、勇敢，有爱心、有能力、有创新等教育核心素养为目标后，通过项目式学习带领学生对真实世界进行探究，让学生真正了解和掌握相关知识和技能，将学生培养为更好的人，让学生发现更好的自己。在此基础上，园外初高中部全方位采用 PBL 教学法，并根据不同阶段的课程需求设计不同的项目，园外国际高中部 STEAM 课程参照美国康莱德创新挑战赛（Conrad Spirit of Innovation Challenge）标准，结合养活教育理念，意在培养学生科技创新精神、服务他人理念、企业家创业精神。园外国际高中部的 STEAM 课程教学设计继承了养活教育的思想指导，能够激发学生的多元视角，引导学生在创新过程中克服畏难、依赖的心理，培养学生独立探索、独立学习、独立解决问题的能力。而初中部的 STEM 项目则注重培养学生的自主探究能力，学生可以自由组队决定自己感兴趣的科技创新项目。在项目式学习中，学生不再是课堂的参与者，而是学习的主导者。园外将项目式学习融入 STEAM 课堂，旨在构建一座连接学科内容与实际问题的桥梁，从而鼓励学生将所学知识运用于实际。在项目实践的过程中，学生会发现完成项目需要了解很多未知的知识，从而展开主动探索的学习活动。

园区不仅将 PBL 教学法用于对于具有一定理解能力与学习基础的初高中学生的教育，对于幼小阶段的学校教育，园区学校同样进行了成功的探索，园区东沙湖小学作为项目化学习的成功范例，为 PBL 教学法在小学阶段基础教育实践中应用迈出了成功的一步。学校将 PBL 教学法与数学课堂结合，改变了传统数学教学枯燥无味的情况，激发了学生的兴趣。例如在加减法教学过程中，教师从“分”与“合”的数学思想入手，带领学生感受、理解，从客观世界的运作规律角度解读数学逻辑，而不是只注重数学的算数方法。

四、基于当前情况的相关思考与建议

1. PBL 教学法的要求

PBL 教学法的实行在一定程度上弥补了传统教学模式的不足，能够显著提高学生的综合素质，在园区的应用过程中，也取得了一定的教学成果，足以证明 PBL 教学法的先进性与未来可能性。然而，PBL 教学法应有作用在学校教学中的发挥对于学校、教师及学生都有着一定的要求，尤其是当 PBL 教学法全面推广时，相比于传统教学法，其对学生和教师有着更高的要求。

关于学生方面，传统教学法为大课堂教学广泛使用，这种教学法以教师讲解为主，学生只是被动听讲，教师处于主导地位，能够准确连贯地对所传授的知识和内容进行讲解，做到深入浅出、重点突出。但是，这种“灌输式”的教学方式容易使学生在课程上注意力分散，学习积极性降低，不利于学生提出、分析、解决问题等自主学习能力的培养。PBL 课堂以学生为中心，课前学生需要充分准备，如针对提出的问题，积极配合，花费时间和精力查阅资料，与同学主动交流，开展小组讨论；课堂上学生需要具备活跃的思维，对即时问题能够主动、积极、辩证思考，牵引相关问题并寻找到答案；课后学生需要及时归纳概括、巩固。

关于教师方面，虽然 PBL 教学法实施过程中教师作为引导者的身份不是课堂的中心，但课堂对教师的教学技巧和自身素质都提出了更高的要求。教师不仅要熟练掌握本专业的课程内容，熟悉相关学科的知识，还要有较强的实践能力、组织能力和应变能力。此外，在整个教学过程中，教师要对学生有充分的了解，做到学生分组均衡化，选择合理案例，从而既能调动学生的学习积极性，又能控制课堂节奏。如果教师对 PBL 教学法的理解不到位，对学生的学习能力缺少信心，会对问题的选择与设计、教学资源的准备多加干涉，在讨论环节扮演知识的填充者角色，最终会难以达到 PBL 教学法的应用要求和实施效果。

2. 当下园区 PBL 教学法存在的问题与大范围推广的瓶颈

虽然 PBL 教学法在园区的课程实践中的应用已经取得一定的成效，但仍存在以下方面的问题。

（1）教师教学能力不足

教师教学能力方面的不足，又可细化为两点。其一是教师的引导能力参差不齐。PBL 教学法着重强调教师需要在课堂上适度引导学生，学生以小组为单位对知识进行探索，从而达到学生自主学习的目的。但是实际上，部分教师在“适度”引导方面受到传统教学方式的影响，在课堂中出现了赘述及担忧学生思维偏离正轨等现象，容易导致“过度引导”的问题。由此会导致学生的团队协作能力、创新创造思维能力和语言表达能力等创新创业所必备的能力并不能充分习得和得到锻炼。其二是教师的提问能力不足。PBL 教学法将问题的提出作为学习新知的起点，学生将以教师提出的问题为主线来建构自我的知识体系。因此，问题设计的好坏关系着教学目标能否实现。然而，在学校教育尤其是基础教育阶段，对于有着长期执教经验的老师而言，提问容易出现“问题的答案限制学生的创新性思维”“问题不足以激发学生对创新知识继续探索的兴趣”等现象，意味着教师的提问能力还有待提高。

（2）教师角色转变能力不足

PBL 教学法要求“以学生为中心”，意在培养学生的学习主动性和解决问题的能力，教师需要在教学过程中扮演各种角色，实现多角色的转变。但是，教师在角色转变的过程中存在“角色越界”和“角色扮演不到位”等问题。例如，在学生自主解决问题阶段，教师作为课堂的促进者和监督者却对学生提出的创意加以指导或评价，一定程度上会阻碍学生的创新性思维，偏离了 PBL 教学法的初衷。

（3）教学资源严重不足

PBL 教学法是以案例为导向的，因此对于案例的选择关乎着高校创新创业课程教学的整体质量。高校创新创业课程的案例需要具有时代性，这意味着案例需要随着社会的变化实时更新，同时，案例还需要蕴含当代所提倡的创新精神。尤其是对于幼小阶段教育来说，如何设计出适合低年龄段学生身心发展，同时符合时代要求，具有创新性、多样性的案例，是园区当下及后续 PBL 教学法全面推广时需考虑的问题。

（4）评价体系尚未完善

相比于传统教学法，PBL 教学法对于教师与学生双方的评价标准有所不同。在对学生的评价方面，传统教学法只考查学生的学习结果，而 PBL 教学法则更注重学生在学习过程中的表现。因此，教师在改变教学方法之后对于学生的评价侧重点将有所转移。然而，一方面，短期内成绩依然是当下评价学生学习的重要因素甚至是核心因素；另一方面，在对教师的评价方面，传统教学方法要求教师满足基本的课时要求，对于教师的考察也基本停留在“课堂内”，而应用 PBL 教学法的教师在备课阶段就会耗费大量精力。因此，对教师采用传统考核方式将无法考察教师在“课堂外”对教学任务的付出，严重忽略了学校教学中教师在“课堂外”的付出。

（5）学生能力不相匹配

PBL 教学法强调“以学生为中心”，学生对于知识的习得在很大程度取决于自己的能力。学生的个人能力参差不齐，但是学校的课程一般是大范围和大规模开展的。因此，在教师使用 PBL 教学法授课的情况下，就会出现学生对于课程内容的习得程度各不相同的现象。这主要是因为高低年级学生的知识储备量、解决问题能力和团队协作能力相差较大，低年级学生（或个人能力较差的学生）只能在课堂中“浑水摸鱼”，PBL 教学法对于这类学生创新能力的提升作用微乎其微。

3. 未来教育的展望

可以说，PBL 教学法以学生为主体，对培养学生的创造性思维、综合分析能力、自主学习能力、团队协作精神和职业素养等具有积极的推动作用。尤其是在深化学校教育创新改革的新时代，应用 PBL 教学法是促进各阶段学校课程教学提质增效的重要举措。在 PBL 教学法应用的过程中，校方和教师两大实施主体应及时发现问题，并积极寻求解决问题的对策。在目前存在的问题上，两大主体应充分配合，以实现师资力量的进一步提升、教学软硬资源的进一步建设、科学评价体系的进一步确立，以及 PBL 教学法应用范围的进一步细化。尽管当前还面临着诸多问题和挑战，但随着园区学校对 PBL 教学法认识的深化，园区 PBL 教学法探索的进一步发展，园区 PBL 教学法一定会越来越成熟，成为园区培养高素质人才的有效途径。

第二节　5G+智慧教育应用试点项目

一、信息化时代的5G+智慧教育发展概况

现如今，信息科技越来越发达，各类信息科技在教育领域已广为应用，尤其是在人工智能、互联网等先进技术的支持下，慕课、翻转课堂等新型教学模式应运而生，教育行业也逐步走向数字化、智能化。5G 技术已然成为当下国家实力的最强有力的体现之一，因此世界上许多国家将 5G 技术作为战略竞争制高点和未来社会发展关键技术，加快 5G 战略布局。为在世界科技竞争中占据一席之地，我国对 5G 发展极为重视，从 2016 年，中共中央办公厅、国务院办公厅印发《国家信息化发展战略纲要》，到 2020 年，第五代移动通信（5G）技术研发和标准已经取得突破性进展[6]。

5G 技术在社会上的广泛应用及国家对 5G 技术发展的大力支持，为未来教育的发展提供了支点。未来社会发展关键在于技术，未来教育的发展需要加快 5G 战略布局，必须将 5G 技术真正应用于学校日常教育教学活动。5G 技术与人工智能技术为多元化教育创造了无限可能，虽然教育领域对 5G 技术的应用仍停留在运用技术与工具的层面，并未真正形成助推“智慧教育”的系统化育人模式，却可以充分利用 5G+智能技术打破学校、家庭及社会获取资源的种种壁垒[7]。而教育中的 5G 技术，能使师生以更便捷的方式获取各类学习信息，结合现代科技的智能筛选与统计等方面优势，不仅能全方位了解学生的学习进度，更能辅助学生发展自身兴趣。普及 5G 技术，能实现远程视频教学，从而补齐传统教学资源紧缺的短板，让每个学生都能享受公平教育。

随着社会需求的持续变化，当下学校办学模式也呈现出个性化发

展态势。为了全方位满足学生能力培养及品质、创新等方面的教育需求，学校急需创新教学手段，实现无线通信与教育之间的深度融合。依托 5G + 智能技术不断创新教育模式，可全面解决教师教学和网络资源紧缺等问题，实现泛在化的智能教学。在此基础上，园区以国家“双减”政策为前提，致力于在教育改革的道路上有所突破，思考如何链接时代，让信息科技赋能教育，推动教育模式变革和教育生态重构，促进教育高质量发展。基于此，园区于 2022 年申报立项国家信息化教学改革项目“5G 支撑下核心素养导向的混合式教学”研究，推进教育数字化支撑的新型教与学模式建构。

二、基于 5G 的情景化融浸教育的学习革命

1. 苏州工业园区的 5G + 教学建设

园区以 5G 为教育改革支点，开展以核心素养为导向的情景教学、大概念、大单元教学、自主探究学习、协作式学习、项目式学习、游戏化学习、实践性学习等多元教学模式探索。园区教育从整体出发，通过顶层设计，从教育模式、教育场景及教育空间三个层面出发，从整体上为落实 5G 教育进行探索，具体方式如下。

（1）变革模式、智慧破冰

以学为中心，以核心素养为导向，教师应创设大环境、大任务、大活动，依靠 5G 大支架赋能，让教学拥有丰富的内容资源、多样的组织工具、多元的评价量规、有效的管理机制，实现对学生的全方位了解、个性化支持。整体上，以大情景、大问题、大任务、大评价、大支架，呈现教学大观念、大智慧。坚持应用为王、技术支撑。着眼 5G 在教育中的应用场景，从多个方向进行探索，从应用层面对信息化进行强化和延伸，充分发挥 5G 对教育数字化转型的推动作用，积极探索智慧教育的发展，把教育信息化应用推向新高度。

（2）创生场景，智能延展

借助 5G 等新一代信息科技，建设“万物互联”的智能教学环境，建立集中化智能化的教师研修、教育治理、教育督导、学生生活、咨询和学习、家校协同等方面的支持服务，激发供给侧改革和需求侧应用活力，构建以信息科技为支撑的教育新生态，推动智慧教育的规模化、常态化应用，切实服务教育教学过程，提升教育服务的供给能力。

（3）融合空间，智育赋能

5G 等教育智能技术赋能的融合学习空间，重塑了师生、技术、环境等关系，打通了空间、时间、知识之间的壁垒，为学生校内外学习融合提供了条件，能够记录学生学习全过程（含线上和线下学习）数据，为学生提供精准的学习者画像。学习空间的融合，实现无缝感知，体现强交互性，使个体学习、小组协作学习、集体学习在虚实空间中随时随地发生。

全方位、多角度的顶层设计让 5G＋应用在园区学校内的落地实施有了具体的行动方向，同时利用 5G＋信息网络技术分别从时间与空间层面拓宽了学生的学习场域，为贯彻落实“减负增效”提供了先决条件。

2. 园区东沙湖小学 5G＋教育应用范例

在进行顶层设计的基础上，园区大力实施教育数字化转型战略行动，积极发展“互联网＋教育”，深化信息技术与教育教学的融合创新，并率先在园区开展“5G 支撑下核心素养导向的混合式教学”的教育改革实验，以此推进新型教与学模式的建构，促进学生核心素养的形成。园区的 5G＋项目教育教学改革实验以园区东沙湖小学为代表。作为最早一批的大数据与数字化教育实验学校，同时作为 5G 支撑下以核心素养为导向的混合式教学中情景化专题的六所学校之一，以及 STEM 学科融浸实践项目物质科学联盟盟主单位，园区东沙湖小学在探究5G与学校教育教学融合的过程中作出了良好的示范，建构了情景化教学的新型教与学模式，积淀了课例，丰富了模型，梳理了策略。东沙湖小学基于对知识、对学习、对教学的基本认识，认识到知识的本质是情境化的，知识是通过活动不断发展的；学习作为一种个体实践，需要根植于情境，学习也是一种对文化的适应，是对知识的创新，也是一种社会协商。基于此，学校于2022年年初步建构了情景化教学的实施模型，认为情景化教学须突出“22344”，即：深研两大情境（一种是社会生活情境，另一种是学科知识情境。通过深入这两种情境的研究，教师可以更好地理解学生的学习需求和兴趣点，从而设计出更加贴近学生实际的教学活动）、探索两大场景（强调在实际环境或模拟环境中进行教学活动的设计和实践，包括探索课堂教学场景和课外实践活动场景。通过对这两种场景的探索，学生可以在实践中学习和应用知识，从而提高学习效果和实际应用能力），聚焦模式、策略和课例三个抓手，突出“师、生、教材、5G”四个要点，强化“情境、协作、会话、意义建构”四个要素。情景化教学，从词义拆解来看，“教学”指向人的要素，“情景化”指向与人相关联的环境要素，能帮助学生做到在“真情”与“实感”中学习。根本上而言是让学校教育过程有儿童、有意思、有意义。因此，情景化教学具有四重指向：知识观要从僵化走向活化；学习观要从灌输迈向建构；教学观要从知识导向素养；技术观要从附属奔向融合。

在相关理论的基础上，在日常教学中真正落实情境化教学法一直是教学改革研究的重中之重。北京师范大学何克抗教授针对设计式、生成式和参与式三种类型，提出了九种情境化教学策略，为园区学校进行相关实践提供了参考，帮助园区学校在落实情境化教学的过程中不断探索，总结出适合园区、适合学校、适合儿童的情景化教学。园区东沙湖小学提炼出“情境融学、体验乐学、智能慧学”这一课程改革思想和操作策略，并逐步全面实践。在“前学、共学、延学”全学程融通推进，用情境唤醒经验，用问题驱动思维，用迁移考查发展。该校的情景化学习秉承“基于生活、问题驱动、注重参与”的三条操作要义。这三条操作要义，是破解“重不重要、愿不愿意、能不能”这三个事关学生自我学习系统启动的核心问题的关键。首先，生活是学习的最好情境。关注生活一方面是新方案“生活逻辑与学科逻辑、心理逻辑”融合的需要，另一方面也是为了回应各科学业质量对“生活情境”的特别关注。“基于生活”可以让学生意识到，学习是破解生活难题的关键，对于人生有极其重要的意义，从而让学生的学习观念由“要我学”转变为“我要学”；没有问题，就没有学习的发生。基于问题的教学也是情境化教学的典型场景之一，在各个学科应用广泛。问题驱动就是要精心设计问题，将问题寓于情境之中，问题链驱动学生思维不断进阶。以问题驱动同时在教育教学的过程中融入情感，能够根据儿童的好奇心理，激发学生对于问题的好奇与主动探索的欲望，从而让学生找到学习的动力，进而转变学习观念，从“我要学”到“我愿学”；参与，就是经历，是情境化学习的核心要素。“情境化教学”中的“化”表明了情境从创生、体验到深化、迁移的动态过程。注重参与，就是要学生动态参与情境化教学的各环节。在情境创生阶段，提倡多向关联，以唤醒学生固有经验，促进学生从“经验”走向“体验”。在情境体验阶段，学校提倡问题驱动，促进学生共情。以基本问题、核心问题，驱动学生更加深入地理解，促进“体验”走向“生情”。在情境深化阶段，提倡反求诸己，提升素养，由“生情”走向“反思”。在情境迁移阶段，则提倡引入情境评价题，考查学生在新的学科认知情境中发现问题、解决问题的能力。注重参与决定了情境的动态性。“注重参与”等让学生经历实践，通过实践动手的过程获得成就感，养成“我会学”的关键能力。东沙湖小学的情景化教学设计，从学生的身心发展规律出发，能够从根本上改变传统教学思维中应试教育的思维模式，充分调动学生的自主性。

情境教育具体而言可以概括为一个追问、三维突破、五条路径，以及一个全新样态。“一个追问”是指学校在情景教学的过程中时刻追问自己，如何以学习者为中心，如何充分发挥技术作为教育工具、教学支持和教学效果的放大器的作用，让学习经历更有意义。叶澜教授指出：“教学应被看作师生人生中的一段重要的生命经历，是他们生命的有意义的构成部分。”师生互动的教学是情景化教学的一线，因此只有学校与教师都在教育实施的过程中反复追问，才能让技术起到辅助教育的作用，精准落实情景化教学。“三维突破”是指学校从真实情境融入、积极体验探究、5G 智慧赋能三个维度建构学习场域。激发学习内驱，促成学生主动学、生动学，真实学、深度学，打造“学为中心”的内生“大”课堂。在情境融学、体验乐学、智能慧学过程中，让学生的学习经历更有意义。根据这一发展主线，学校为学生设计了不同的校本教学方案，主要有以下几方面。

（1）情境融学，让学习更有意思

思维如果脱离了情境就会没有内容，在教学过程中，学校根据教学目标和教学内容，系统设计包含特定问题的、具有一定“召唤力结构”的场景，并在“前学、共学、延学”全学程融通推进，把在知识学习中遇到的客观问题变成“我”要解决的问题，即“我要学”。学生通过融入情境的主动的意义建构，激发学习内驱，让学习活动变得更有意思。

（2）体验乐学，让学习更有意义

新课标要求教学以学科实践为支点，构建以自我为中心的新型育人方式。体验乐学，正是把学生作为“当事人”，让学习者代入真实情境，让他们“设身处地”“身临其境”，“在亲身经历中学习”“在亲身经验中学习”“在亲自操作中学习”，学生全身心地投入学习，能够收获积极的情感体验。学习经历中的乐趣和知识本身的魅力，甚至可以引发学习者的“心流”，学习活动因此变得更有意义。

(3) 智能慧学，让学习更有质量

“教育科学是聚动力，而技术则是加速器”。“智能慧学”是用信息科技促成资源的整合开发、真实情境的创设、自主体验学习的开展，从而形成育人—核心素养—真实情境—积极体验的教育逻辑链条。学科育人是目的，核心素养是根本，真实情境是途径，而体验是逻辑链条上的基点、支架，技术是优化和提升的保障。以“资源 + 路径支撑”，延展课堂的宽度、厚度、效度，才能让学习更有质量。

五条路径是以“学为中心”的内生“大”课堂，聚焦大单元主题探究体验、项目化学习体验、跨学科融合体验、基于 STEM 理念的学科融浸体验四个方面，创生了五条促进学校情景化教育深入发展的路径，即精选真实性情境大问题，创设挑战性情境大任务，开展结构化情境大活动，贯穿全学程情境大评价，搭建智能化情境大支架。

精选真实性情境大问题，找准积极体验的促发点。“教育的核心问题之一就是把知识从学术情境转移到现实的生活场景。”创设真实性情境，主要观照三个方面：素养关键点、内在真实需求、学材逻辑，找准能引发学生积极体验、深度理解、情感生成及真实生活运用的情境问题。通过组织跨学科综合实践体验活动锚定学生审美能力的提升，立足学生感知美、理解美、表达美的内在需求，挖掘传统文化中的文化审美元素，促发学生积极向上的审美实践体验。

创设挑战性情境大任务，激活积极体验的生长力。东沙湖小学教师根据学生的成长发展状况设计了音乐、科学、劳技融浸课程“音高那些事儿”，创设了“制作排箫小乐器”这一极具挑战性的情境大任务，以任务驱动学生了解不同乐器控制音高的因素，激发学生尝试绘制设计图、选择合适的材料，现场自制乐器并进行演奏的好奇心与积极参与度。

开展结构性情境大活动，打造积极体验的生态场。在情景大任务的驱动下，教师以一个主任务统领多个学习活动，学生在整体性、结构性的活动中习得知识、建构能力、获得成长，重构学习的意义。以项目化学习活动“纸的浪漫一生”为例，学校以“造一张纸”这一项目为统摄，通过调查纸的使用、探究纸的前世今生、研究造纸工艺流程、参与造纸实践四个层递性情境活动，在项目全程体验中，引发学生的情感反应，使学生惊叹于一张纸的来之不易。

与此同时，学校构建贯穿全学程的情境大评价，构建积极体验的展示台，贯穿全学程的情境评价，使评价更富有及时性、准确性、全面性、针对性。并通过创生全网络的情境大支架，开拓积极体验的融合点，并开拓丰富的学习资源和多元化的交互空间。利用移动终端授课、智能平板交互、资源无线推送、课程内容共享等现代科学技术，实现实时出题、同步接收、即时作答，快速反馈、作品分享、远程云端互动等平台及技术赋能全学程，拓展教学维度，提升学习质量。并由此形成 5G 支撑的真实情境下的积极体验式学习，构建了全学程、多路径、大课堂的全新样态，让学习成为“最理想的挑战”“最有意思的生活”。使得学生能够基于真实表达进行语文体验式读写，体验基于真实问题情境的数学体验式融学、基于真实交际情境的英语体验式会话，以及基于真实艺术场情境的体验式美育实践。学生在情境融学、体验乐学、智能慧学中经历更有意思、有意义、有质量的学习。

园区东沙湖小学真正将 5G 理念下的情景化教学融入符合课程标准的日常教育教学活动，深入落实“五育融合”政策下数字高科技推动的未来教育。以智育和美育为例，根据《义务教育语文课程标准（2022 版）》中的教学建议：“创设真实而富有意义的学习情境，凸显语文学习的实践性”，通过课堂教学研究，园区东沙湖小学语文团队不断升华教与学的变革。该校的语文教学课堂从精选共生起点、巧构任务情境、催生言语唤醒三个方面进行探索。对于语文学科的学习，首先，学校拟选真情境，助力古诗文教学。古诗文的晦涩难懂一直是学生学习的难点，学校运用 5G 手段，还原作者写作时情境。如在古诗《闻官军收河南河北》的教学中，教师会对照注释、对照 AR 动态地图、抓古今异义的词语讲解，使学生明了诗的大意。为了让学生更深刻地感悟杜甫喜出望外的原因，教师会播放“安史之乱”中百姓背井离乡、流离失所的视频，同时将长安昔日繁华景象图片与“安史之乱”后断壁残垣图片对比，让学生在悲怆的音乐中、在强烈的视觉冲击中，感受战争给人们带来的苦痛，从而明白诗人这份“喜欲狂”的来之不易。这一圆融的设计让它成为共生教学的出发点，成为教学过程的支点。其次，巧构文本情境，驱动学力阶段。教师可根据课文的具体内容，创设语言环境，帮助学生深入理解课文内容，从而真正理解课文中主人公的所思所感。尤其是面对拟声词等抽象化词语的学习时，教师引导学生联系生活实际理解，从而做到熟练运用、举一反三。最后，创设情境游戏，帮助学生深入理解课文内容。低年龄段的学生经过一段时间的学习容易出现疲惫及注意力不集中的情况，教师会使用儿童喜欢的卡通角色辅助教学，同时设置游戏闯关活动，激发儿童的学习兴趣。

在对学生的美育教育过程中，学校围绕艺术核心素养培育，秉承学科育人，坚持“儿童是教育的最高价值”的培养理念，为儿童设计了独特的美育方式。“儿童是教育的最高价值”意味着了解每个儿童独特的兴趣和需要也是课程本身；意味着在生活化、游戏化、综合化的艺术学习中，天性玩耍、主动体验、主体表达要建立在儿童需要之上。园区东沙湖小学在以“玩花布”为载体，以“做衣服”为途径，以“亲子互动”为链接的挑战性任务驱动、关联性问题情境、多样化选择空间中，潜移默化地让人（儿童）与物（花布、衣服）发生微妙的依托成全关系。学习关注多维度策略、多主体参与的小幼衔接，回归低学段儿童的心理场域，生成新经验，初步形成综合探索与学习迁移的能力，建构高阶思维，指向审美和人文素养发展，温润儿童心灵。在课程“新花布　新衣服”的实施过程中，教师作为学生“学”的先行者、引导员和设计师，在教室里智慧地为学生的“学”创设各种实践、交流、互动和分享等参与性活动，追求使学生在“玩”中获得自然能量，从而得到成长支持。学生并不需要机械地接受文本知识，而是在玩耍的过程中，在教室里通过无意识、潜意识、有意识、真意识等不同层次的体验活动达成能力进阶，深化思维发展，并将形成的能力迁移到学习和生活中。学生在童谣《新花布　新衣服》“玩出大花布、美出小花布、花布搭出新衣服，衣服上有爱融融、爱浓浓”的系列活动中，感知形态、肌理、色彩的偶然之趣；在艺术绘本阅读、艺术家“花布”的审美感知中初步体验造型游戏；在创意实践中调用思维，视觉化呈现富有造型感的“衣服”。这一课程的设计实现了美术学科知识、表现语言、学科要素、技能技法等与儿童的生活、环境、文化、美感经验的立体化交融，帮助儿童提升了感悟、内化和输出能力，促进儿童发现自我与外界的结合点，积累艺术学科核心素养。

三、5G＋教育试点园区东沙湖小学教学新样态评价与展望

园区东沙湖小学作为5G＋教育应用试点学校，其成功的情景教学应用实践为园区各学校全面展开5G＋教育提供了良好的示范。5G＋教育实践的成功，原因主要在于学校关注以下方面：一是借助科研，推进学校高位发展。面对新时代人才培养的要求及新课程改革的要求，园区东沙湖小学对学校今后的高位发展提出了追问：在“双减”政策背景下，如何连接新时代，把学校打造成师生的智慧乐园和幸福家园。并在这一追问的基础上明智地选择了走科研兴校、兴教之路。基于这样的思考，园区东沙湖小学积极参与园区“5G支撑下核心素养导向的混合式教学”教改实验，并选定“积极体验式学习”这一研究课题，努力建构着眼于学生核心素养形成的教与学的新型教学模式。二是以人为本，助力学生可持续发展。园区东沙湖小学的实践探索，着眼于学生的可持续发展。《义务教育课程方案和课程标准（2022年版）》强调课程育人的教育宗旨，提出了“有理想、有本领、有担当”的时代新人培养规格要求。园区东沙湖小学的5G＋课程改革以此为基础开展，

真正做到了将学生作为“当事人”带入真实的学习情境，让学生“身临其境”，成为学习的主人。这样的探索实践，顺应了时代发展对学校教育的新要求。三是聚焦学生的学，让学习真实地发生。过去的教学，更多的是学科知识的教学及知识相关基本技能的训练，学生的学习是被动的接受，是大量机械、重复的作业训练，很少有学生能够积极主动地参与学习全过程，参与交流与分享，收获体验与感悟，大部分学生总感到学习无趣无味，甚至厌学、害怕学习。园区东沙湖小学的教改项目研究，正是找准这个学校长期难以解决的问题点，聚焦学生如何展开学习，借助现代技术，努力构建与学生生活情境相匹配的学习场域，让学生积极、主动地投入其中，让学生成为学习的主人，站在课堂的中央。

在5G+教学、混合教学中，主题式、情境式教学是关键。园区东沙湖小学的新课改实验是在国家级信息化新型教与学背景下以学为中心，围绕学生开展的改革，更是聚焦情境化教育四类活动、五个路径、三大表征、四大变化开展的一次尝试。园区东沙湖小学的成功为未来园区大规模开展5G+教育改革做好了铺垫，5G+教育改革是一种生态变革，有师生成长，有新课标的落地实施，有高质量的内涵发展。唯有有了教研研训的生态，有了文化，才能成就深度教研。5G+教育改革的目的是通过5G高新教育手段辅助未来教育的建立建成。园区作为新型教与学国家实验区域，在5G+教育改革过程中应在区域层面的指导下深化，以5G+支撑下的全学程、多路径、大课堂的全新教育教学样态为基准，进一步深入。

第三节　“双减”背景下区域教育的生态重构

一、“双减”政策背景

近年来，随着各地深入开展减轻义务教育阶段学生作业负担和校外培训负担工作，学生学业负担有所减轻，“减负”工作取得了积极成效。但义务教育阶段短视化、功利性问题仍没有得到根本解决：一方面，学生作业负担仍然较重，作业管理体系不够完善；另一方面，校外培训仍然过热，超前、超标培训问题尚未根本解决，一些校外培训项目收费居高，资本过度涌入存在较大风险隐患，培训机构“退费难”“卷钱跑路”等违法违规行为时有发生。这些问题导致学生作业和校外培训负担过重，家长经济和精力负担过重，严重对冲了教育改革发展成果，社会反响强烈。

2021 年 7 月 20 日，中共中央办公厅、国务院办公厅印发了《关于进一步减轻义务教育阶段学生作业负担和校外培训负担的意见》（中办发〔2021〕40 号）（以下简称“双减”）。党中央站在实现中华民族伟大复兴的战略高度，对“双减”工作作出重要决策部署，要求从政治高度来认识和对待，从体制机制入手深化改革，全面贯彻党的教育方针，落实立德树人根本任务，促进学生全面发展和健康成长。

全面贯彻落实“双减”政策，对教育既有积极影响，也会带来一些挑战和困难。

1. 积极影响

减负效应为学生的全面发展提供了更多机会，教育质量有望提升。然而，在政策实施过程中也面临资源不足和转型困难等挑战，需要学校、教育机构和政府共同努力，寻求合理的解决方案，推动区域教育可持续发展。

（1）减负效应

“双减”政策在一定程度上减轻了学生的学业负担和家长的经济负担，为学生提供了更多的自主发展的空间。学校可以有更多的时间和资源来关注学生的全面发展，促进学生的创造力、实践能力和社会责任感的培养。

（2）教育机构调整

“双减”政策导致一些不合规的教育机构被取缔或整顿，这对区域教育体系来说是一次洗牌和优化的机会。合规的教育机构得到了更好的发展机会，教育资源得到了更加合理的配置。

（3）教师队伍优化

“双减”政策要求减少教师的课外培训负担，使教师能够更专注于课堂教学和学生发展。这促使教师们转变教育观念，注重提升自身教学能力和专业素养，更好地服务于学生的学习和成长。

（4）教育质量提升

“双减”政策旨在推动基础教育的优质均衡发展，强调培养学生的创新能力、实践能力、人际交往能力等核心素养，从而实现全面发展的育人目标。减负增效，有助于教育更注重学生的能力培养，培养具有创造性和综合素质的人才。

2. 挑战和困难

（1）教育体制转型难题

实施“双减”政策需要对教育体制进行深刻的转型和改革，包括课程设置、教学方法、教师培训等方面的调整。但改革教育体制是一个复杂的过程，可能会遇到惯性、利益相关者的阻力以及不同层级政府协调等问题。

（2）课程与知识传承的平衡

减轻课业负担的同时，如何保证学生获得基本的学科知识和技能，确保知识传承不被削弱，是一个难题。权衡知识传授和培养综合素质之间的平衡，需要教育部门制定合理的教育政策和课程体系。

（3）教育评价体系的调整

传统的教育评价体系往往侧重于考试成绩，实施“双减”政策需要调整评价体系，更加注重学生的综合素质和能力。这需要时间和资源的投入，同时也可能引发一些教育评价标准和方法的争议。

（4）师资力量和教师培训

教师在教育改革中起着关键作用，但“双减”政策的实施可能需要教师采用新的教学方法，更注重学生的素质培养。这可能需要进行教师培训和提升师资力量，但培训和转型过程可能面临困难。

（5）家庭教育观念的转变

课业负担的减轻也需要家长的积极配合，但一些家庭可能仍然认为传统的应试教育模式更有保障，可能不愿意全面支持新政策。因此，需要促使家庭教育观念的转变，让家长更多地重视学生的综合素质培养。

（6）教育资源分配不均

“双减”政策的成功实施需要有足够的教育资源支持，但在一些地区和学校，教育资源分配不均问题依然存在。这可能导致政策在不同地区和学校的实施效果不一致，加剧教育不平等问题。

二、教育生态重构的必要性和紧迫性

“双减”政策的有效实施，关系到良好教育生态的构建，以及学生全面发展目标的达成。其中，教育生态的重塑与革新，离不开政策主体、政策环境、外在条件等的相互作用。[8] 通过优化资源配置、提高教育质量、促进教育公平、加强教师专业发展和适应未来教育需求，可以建立起更加健康、高效、公平的教育生态系统，为学生提供更好的教育服务和发展机会。

1. 教育资源优化配置

“双减”政策要求合理配置教育资源，遏制校外培训机构过度扩张。在这一背景下，对苏州工业园区教育来说，优化教育资源配置是必要的。通过科学评估学校规模、布局和师资情况，合理分配教育资源，使每个学校能够提供高质量的教育服务，实现教育资源的合理利用。

2. 提高教育质量

“双减”政策的核心目标是提高学生的综合素质和创新能力。教育生态重构可以通过课程改革、教学方法创新、教师培训等方式来提高教育质量。重视学生的实践能力培养，加强创新教育和科技教育，促进学生全面发展。

3. 促进教育公平

“双减”政策的一个重要目标是减少教育资源差距，提高教育公平性。教育生态重构需要通过资源共享、合作办学等方式，缩小学校之间的差距，确保每个学生都能获得良好的教育资源和机会。同时，关注弱势群体的教育需求，提供针对性的支持和帮助，促进教育公平。

4. 增强教师专业发展

“双减”政策要求教师减少额外的负担，更加关注专业发展。教育生态重构应该为教师提供专业发展的机会和支持，包括提供培训机会、引入先进的教育技术和教学方法，提升教师的专业素养和教学能力。

5. 适应未来教育需求

随着社会的快速发展和技术的不断进步，未来教育将面临新的挑战和机遇。教育生态重构可以促进区域教育与时俱进，紧跟教育技术发展的步伐，适应未来教育的需求，培养具备创新思维和适应能力的人才。

三、苏州工业园区教育生态重构的路径和策略

1. 聚焦学习革命

（1）优化课程设置和教学方法

“双减”政策的核心目标是减轻学生课外负担和校外培训压力。因

此，教育部门与学校需要重新审视课程设置，精简课程内容，注重培养学生的综合素质和创新能力。在教学方法上，应引入多元化的教学方法，鼓励学生主动参与和实践，培养他们的探究精神和创造力。

苏州工业园区从学生的全面发展出发，不断深化课程改革。在开齐开足开好国家课程的基础上，园区推出课程建设 3.0 方案，大力提升教育教学质量，完善与时代发展相适应的课程体系，建立具有时代特点和园区特色的育人机制，实现高水平教育现代化建设的目标。此次课程改革不仅聚焦课程内容结构的优化与完善，同时也关注当下学生的思维方式、行为方式与学习方式所发生的根本性变化，从多个层面推进课程改革的深化：课程改革与立德树人目标相结合，重点关注学生的核心素养培育与思想道德水平提升；课程改革与教学变革相结合，重点关注学科素养、关键能力、必备知识；课程改革与丰富生活相结合，重点关注延时服务背景下课程体系与实施路径的重构。在此基础上，园区学校进一步提升课后服务课程开发水平，满足学生个性多元化发展的需要，确保每一个学生都能在学校学足、学好。课后服务课程体系的搭建与完善，能够将课程改革延伸至校园服务的“最后一公里”，全面提升学生的综合素养，引领学校特色内涵发展。

（2）提升教师专业素养和教学质量

根据“双减”政策的要求，学校教育要发挥好主阵地的作用，在给学生减负的同时，提升校内教育教学质量。其中，教师是教育的中坚力量，他们的专业素养和教学质量直接关系到教学质量的好坏与学生的学习效果。有学者在对“双减”政策的改革目标与指导思想进行分析后，总结归纳出教师需要进一步提升的五种专业素养——课堂教学素养、作业设计素养、证据意识的评价素养、赋能学习者的数字信息素养与全方位的家校社协同育人素养。[9] 这五种素养相互关联、相互影响。因此，教育部门与学校在加强教师的专业培训，提高他们的学科知识水平和教学能力的同时，也应鼓励教师进行教学研究和反思实践，不断改进自身的教学方法与策略，提升教学质量。

苏州工业园区始终坚持人才强区战略，坚持以人才结构优化引领教育转型升级，加速教师培养，通过人才引进机制、教师教育体系、教师交流机制、动力激发系统、人事制度改革、卓越发展平台等培养教师快速成长。随着“双减”政策的落地实施与不断优化，园区在教师培养方面采取了新举措：聚焦技术赋能，通过自主研发的在线平台（易加学院）构建课堂教学新模式，打造大数据与教育深度融合新样态，加速教师专业成长；采用线上线下混合式研训，拓宽教师培训的时间和空间，丰富教师培训的课程和渠道，让教师研训更加灵活、更加便捷、更加精准；推进减负增效，严格落实《关于切实减轻中小学教师负担进一步营造教育教学良好环境的若干意见》，对教师的工作进行重新组合，减去教师不必要的负担和任务，增加有利于其提升教育教学能力、课程研发水平的工作与培训，做好教师工作的“加减法”；拓展研修项目，如通过国际师训、师生同训项目和园区 STEM 教育研究院项目，努力孵化培养高素质的专业科创教师队伍。

2. 加强学校与社区、家庭的合作

学校、社区和家庭是教育的三个重要支柱，它们之间的紧密联系对于学生的全面发展至关重要。随着“双减”政策的不断深入推进，学生有了更多可自行支配的时间，充分发挥好家庭与社会的育人功能，形成家、校、社的教育合力，对于学生的健康成长与全面发展就有着积极的促进作用。教育部门应建立起学校、社区和家庭之间的紧密合作机制，形成良好的教育生态系统。通过开展家长教育和家校合作活动，加强家庭教育和学校教育的协同，共同培养学生的全面发展。

（1）家庭教育

家庭教育方面，苏州工业园区注重家校协同创新，分别从家校理念协同、生活技能习得、社会交往指导、家风家训熏陶四个层面着手，积极携手共建良好家庭教育环境。首先，帮助家长充分认同学校的教育理念和价值追求；其次，指导家庭注重学生生活技能的习得，如整理衣物、收纳物品、日常家务等；再次，重视培养学生社会交往能力，如待人接物、学会做人、承担责任等。最后，园区还注重家风家训的熏陶，重点推进优秀传统家风家训、红色革命家风家训、新时代发展家风家训，充分发挥其育人作用。家校协同，携手共进，积极构建基于“双减”背景下的家庭教育新生活，让家长成为亲子时光的好伙伴。

与此同时，园区逐步建立并完善区域家庭教育指导体系，构建四级家庭教育指导枢纽体系——由教育机关、教发中心、家庭教育专家库成为家庭教育指导中心，分别由家庭指导中心、中小学幼儿园家长学校、8 个家庭教育分中心、各社区家长学校等构建成立体、协同的区域家庭教育网络。

（2）社会协同

除了学校与家庭，社会中也蕴藏着丰富多样的教育资源。“双减”政策的落地实施，明确了家校社协同育人的路径。如何充分调动社会资源，强化社会各界组织的联动效应，成为提升“双减”后学校课后服务质量的又一关键因素。园区积极整合校外资源，探索公益性社会机构课后服务供给，引入与之相配套的实践活动作为补充，利用校外基地与社区资源为“双减”提效增质。具体做法包括：

一是拓展校外教育实践和创新基地。目前园区共成立 56 个社会实践活动基地，充分满足青少年活动的多元需求。

二是建立青少年社区咨询员通过“3Q”素质提升计划，让青少年成为社区小小执行员，成为社区民意研究者、社区生活建议汇报者。如园区“湖西小当家”项目旨在帮助青少年充分参与社区治理活动，通过岗前培训、社工指导服务与协助等举措，一群平均年龄为 11 岁的学生们通过线上、线下平台，协助社区工作人员履行岗位职责。这一项目不仅能够引导青少年践行社会主义核心价值观，增强青少年的家园归属感和主动参与社区治理的热情，还能培养他们的实践能力。通过为青少年提供参与社区公益的机会，有助于提升他们的公民意识与社会责任意识，帮助他们学会在社会实践中学习。

三是建立和完善社区青少年健康成长中心。园区教育部门通过与团干部、妇联、工会、街道、社工委、志愿者学校等相关部门配合，共同关注青少年的身心健康成长。

此外，基于百校千师进社区活动，园区充分利用区域内的名师资源，打造社区教育中心。通过社会学习圈的构建，区域正进一步完善学习平台的搭建工作，向平台内引进社会各行各业社会人士，引导青少年一起参与研究性学习。

在“双减”背景下，家校社共同育人的实践路径需要各方共同努力。家庭、学校和社会应密切合作，形成有机的育人体系，为学生提供更广阔的发展空间，培养具备创新能力、社会责任感和适应能力的综合素质人才。

3. 教育评价引领

教育评价是对教育实践的价值定义和价值赋值，既是一种科学的认识活动，也是一种价值的评价活动，应是合规律性与合价值性的统一。它旨在了解教育的效果、质量和效率，以便改进教育体系和提高学生的学习成果。教育评价可以采用多种方法和工具，包括考试、测验、项目评估、学生作品评价、教师评估、家长和学生反馈等。总的来说，教育评价改革可以促进更有效、公平和适应未来需求的教育体系的建立，有助于学生、教师和社会的全面发展。

为深入贯彻落实习近平总书记关于教育的重要论述和全国教育大会精神，完善立德树人体制机制，坚决克服唯分数、唯升学、唯文凭、唯论文、唯帽子的顽瘴痼疾，中共中央、国务院于 2020 年 10 月印发《深化新时代教育评价改革总体方案》，改革目标是经过 5 至 10 年努力，各级各类学校立德树人落实机制更加完善，促进学生全面发展的评价办法更加多元，到 2035 年，基本形成富有时代特征、彰显中国特色、体现世界水平的教育评价体系。

改革总体方案坚持以立德树人为主线，以破“五唯”（唯分数、唯升学、唯文凭、唯论文、唯帽子）为导向，以五类主体为抓手，着力做到政策系统集成、举措破立结合、改革协同推进。注重改进结果评价，强化过程评价，探索增值评价，健全综合评价，既大力破除不科学、不合理的教育评价做法和导向，又着力建立科学的、符合时代要求的教育评价制度和机制，力求做到五“破”五“立”：一是改革党委和政府教育工作评价，“破”的是短视行为和功利化倾向，“立”的是科学履行职责的体制机制；二是改革学校评价，“破”的是重分数轻素质等片面办学行为，“立”的是立德树人落实机制；三是改革教师评价，“破”的是重科研轻教学、重教书轻育人等行为，“立”的是潜心教学、全心育人的制度要求；四是改革学生评价，“破”的是以分数给学生贴标签的不科学做法，“立”的是德智体美劳全面发展的育人要求；五是改革用人评价，“破”的是文凭学历至上等不合理用人观，“立”的是以品德和能力为导向的人才使用机制。

基于上述评价改革的总体要求，苏州工业园区教育以学生评价、教师评价、学校评价三个维度引领教育教学工作，促进“双减”工作落实。

（1）学生“小五星”评价：以大数据画像为支撑，倡导绿色评价

园区充分利用“易加”信息化平台为支撑，构建学生“小五星”评价系统——从学生的思想品德、学业水平、身心健康、艺术素养、社会实践等五个角度，用大数据为学生画像，倡导多元化评价。基于教育部中小学教育质量综合评价五大指标，园区建构了区域教育质量综合评价指标体系，其中既包括显性综合发展要素——品德发展、学业质量、身心健康等，也包括隐性指标——成长环境、学业负担等，全面了解学生的发展情况，鼓励他们在不同领域展示自己的能力。在

关注学生学业成绩的同时，也关注他们综合素养与个性的发展，确保每位学生都能在成长过程中发现自己的最佳能力与兴趣爱好，认识自我、成就自我。

（2）教师双优评价："四有四引四统一" + "课前课中加课后"

教师评价在促进教师专业发展与提升课堂教学质量方面发挥着重要作用。随着"双减"政策的落地，教师评价改革围绕作业设计、教学能力、课后服务以及家校协同等方面展开，体现"双减"政策背景的针对性。

园区将教师评价的重点放在"四有四引四统一"与"课前课中加课后"上，旨在提升教师育人水平与课堂教学质量。其中，四有：有理想信念，有道德情操，有扎实学识，有仁爱之心。四个引路人：广大教师要做学生锤炼品格的引路人，做学生学习知识的引路人，做学生创新思维的引路人，做学生奉献祖国的引路人。四个相统一：坚持教书和育人相统一，坚持言传和身教相统一，坚持潜心问道和关注社会相统一，坚持学术自由和学术规范相统一。评价覆盖"课前课中加课后"各阶段，做到课前引导学生自主学习，课中引导学生深度学习，课后服务引导学生创新学习。

（3）学校"大五星"评价：数据画像循证，创新发展评价

园区教育局切实贯彻"深入推进管办评分离"，于2016年出台《苏州工业园区中小学五星评价办法实施方案（修订稿）》，形成了五星评价标准化管理框架，创造性地设计"五星评价"模型。教育部门从学校发展、教师发展、学生发展、教育内部满意度、教育外部满意度五个层面对学校进行成长性评估，构建区域教育绿色综合评价系统。学校评价基于问卷调查、常态监测、网络监测、现场抽查等方式进行，从五星评价问卷、网络日常填报、专家评价赋分等多方面收集数据，突出过程性监测，通过数据画像循证，促进评价引领学校自我诊断，推动了实证诊断的学校成长机制，促进学校多样化发展，整体提升了区域学校办学内涵。

四、推进“双减”工作进的未来展望

随着“双减”工作的推进，苏州园区教育局对学校进行调查研究，通过数据表明，家长对园区“双减”政策的满意度达到了92%以上；与此同时，教育部门也收到反馈，显示出部分学校、老师和班级之间，课后延时服务的课程以及活动方式的设计仍有水平差异。在“双减”工作取得初步成果的同时，园区教育局将持续探索改进，展望其未来，探讨如何更好地实现教育的质量提升和创新。

首先，未来的“双减”工作需要更多关注教育内在质量的提升。减轻学生学业负担是为了让他们有更多的时间去深入学习，而不是为了简单地削减课程和教学内容。落实“双减”的关键在于让回归校园的孩子们在学校学足、学好，发挥好学校教育主阵地作用。要提高学校教育质量，课程是育人的核心载体和关键环节。未来，园区教育部门将持续积极探索课程改革的发力点和实践路径，更加注重培养学生的创新能力、批判性思维和实际应用能力，使学生在学习过程中真正获得知识和技能。

其次，未来的“双减”工作需要更深入地挖掘教育资源的潜力。在减少校外培训的同时，教育部门也将思考如何更好地利用社会和互联网资源，为学生提供更广泛、更优质的学科拓展和兴趣培养。通过建设开放式在线教育平台，引入社会力量参与教育资源的分享和利用，可以打破传统的教育边界，使学生能够更便捷地获取各种学科知识和实践经验。

另外，“双减”工作还应注重家校合作和家庭教育的促进。学校和家庭是学生成长的两个重要支撑点，通过加强双方之间的沟通和合作，可以更好地关注学生的全面发展。教育部门通过制定与不断完善相关政策，鼓励学校与家庭建立更紧密的联系，共同关心学生的学业和身心健康。同时，如何开展有效且高质量的家庭教育培训和指导，提高家长的教育理念与技能，使他们更好地支持孩子的成长，是教育部门未来将持续关注的问题。

总体而言，随着“新高考”对学生知识与解决问题的能力要求不断提升，未来“双减”工作应该以提升教育质量、优化资源配置、加强家校合作为重点，实现教育的全面发展和社会的公平共享。这需要政府、学校、家庭以及社会各方的共同努力，形成合力，推动区域教育朝着更加科学、健康、可持续的方向发展。只有在全社会的共同努力下，才能够为学生创造更为宽松、有趣、有意义的学习环境，真正培养出具有创新精神和全面素养的未来人才。

参考文献

[1] 王鉴.我国基础教育课堂教学方法改革及体系建构[J].课程·教材·教法，2023，43(3)：47-55.

[2] 辛朋涛.三维教学目标：困惑与解析[J].上海教育科研，2012(5)：10-13.

[3] 梁秀彤.“三维”教学，高效课堂——浅谈“双减”政策背景下的课堂教学[J].师道，2023(10)：146.

[4] 陈培清，韩秋琴，辛晓明.PBL 教学模式的发展及应用现状[J].教育教学论坛，2018(35)：214-215.

[5] 谢文斯，王向阳.PBL 教学模式在高职学前教育专业理论课的发展及应用价值[J].济南职业学院学报，2022(1)：43-45.

[6] 庄榕霞，杨俊锋，黄荣怀.5G 时代教育面临的新机遇新挑战[J].中国电化教育，2020(12)：1-8.

[7] 吴忠.5G + 智能技术在教育领域的应用探讨[J].信息技术时代，2023(5)：142-144.

[8] 吴杨.“双减”政策下教育生态的冲击与重塑——基于复杂理论视角[J].教育进展，2022，12(10)：3815-3820.

[9] 李琼，孙晓红.“双减”政策背景下教师需要提升的专业素养[J].教师发展研究 2022(1)：31-36.

第六章

区域学校案例展示

近三十年来，苏州工业园区始终坚持办好每一所学校，促进基础教育优质均衡发展。经由“优势项目—学校特色—特色学校—品牌学校”的发展路径，园区涌现了一批以体育、艺术等为品牌的特色学校。如今，面对新科技革命，园区致力于为每一名学生提供更加适合的高质量教育，建设数字化、智能化时代的新型学校，探索应用新理念、新思路、新技术，推动学校形态变革和全方位改革创新的教育新样态。

第一节　课程游戏化培养儿童创造力

——苏州工业园区华林幼儿园

园区华林幼儿园建立于2015年9月，是园区内优秀公办幼儿园的代表。华林幼儿园以“健乐高雅，艺华林秀”为园风；以“呵护童真，快乐成长”为办园宗旨；以“自然育人、育自然人”为办园理念；以“在华林成长，流经有意义的童年时光”为美好愿景，致力于幼儿全人教育，着重培养幼儿科学思辨能力、艺术创想能力。园所向内汇聚核心力，向外延伸生长力，在办学过程中，园所汇智于心、沁艺于生，致力于将园所建设为一所植根园本，心向世界的现代化、国际化幼儿园。

一、时代背景下的华林幼儿园发展理念

幼儿期是人的智力发展关键期，抓紧早期教育，可以提高学习效果。科学研究表明，2—3岁期间是学习语言的最佳年龄，外语学习最

迟也不能晚于 5 岁；5 岁至 5 岁半则是掌握数概念的最佳年龄；6 岁是发展大小、方位知觉的最佳年龄。美国芝加哥大学著名心理学家本杰明·布鲁姆（Benjamin Bloom）于 1964 年出版了《人类特性的稳定性与变化》（*Stability and Change in Human Characteristics*）一书，提出了有名的智力发展假设：5 岁前是儿童智力发展最迅速的时期。我国著名心理学专家郝滨曾言："幼儿教育是人生整个教育的起点，其教育目标应是保证孩子身心健康地发展，为接受进一步教育打好基础。"[1] 由此可见，幼儿的学前教育阶段是人生发展的重要时期。学前教育阶段，是对幼儿进行社会化的重要阶段，同时也是幼儿形成良好人格的起步阶段。因此，幼儿园的办学理念与教育环境是影响幼儿发展的重要因素。科学研究表明，3–6 岁是人类大脑发育的黄金时期，在这一时期，脑内突触和神经回路急剧发展，脑的结构和功能具有极强的适应性与重组能力，是开发大脑潜能的关键时期。[1] 每一个孩子都有着自己的天赋，都可能是某一个领域的天才，在孩子大脑发育黄金时期去挖掘他们的潜能十分有必要。但如果错过了这一时期，那就是错过了挖掘孩子潜能的黄金机会，随着时间的推移，孩子在某一领域的潜能也许就会永远在大脑深处休眠了，最终使孩子"泯然众人矣"。这无论是对于孩子而言，还是对于社会而言，都将会是一个不可估量的损失。可以说，人的发展基调是幼儿时期奠定的，幼儿时期是非常容易被影响的阶段，也是一个人可塑性最强的阶段。在这个阶段，树立正确的世界观、人生观、价值观是极为重要的。虽然这一阶段的幼儿难以用语言表述其所学知识与技能，但这些知识与技能对幼儿的影响却是极为深远的。所以说学前教育十分有必要，科学的、系统的学习方式，可以很大程度上帮助幼儿的大脑发育，开发幼儿大脑中的潜能，这对于幼儿未来的学习和成长都有着十分重要的帮助作用。

受当前社会政治、经济文化等因素影响，教育课程内容更加丰富、完善和多元化，教育要求也越来越高。加上教育的普及和发展，家长的教育观念也发生了改变，不仅希望子女学业成绩好，更希望子女在各个方面可以很好地成长。因此，培养学生的兴趣，发现学生的特长，树立正确的教育观念，成为学校教育的重中之重。当前，素质教育已经改革推行多年，影响范围也在不断扩大，其对人们的教育观念也产生了较大的影响。针对目前我国的社会需求，教育部在遵从幼儿教育发展规律的基础上于 2016 年正式出台施行《幼儿园工作规程》，其中提到作为基础教育的重要部分，幼儿园工作要遵循幼儿身心发展规律，实施德智体美等方面全面发展的教育。幼儿园教育并无具体的课本课程内容，但《幼儿园工作规程》明确了幼儿教育应以游戏为基本活动，寓教育于各项活动之中。[2] 同时，需要创设与教育相适应的良好环境，为幼儿提供参与活动和表现能力的机会与条件。与此同时，园区大范围推动数据化教育，以数据化为支点辅助区域内学校基础教育建设。区教育系统设立 STEM 教育项目，以 STEM 教育项目为抓手。国家政策与园区大环境为幼儿园的特色课程设置提供了良好的政策指导与科技支持。

无论国内外，好的幼儿教育都是以幼儿的发展为根本，以幼儿能听懂且喜欢的形式进行教育，将幼儿教育游戏化，一直是学前教育教师努力实现的目标。游戏是幼儿的基本权利，也是幼儿自主自愿的行为，只有幼儿自愿参与，并从中收获快乐的游戏才是真正意义上的游戏。但是在实际的幼儿教育中，有些教师为了游戏而游戏，游戏的主题、游戏的角色、游戏的规则、游戏的对话等都是教师事先安排和设计的，而忽略了幼儿愿不愿意参与，这就是课程游戏的模式化，课程组织和实施时看起来很热闹，但实际上违背了幼儿的身心发展特点，幼儿不愿参加，缺乏积极性，教师觉得努力了但没有效果。[2] 基于此，教师按照幼儿的发展和需求组织和安排教学，将课程变得有趣，帮助幼儿真正理解吸收知识，是当下幼儿园教育的重中之重。华林幼儿园将“STEM 理念，创意建构”作为园内内涵发展的特色定位，秉承游戏精神，拓展教改视域，基于五大核心素养——“探究”“思辨”“创新”“合作”“坚持”，建构 STEM 理念下的特色课程，打造根植于“玩”的创意环境，支持幼儿运用多元材料进行创新创造，探索基于探究性学习的多元化活动途径，实现课程游戏化，培养幼儿爱探索、求创新、善思辨、乐表达、会合作、能坚持的 STEM 素养品质。

二、独具特色的华林幼儿园创新课程体系

1. 从玩中学——华林幼儿园课程游戏化的建构

幼儿园课程活动的“整体建构”涉及幼儿园发展的未来方向、愿景使命和总体目标。任何一所幼儿园都可以通过制定整体规划、研究发展定位、确立目标愿景、开展高效的活动来谋求生存与发展空间。“整体建构”是基于当前幼儿园发展现状提出的创新思路，它主张“三位一体”的建构框架。价值观反映了幼儿园园长和教师对学前教育本质属性和基本特征的认识与判断，它从深层次影响园长、教师的思想观念与行为方式，规定和制约了办园的方方面面。它要求园所回答“幼儿园是什么”“幼儿园具有什么使命”“幼儿园发挥什么作用”等基本问题，其核心是幼儿园的办园理念。[3] 华林幼儿园作为江苏省首批 STEM 教育试点园，坚持以儿童兴趣和需求为核心，以“生活化、游戏化”为理念，在一日生活中渗透科创启蒙教育，通过游戏载体，鼓励幼儿像科学家一样思考，像工程师一样解决问题，培养幼儿爱探究、善思辨、求创新、乐表达、会合作的综合素养，为幼儿的终身学习与发展奠定基础。在这一理念基础上，华林幼儿园根据不同年龄段的幼儿的学习发展规律和目标，借鉴国外 STEM 教育经验，为不同年龄段的幼儿设计了多种活动，且活动内容都以生活中的小事为切口，帮助幼儿将玩耍、学习与生活连接在一起，为幼儿的自主探究提供契机与最适合的资源条件。不同年龄段的 STEM 课程所蕴含的科学知识也是

不同的，根据小、中、大班幼儿进阶发展特点，分阶段将数学、物理与生物等科学知识融浸其中。例如，小班的STEM课程以基础的建筑物理知识为主，通过引导儿童有目的性地玩沙石、搭建积木，培养儿童对于泥沙的认识及设计、审美能力；中班的STEM项目逐渐加入更深层次的科学知识，引导儿童自主合作设计有实用功能的生活用品，在设计制作的过程中发现问题、解决问题，提高幼儿自主思考、动手的能力；大班的活动则是在小中班的基础上的进一步开展。大班的STEM课程中儿童逐步尝试探索抽象的科学艺术，例如恐龙、光影、飞船等。循序渐进的STEM课程融入了生活、艺术、科学等多个方面，为儿童后续的成长发展奠定了坚实的基础。

以中班的STEM项目“甜蜜小屋”为例，教师以日常生活中的各种饼干为切入口，与幼儿共同制作、品尝饼干，同时与幼儿共同设计，利用饼干搭建房子，制作甜蜜饼干小屋。在活动中，幼儿使用厨房中简单的烘焙工具，从打蛋清及称量、揉面的过程开始，制作不同种类与形状的饼干作为搭建小屋的材料。通过观察欣赏图片、视频、实物等初步了解饼干小屋的制作步骤与方法后，采用小组合作的形式运用巧克力豆、糖果等材料搭建并装饰小屋。这一STEM项目包含了建筑物构成与房屋建造原理等科学知识，厨房工具等应用实践，平衡和稳定相关的工程概念，大小和数量的数学问题，以及装饰审美艺术。在游戏过程中，幼儿从发现使用尺寸不同的饼干难以搭建房子，到发现没有三角形的饼干搭建不出尖顶屋顶，了解三角形的稳定结构。儿童经过发现问题、同伴讨论、尝试解决、调整优化、迁移经验的学习过程，呈现出理解与批判、联想与建构、迁移与应用三个学习特征，实现了从浅层到深层的学习过程。

2. 让每个角落蕴含科创——华林幼儿园生态化教育场域建设

随着政治经济的发展，人们对教育的要求也在不断提高，教育生态观也逐渐成为当今教育的一个重要指导思想。教育生态观是将生态观引入教育系统发展而来的，包括教育目标、教育内容的生态化等方面。而在我国传统的学前教育中，已经存在教育生态观的萌芽，主要体现在我国幼儿园的教育实践活动中。我国著名儿童教育家陈鹤琴的"活教育"思想中有着非常多与生态化理念相通的观念。"活教育"思想中的教育目标就要教人"做人，做中国人，做现代中国人"，而做人的基本条件就是有强壮的身体，有建设的能力、创造的能力，有合作和服务的能力。课程内容、课程组织与实施、教育方法等方面都从某种程度上指引了教育生态观的发展，为幼儿时期教育的生态化进行了探路。在课程内容的材料方面，陈鹤琴提出大自然、大社会都是活教材的理念，让幼儿直接向大自然、大社会取材学习，体验与大自然和谐共处的感觉，从小时就建立与自然和谐相处的生活方式。[4]

可以说，所谓幼儿教育的生态化，就是要尊重幼儿发展的规律，在实践活动中将幼儿教育生活化、故事化、游戏化。这对幼儿园的场域开发提出了一定的要求。全面施行 STEM 教育，为幼儿提供亲近自然，从生活中学习、从社会中学习的场域与设施是全面落实幼儿教育生态化的重要硬件条件。华林幼儿园珍视游戏和生活的独特价值，创设丰富的教育环境，合理安排幼儿在园中的一日生活，最大限度支持和满足幼儿的发展需求，帮助幼儿通过亲近自然、直接感知、实际操作和亲身体验的方式探索，促进幼儿全面和谐、健康快乐成长。园所积极推进课程游戏化建设，秉承"自由、自主、愉悦、创造"的游戏精神，以 STEM 项目园为内涵发展契机，打造植根于"玩"的创意环境。华林幼儿园根据不同的 STEM 项目开发了不同的游戏场域：游戏街为儿童提供丰富多元的活动区，多维空间与多种材料支持幼儿自由选择、自发活动、自主探究，保障儿童充足的游戏资源。室外根据不同的主题打造了八大活动乐园，包括创意泵站、建筑工坊、种植天地、泥沙乐园、玩水世界等。

华林幼儿园的教育场域保证了儿童可以享受到适宜的环境和丰富的操作材料，是进行科创教育的重要资源保障。室内室外不同场域内外联合，为幼儿创建了一个个“实境”基础上的融合科创立体空间：室外的手工工坊，给幼儿提供了亲自动手的机会，幼儿可以通过建构工坊、制作帐篷和小板凳、搭建游乐园，体验动手进行工程建设的乐趣；在种植乐园中，幼儿可以通过种植植物与饲养动物，感受生命的奥妙；在泥沙乐园里，幼儿运用泥沙进行有目的的玩耍，逐渐形成对物质世界的认知；室内的厨艺房则为儿童提供了接触厨具与制造美食的机会，能够培养儿童的基础生活技能。与此同时，为支持儿童的发明创造，华林幼儿园设立了专门的工具区，不仅提供 iPad 等信息化设备，还提供耳麦、点读二维码、遥控装置、连接器、发光二极管、灯泡、电池盒等适宜的活动材料，全力支持幼儿的“发明创造”。为扩大幼儿的室外活动范围，华林幼儿园梳理了园外 3 公里范围的资源图，将公共区域的草坪开发成供儿童研究的“百草园”，为城市中的幼儿提供接触自然、亲近自然的机会，帮助他们更好地学习生物知识。

华林幼儿园的教学场域建设，真正做到了从幼儿的需求出发，挖掘幼儿的好奇、好问、好探究的天性，根据天性建设玩耍教育场域。多样化的活动资源为幼儿带来了探索、观察、操作、种植、扮演、运动等多样化的活动机会，让幼儿在更广阔的空间中亲近自然、走进生活、自由探索、创新创造，获得丰富多彩的活动经验，度过快乐而有意义的童年。

3. 与学生共生——高质量教师团队建设

幼儿教师是幼儿教育的第一线工作人员，教师的教育观念将直接影响他们的教育方式与教育效果。因此，幼儿教师要真正树立生态教育观，对教育活动进行合理规划，让幼儿真正成为课程活动的主体，在安排活动时要考虑幼儿的身心全面发展。一线教师只有树立正确的生态教育观，才能根据幼儿的发展水平进行相应的教学，提高教育的质量，才能够设计出好且正确的生态教育课程，促进幼儿的全面发展。

为全面提升园所内幼儿教师人才的整体水平，2017 年 3 月，华林幼儿园成立了以侯霞珍老师为导师的“珍爱工作室”。工作室以二年为一轮，在园区公办幼儿园内公开招募思想上积极上进、乐于奉献，专业上勇于探究、乐于创新，在教育教学中已经崭露头角的青年骨干教师，组建工作室团队。工作室以宣扬优秀教师的“工匠”精神为宗旨，搭建青年教师专业成长平台，引导教师以“匠人”之心脚踏实地，从点滴做起，积沙成塔，集腋成裘。工作坊努力探究幼儿身心发展规律及学习特点，不断提升教师专业素养，塑造成为有“工匠”精神和“匠人”之心的青年教师团队。同时，工作坊积极传播优秀教师的教育经验与教学成果，创设全区共享氛围，以点带面，推进优质教育资源在区域内发挥示范、辐射与引领作用。

同时，华林幼儿园开展“四有”好教师团队研修活动，邀请江苏省、市特级教师作为指导教师，从所教幼儿的年龄特点、兴趣爱好等方面出发，进行不同主题的分享交流。教师研修团队就班级区域空间布局、材料投放区域设置等不同角度的问题探讨班级环境创设的思路，让幼儿在游戏中与环境“对话”，观察、记录儿童与材料互动的过程。研修活动结束后，教师研读专家总结此次研修活动，明确不足之处与改进方法。华林幼儿园的这一活动促进了教师队伍的专业成长，为后续班级区域活动的实践与反思提供了新思路。

4. 看见儿童成长的力量——平等共生的幼儿教育理念

随着《幼儿园教育指导纲要（试行）》的颁布与实施，语言的概念不断完善，幼儿园语言教育的内涵也不断地改变，从让幼儿学会讲故事、念诗歌到促进幼儿语言表达能力的发展，从让幼儿学会交谈到提高幼儿的社会性水平，幼儿园语言教育活动的方式、方法也在不断进步。然而，目前幼儿园的语言教学，仍然存在不尽如人意的地方。例如不少教师在课堂上采用简单的问答式教学法，一问一答，课堂气氛很热闹，表面上看是师生互动，实际上是教师用提问的方式“灌”，幼儿很少提出自己的见解，思维仍在同一水平上重复，师生没有真正地互动起来，难以达到理想的语言教育目标。要提高语言教育的实效性，必须把幼儿园的语言教育活动从单向传授、灌输转到多层次、复杂的信息交换上来，让幼儿从被动接受转变为积极思考。只有让幼儿积极主动地参与语言教育的活动，才能更好达到幼儿园语言教育的目标。

为更好地实现幼儿语言教育目标，同时关注到不同幼儿个体的独特性，华林幼儿园把“倾听儿童”作为教师了解幼儿、支持幼儿发展的重要途径，鼓励教师以尊重、欣赏的姿态，蹲下来、慢下来、沉下来，倾听幼儿的一百种语言，相信幼儿是成人之师，相信幼儿是有能力的学习者，真正走入幼儿的心灵世界，发现幼儿生动、有意义的学习，支持、回应、拓展幼儿的无限可能。

华林幼儿园珍视儿童游戏的价值，在一日的园所活动中保障幼儿充足的游戏活动时间，让幼儿尽情在不同的游戏场域自主玩耍与探索，用开放的游戏环境、自由的游戏氛围与丰富的游戏资源鼓励幼儿尽情表达自我、释放天性，找到自我成长的节奏。华林幼儿园教师把幼儿的学习、游戏及生活看作一个完整经验的获得过程，将幼儿置于真实、丰富、富有挑战的生活场景，让幼儿主动“进入”并亲身经历发现知识的过程，鼓励、支持幼儿多样的表达方式。让幼儿运用言语、表情、肢体动作，通过涂涂画画创作各种符号与作品，甚至是通过讲故事、舞蹈等方式向外大胆表达自己的内心世界。例如在大班的 STEM 项目“恐龙”中，大班的幼儿根据自身不同的研究兴趣与方向分成不同类别的恐龙小组，用“绘制设计图、填写材料清单、填写问题记录单”等多种方式表达小组的问题与发现。不同小组经过讨论与思考后用不同的材料搭建属于自己的“恐龙”，在动手实践的过程中发现问题并解决问题，并在“恐龙发布会”上大胆分享自己的成果。在这样的游戏中，幼儿经历了发现问题、制定计划、共同探索、成果分享等完整的学习过程，在游戏中，每个幼儿都是被倾听者、被看见者、被关注者，每一个幼儿的与众不同得到了理解和尊重，每一个幼儿都展现了独一无二的自己。在游戏教育的过程中，教师应倾听幼儿的心声，走进幼儿真实的内心世界、更好地了解幼儿的发展，并在此基础上为幼儿提供适宜的指导和帮助。华林幼儿园将“倾听儿童”作为转变教师观念、促进教师专业成长的重要抓手。在幼儿表达时，教师既要适当让位，做一个真诚的，有敏锐的观察能力和捕捉能力的倾听者，从与幼儿交流的过程中感知幼儿的情绪，了解幼儿的所思所想。华林幼儿园教师运用多种方法引导儿童积极表达想法，通过观察、谈话、幼儿记录、幼儿会议等方式捕捉幼儿心理状态细节，了解幼儿的经历、想法、问题、感受等，挖掘隐藏的教育契机，真正走进幼儿，从幼儿的视角理解幼儿。华林幼儿园组织开展“幼师互动”教研专题，形成教师“观察—记录—评价—指导”四部曲，以自然的方式倾听回应幼儿，融浸真实的问题情境解读成因，以开放式提问、针对性讨论、启发式引导、适宜性环境等多维度多策略支持和拓展每一个幼儿的学习。

与此同时，华林幼儿园注重家校合作，家长作为幼儿园的重要合作伙伴，在教育幼儿的日常活动中起到重要的作用。华林幼儿园相信，只有当每一个学生家长、每一名教师都能理解并认同“倾听儿童”的重要性，家园才能真正携手，共同营造倾听幼儿、尊重幼儿、赋权幼儿，共同促进幼儿发展的良好氛围。基于此，华林幼儿园设计多种家校携手活动，让家长参与园所的幼儿教育活动，鼓励家长更加理解幼儿，同时也利用不同家长的专长，让家长加入游戏课程的设计，拓展幼儿的能力。

三、基于华林幼儿园办学特点的建议与思考

华林幼儿园的课程游戏化教育模式为学前教育提供了良好的办学范例，现代的学前教育要求幼儿园秉持符合当前时代发展的教育思路，落实“以人为本”的学前教育理念。幼师可以根据每个幼儿的不同特点，进行针对性教育。幼儿园的办学能够得到社会、家长的及教育界的广泛认可，离不开整体“大格局”的架构设计，尤其是办学理念，更是一所幼儿园的办学的根本。在当前社会大环境中，在“五育融合”大核心理念下，对于幼儿的教育，育人是核心。因此，德育已经逐渐成为幼儿园学前教育的主旋律，这不仅是学前教育进步的重要体现，也是提高幼儿思想道德水平的重要措施。幼儿园组织多种课内外活动，通过活动引入德育，让幼儿在实践中学习思想道德知识，这也是课程游戏化最终要实现的教育成果。幼儿园的课程游戏化能够强化幼儿园学前教育与家庭教育互通效果，幼儿的学前教育不能单纯交给幼儿园，也需要家庭紧密协同。在幼儿园学前教育中，幼儿园占据主体地位，而家庭占据次席地位，幼儿园要积极引导家庭教育参与幼儿学前教育。

“课程游戏化”作为华林幼儿园的重点 STEM 项目内容，在幼儿的教育中有着重要的作用。在发展幼儿游戏的过程中，需要进一步增强幼儿园学前教育中自主游戏环境的合理性。幼儿园学前教育中，自主游戏是必不可少的教育内容，但自主游戏环境的安全问题一直是幼儿园教师和家长比较关注的内容。首先，幼儿园应购进符合质量要求的环保型玩具和基础设施，保证游戏环境的安全性，同时也要使自主游戏玩具和设施可以让幼儿学习到“真东西”；其次，自主游戏环境的构建要体现出适应性原则，也就是说要符合幼儿的实际情况，避免游戏环境过于简单或者过于复杂；最后，自主游戏环境应能够锻炼幼儿的动手能力、交流能力和分析能力，在设计的过程中要考虑到幼儿的喜好、可实践性，更要能够做到让家长放心、让社会认可。

在当前人才竞争激烈的社会背景下，幼儿园学前教育的重要性表现得更加淋漓尽致。幼儿阶段是一个人成长的基础，幼儿园学前教育效果会对未来的学习、生活产生重要影响。因此，幼儿园管理人员应当做好学前教育的准备工作，建立完善的教育环境和设施，通过招募和培训组建高水平的幼师队伍，转变教学理念，落实“以人为本”的教学理念，加强对幼儿的心理疏导，做好幼儿园自主游戏安全防护，采取幼儿园和家庭双线教学模式，创新幼儿园学前教育内容和方式方法。这样才能使幼儿园学前教育更有水平和质量，从而提高幼儿的综合素质，推动幼儿园学前教育的可持续发展。

第二节 打造“智、仁、勇”特色学校教育文化

——苏州大学附属中学

苏州大学附属中学是园区办学悠久的高质量学校，以“智、仁、勇”为校训，构建了学校独特的育人文化与教育体系。苏州大学附属中学以清晰的办学理念、先进的设施设备、雄厚的师资力量、创新的课程、特色鲜明的办学模式及浓厚的文化氛围为学生的全方位发展提供支持，以“努力办好人民满意的教育”为己任，以“实践爱与智慧的教育”为使命，以“正气、朝气、大气”为学校精神，着力构建学校文化内核，落根“核心素养”，营造师生共同成长的精神高地。

一、立足于核心素养的“智、仁、勇”体系

1.“智、仁、勇”校本课程体系

“智、仁、勇”是苏州大学附属中学（以下简称苏大附中）的校训，也是学校课程体系以及校园文化建设的核心。“智、仁、勇”的核心理念源于《论语》“知者不惑，仁者不忧，勇者不惧”。“理念是重要

的，人的行为不仅受到利益的支配，也受到理念的支配；社会的变革和人的进步基本上都是在新的理念推动下出现的，没有理念的变化就没有制度和政策的变化。”[5] 学校的办学理念是一个学校长远发展的根基所在。苏大附中从传统文化中汲取营养，根据当下的学生发展需求，构建独特的教育体系，是学校教育能够取得成功的重要一步。把校训作为办学理念是苏大附中将抽象的目标转化为具体的育人目标的重要实践，也是让校训能够真正落地的有效实践。

尤其是在当前“双减”的政策环境中，为帮助全国中小学生“减负增效”，国家陆续出台了《关于教育系统学习贯彻党的十九届四中全会精神的通知》《关于新时代推进普通高中育人方式改革的指导意见》《关于深化教育教学改革全面提高义务教育质量的意见》《中国高考评价体系》《中国高考评价体系说明》及《普通高中课程方案和语文等学科课程标准（2017 年版 2020 年修订）》等一系列教育改革的方针，这既为学校的发展提供了明确的发展方向，又给学校的发展带来了挑战。如何在政策的支持下抓住机遇发展适合学生的、具有本地区特色的教育教学已然成为当下学校发展最需要考虑的问题。在此基础上，苏大附中根据不同的学生发展政策要求制定并丰富了学校“智、仁、勇”课程体系的内容：政策中的自主发展、沟通合作能力、合作互动、探究体验、创新融合、模式探索、质量效益、学科融合等关键词体现了“智、仁、勇”课程建设的基本特征；五育并举、学科核心素养、生涯规划能力、国际视野等关键词则蕴涵了“智、仁、勇”校本课程建设的目标与策略；重视评价、多元共生、建构生态、优化教育治理体系等关键词显示了“智、仁、勇”校本课程建设的评价体系。

“智、仁、勇”课程体系围绕着“六化”展开，即家底清晰化、愿景具象化、结构图谱化、内容整合化、实施立体化以及评价多元化。学校的起点决定了终点，“智、仁、勇”课程体系在建构的过程中以科学素养和人文素养为支柱，力求为学生提供“优势教育”，强调在培育学生的过程中做到扬长避短，从学生擅长的科目与兴趣所在入手，将“顺木之天，以致其性”的观念，推衍至人才培养，在学生的教育中追求顺其自然、因材施教、发展特长的教育理念。在“智、仁、勇”的课程体系下，学校在发展“优势教育”的过程中不仅要培养学生的特长优势发展，更需要充分利用学校的优势资源。为了让“智、仁、勇”课程体系真正落地，让这一理念深入学生的学习生活，学校重构校园文化，构建校本文化课程场，用代表儒家思想的词语赋能学校景观与建筑，潜移默化地对学生进行传统文化教育。苏大附中充分调动全校优质资源，发展学校课程优势、教师特长优势和教育管理优势，与学生共同进步、共同成长。

根据“五育融合”的核心育人发展目标，苏大附中“智、仁、勇”课程体系分别对应不同的学生发展目标。“智”育是为了培养乐学而有智慧，会学习，善思考，能够探索创新的学生；“仁”育则注重学生的仁德教育，致力于培养博雅而仁爱，懂礼仪、会待人、仁爱精勤的学生；“勇”育则着重塑造学生坚毅勇敢的精神，培养学生喜运动、有灵气、坚强自信的优秀品质。在此基础上，校本课程结构的建设也是紧紧围绕着这三个方面开展。“智”课程注重学生的智力教育，培养学生的实践创新与科学素养，在国家的课程标准下通过校内场域及特色课程建设帮助学生的理性思维与科学素养成长；“仁”课程以学生的人文、道德素养培育为主，培养学生的人文情怀、审美情趣等，达到美育的目的；“勇”课程不仅根据学生的兴趣爱好发展学生的体育特长，帮助学生拥有良好健康的体魄，学会自我管理，同时也通过劳动课程培养学生的劳动精神，使学生学会劳动技能、拥有劳动意识。苏大附中根据“智、仁、勇”校本课程结构的培育目标分别细化了校本课程的具体内容，同时为更好地施行这一课程体系，根据不同校本内容的实践的需求，重新在校园内打造了更为合适的场域。

“智”课程主要以科学素养课程为载体，以学科实践活动课程为主要内容，旨在唤醒学生的自知之智、好学之智、创新之智等，侧重提升学生的科学文化素养和科技创新能力。苏大附中充分利用学校的资源，与苏州大学合作，共同开设科技创新实验课，如机器人实验室、制药实验室等。利用在高校开展的实验室研学活动，让学生体验高校顶级的科学知识，通过制作机器人、制作药品实验，激发学生对于深度的物理、化学、生物知识的兴趣。苏大附中为让学生能有机会学习到更专业的知识，聘请大学教授进入校园，开设理化生素养课程，让理化生知识不仅限于课堂文本。大学教授的授课能够打开学生的眼界，让学生对于理化生知识能够有更深刻的认识与更深入的探索。此外，为丰富学生的科技知识，苏大附中教师主动引领学生探索，开设科技节等跨学科融合课程，例如水火箭的发射、鸡蛋撞地球等课程。学科融合课程不仅融合了学生课本中的系列知识，更让学生开展奇思妙想，将理化生、地理地球知识等相结合，让创新不仅仅是空想，更是能够动手实现的可行成果。除此之外，为满足不同兴趣爱好学生对于科学知识的探索需求，学校设置了科学素养课程，如科学+跨学科融合课程、大学—高中数理化竞赛课程、数理化社团活动课程等，为有需求的学生提供更好的学习平台与资源。

苏大附中开设“费孝通班”作为学校培养创新型科技人才的重要举措，是学校在“智育”发展过程中作出的重要决定。苏大附中基于对于创新型人才的培养目标，依托苏州大学资源，于2014年开设创新班，在2017年拥有自主招生资格后，迎合苏州市中考招生的变化，创立费孝通班。费孝通班通过入学选拔选出具有一定科研潜力、知识积累与科研素养的学生，以人文素养、科学素养与世界眼光为人才培养目标，通过独立的课程体系为国家未来科研培育人才。费孝通班继承大学的学术讲座课程，通过发展实践与探究实践的活动为学生提供探索科学知识的途径，例如现代生物技术创新实验课程、机器人原理和应用课程、大数据与人工智能应用等，同时定期组织游学活动帮助学生开阔眼界。

“仁”课程的具体育人目标，是培养有仁爱之心的人，涵盖学生自觉诚心、立己达人、经世济民、兼善天下等品质；激励学生明确仁者之道、坚守精进、修身爱人。苏大附中以专家为学术引领者，开设人文经典阅读课程，分别邀请不同领域的大学教授以每月1—2次的频率引导学生学习感受姑苏文化、中华优秀传统文化及学习人生课程等；通过教师学科指导，通过人文经典阅读课程、五月戏剧节、十月诗会、外语节、历史人物故居游学课程、人文社团活动课程、跨学科审美教育课程、生涯规划课程等发展学生爱好，培养学生的审美情趣，提升学生的语言学习能力及个人行为修养。同时，学校也关注学生的心理健康问题，举办心理健康节，学生只有保持身心健康才能快乐成长。此外，学校充分尊重学生的兴趣爱好，肯定学生的创意，让学生自主探索，开设人文社团活动课程，支持学生自主发展开设陶艺社、摄影社、汉服社等，充分发展自身的特长与爱好。德行素养是当下社会对于高素质人才的重要要求，苏大附中在尊重学生、注重学生人文素养发展同时也重视对于学生的德行教育，并因此设置了文明礼仪课程、德育社会实践活动、成人节、励志教育等。

“勇”课程重在培养学生健康的体魄、坚强的意志、劳动技能和劳动素养。该课程体系主要由体育常规课程与劳动技能课程两部分组成。体育常规课程的建设是学生教育课程标准中的重要组成部分，搞好体育常规管理，开设阳光跑步课程是体育课程的重要环节。除学校的体育常规课程外，苏大附中成立“智仁勇”体育俱乐部，开设包括羽毛球、篮球、排球、健美操、击剑、舞龙、武术等体育特色课程。为了提升学生的劳动技能，学校开设劳动技能课程，如校园劳动实践课程、家校联合劳动课程、社区劳动课程等，通过让学生亲身体验水稻收割、美食制作等，全面培养学生的劳动实践技能。

2.“智、仁、勇”校本课程体系下的评价体系

“智、仁、勇”课程评价体系采取过程性评价、表现性评价、终结性评价三者相结合的方式，构建多元化课程评价体系。该评价体系包含教师评价系统与学生评价系统两个部分。对教师的评价以学科组听评课的形式进行即时评价。备课组每周开展两次集体备课，由主备教师说课，其他教师提出建议；主备教师修改后，安排好上课时间，教研组全体教师听评课。然后，再次进行修改，形成校本课程案例。学期末，以问卷的形式面向参与校本课程的全体学生开展调查，对校本课程的指导教师进行系统评价。与此同时，一年评选一次优秀校本课程案例，针对指导教师开发的校本课程案例进行综合评价。对于学生的评价则有另一套相应的标准，课堂类课程评价采取观察作业进行自评、小组互评、教师评价三者相结合的方式；实践类课程采取书面报告、实践成果展示、成果汇报等形式进行评价；家庭实践类课程由家长指导并且进行评价。在学期末，开展课程总体评价，对每个学生一学期内参与校本课程活动的情况进行等级评价，将评价结构纳入综合素养评价。与此同时，为促进校内校本课程开发与时俱进，符合学生的发展需求，从课程目标、资源开发、内容与安排以及课程实施与反思几个层面对校本课程的开发进行评价，并加入了教师的自我反思与评价，多层面全方位做到校本课程的开发以学生需求为核心。

二、特色教师发展学校——半塘书院

教师是学校全面推进落实办学理念的中坚力量，激活教师人才队伍，以优秀人才推动学校“智、仁、勇”校本课程体系落地与发展是学校的重要任务。因此，苏大附中在落实《全面深化新时代教师队伍建设改革的意见》的过程中，以苏大附中校本课程问题为导向，建构学校师资培养的顶层设计，特别重视新教师培养的“最先一公里”，完

成师资队伍建设的奋进之笔，努力推动教师在素质专业化成长中踏上新征程、开创新局面。

苏大附中为教师群体打造全面发展提升路径与提升平台，为教师人才队伍构建了相应的教师发展体系。该体系由前半段的教师发展学校，与后半段的半塘书院共同组成。教师发展体系建立在苏大附中校本研修原理、组织建构理论及人本发展理论的基础上，全面塑造能发展、会发展、想发展的教师人才。校本研修要求教师发展基于学校、立足学校、为了学校，因此要求教师做到教学研结合、知行思交融，改变传统教师身份，做一个反思性的实践者；组织建构理论要求赋权教师，培养学习型、合作型的教师人才队伍；人本发展理论则提出发展教师要从教师的主体性出发，注重教师的“生态位”与“全人发展”。教师发展学校体系由阶段统整、在岗研训，校本全员角色互换，多方协同共赢共生等要素组成，以文化引领、制度支持、校本问题需求驱动、组织变革专业合作推动教师成长，助力学生，让系统与学校全面共生，并能够反哺高校。

教师发展学校由基础模块、发展模块、领导模块及文化模块四部分共同组成，以人本主义经验课程论为指导，以专业眼光、学科素养、教学技能为核心课程，注重隐性课程的建设，注意用传记式课程丰富和完善“人”的意义，从学科知识、教育通识、理论课程与实践课程四个方面培养全面发展的教师人才团体。为促进教师发展学校的系统化、整体化，苏大附中充分调动可利用的资源为教师发展搭建平台。该平台由自我对话、同伴互助、专家对话及课程引领四个部分组成，从教师自身及外界等不同的层面全面帮助教师发展与提升。一方面，学校为教师提供读书活动与平台，让教师能够在阅读中思考，在反思中成长，同时将自身的反思带入日常的教育实践，并通过写作的方式进行积累，做到厚积薄发。多阅读、多反思、多积累才能让教师在实践中找到可以进行课题研究的切口，起到以小见大的效果。另一方面，学校通过开展组内轮教与教育沙龙活动给予教师群体充分的交流空间，力求让教师在平等交流中实现教育经验的碰撞。展现教育教学的典型案例，让教师借鉴反思，在共性体悟中提高。同时开展智慧教研与专题讲坛活动，通过网络整合教育资源，关注教育教学过程中的细节，在打磨中提升，在交流中成长，最后通过阶段型教师授课展示将知识内化，得到提升。此外，为全面提高教师人才队伍的内涵，苏大附中定期组织教师参与与专家对话活动，通过专家咨询诊断指出每名教师在工作中的不足，扶正纠偏，建立基于专家引领的教师共同体。教师发展以课程引领为导向，根据学校规划，构建教师主导课题，形成课题序列，引领课题有效发展，同时教师需结合个体实际，细研深究具体问题。

在教师发展学校的基础上，苏大附中进一步完善了教师发展体系，构建“半塘书院”，为苏大附中教师搭建了完善的成长平台，提供了足够的空间。“半塘书院”建立于 2019 年，其概念源于理学家朱熹《观书有感》中的“半亩方塘一鉴开，天光云影共徘徊”。“半塘书院”的寓意为教师必须通过专业阅读才能获取“源头活水”；同时，“半”与“伴”同音，蕴含希望教师与同事和学生的交流碰撞中获得发展与提升之意。

胡适在 20 世纪 30 年代指出：“书院之真正的精神唯有自修与研究，书院里的学生，无一不有自由研究的态度，虽有山长，不过为学问上的顾问；至于研究发明，仍视平日自修的程度如何。”胡适的这段话道明了书院精神重点在质疑问难、自由研究，即发现问题、解决问题。苏大附中为教师开设的“半塘书院”继承了书院精神，聘请苏大教育学院的博士生导师、教授为书院学术顾问，在学术顾问的指导下发挥各自优势，着力研究、解决“校本问题”。首先，根据学校教师专业发展的需求和现状，学校认为教师发展推动学校发展，青年教师要站“稳”做“实”，中间带教师、成熟教师要正向成长，卓越教师要“专”“精”。

当下学校存在想要改变的教师很多，但真正实现改变的很少及真正会改变的很少的问题，学校需要思考教师的课程及审视教师的行动，用行动研究解开成长密码。其次，要从三个层面厘清问题，明确教师发展的问题与需求：①厘清基本要素，即共同愿景、任务驱动、项目专题主题问题研究。推动想发展、能发展、会发展的教师思考学校的文化，建构成长的平台，构建适合的课程，为教师成长搭建脚手架，并审视教师的行动、课堂（研课、备课、上课）、关系（学生、家校、同事）、项目等。②探索多元路径。以系统性推动共生性“链式”培养，促进教师间相互关联、共同成长。年龄、学历、学科、职称、专业发展层次阶段不同的教师都能在自己学识技能经验起点上找到发展的适配点，实现自我个性化发展，并能在团队中形成前辈引导、同辈互助、后辈反哺的机制和氛围。形成人员构成上的开放性、研究内容上的跨界性、活动组织上的灵活性等。③以专业性激发自主性，分级分类实施五大校本工程：入职、青蓝、骨干、优秀、领航卓越。以制度性唤醒主体性，完善教师发展的机制与资源供给。

“半塘书院”教师发展课程是在苏大附中学生“智、仁、勇”校本体系下延伸展开的，教师发展的“智、仁、勇”三条主线与校本课程息息相关但又不尽相同。教师发展系统的“智”是指知识力，要求教师不仅要有知识掌握力，更要对课程目标有充分的把握，同时要具有教学理论、教学设施及教学技巧的实践力；“仁”是指教师的亲和力及情商，注重教师的师德师风建设，以及人格的发展；“勇”则是指教师的灵商及发展，具体涉及生涯规划课程、课堂诊断课程及教学反思课程。“智、仁、勇”体系下的教师发展课程从知识到体悟再到实践，帮助教师从打好基础开始，经过阶梯式上升发展最终成为优秀的教师。苏大附中针对教师成长发展打造的“智、仁、勇”校本研修课程，真正继承了传统书院研修中“质疑问难、自由研究”的精神，通过定期组织学员调查问题、专业阅读、质疑问难、讨论解决方案，最终完成研究成果，真正做到“教”“学”“研”“思”相融合。在“智、仁、勇”的校本研究课程中，对于教师德行的培养是重中之重。具体措施如下：学校组织教师学习《中小学教师职业道德规范》，明确教师职业道德规范的各项准则；组织教师群体学习全国优秀教师的先进事迹，以演讲、读书征文的形式开展师德师风建设活动；定期邀请全国师德标兵来学校讲述自己的成长经历，为学校师德师风建设注入思想之魂，并于每年开展全校师德标兵评选，扎实推进师德师风建设。同时，为保证学校各教育教学水平的教师都能够得到相对应的发展，苏大附中针对不同的教师群体进行分层培养，利用先进教师带动年轻教师，树立教师榜样，让教师能够真正扎根课堂，从课堂教学中汲取养分，慢慢成长；让成熟教师能够积极探索个性、自主发展；让名师的队伍逐渐壮大，共同发展。苏大附中充分重视对师范生的培养，提升师范生培养水平、跟岗研修的教育水平，发挥区域示范引领效应，提高人才智慧、保障人才发展。

三、基于时代要求的学校发展建议与思考

苏大附中以国家课程标准及相关教育政策为支持，构建了以“智、仁、勇”为核心的特色校本课程，并在此体系下为教师提供了相应的学习发展平台与系列成长课程。苏州大学附属中学的“智、仁、勇”校本课程体系以培养创新型人才为核心，培养创新型人才有广义与狭义的区分。从狭义上，培养创新型人才就是培养有创新素养的学生，并能够为学生未来的深造奠定一定的基础。针对这一点，当下学校教育教学的普遍存在科研成效不明显的问题，这与学生的生源质量及家长的选择有一定的关系。基于此，学校需要考虑真正将科研精神真正融入高中生的学习习惯，加强对于学生科研竞赛能力的培养，做好初高中之间的衔接，为理化生科目的学习打好基础。从广义上而言，培育创新型人才，重要的是培养创新素养，真正能够对学生长远的人生

有所帮助。因此针对这一概念，学校应在关注高考的同时长远考虑，将人文素养融入学生生活。基于此，苏大附中设立了“登峰计划”，让高中阶段的学生能够接触大学课程，通过费用协调，接触高校资源。

虽然苏大附中“智、仁、勇”校本课程体系已经取得了一定的成效，但校本课程在后续的学校发展过程中需要进一步优化。针对当下园区教育“五育融合”的教育培养目标，苏大附中的课程改进与优化应从以下几方面进行。

首先要抓好国家课程校本化研究，扎实推进学校课程建设，做好顶层设计，完善《苏大附中校本课程实施方案》，着力从实践中完善校本课程方案。国家课程标准是校本课程研发的前提，也是学校教育研发的总方向，特色校本课程的开发要建立在国家课程教育标准的基础上。搞好课程开发，完善学校课程结构，才能切实促进学生的个性发展，发挥课程育人功能。

其次，当下学校教育需要注重美育在学生成长发展过程中的重要作用，拓展学科美育功能，以“立美育人”为原则。学校的教育需要在培育拥有科学创新精神的人的同时，更加注重人的全面成长与发展，成立“审美教育中心”，完善“校园八节”，开展丰富多彩的美育活动，建立课程实施管理档案，能够更有目标，有规划、有方案、有成果地实施美育课程。

最后，学校应拓展劳动教育新路径，完善体育课程，优化劳动教育、体育课程资源，增强学生劳动观念，增强学生体质，锤炼学生意志。健康的体魄是“成人”的关键，学生不仅要增强学生的体育锻炼，也要注重学生的体育文化素养、劳动素养与意识的培育。

随着教育的普及、国际化步伐的日益加快，社会对优质教育资源的要求不断提高，这就要求学校教育更贴近社会需求，更注重对学生道德素质、综合能力的培养与训练，探究更贴近经济社会建设的多元化需求的育人模式。高校唯有顺应时代发展的要求，加强教学质量改革，加强对创新型人才培养的探索，才能成为培养创新型国家建设所需创新人才的不竭源泉。

参考文献

[1] 张蓓蕾．浅谈《纲要》的引领下幼儿园语言教育的改革[J]．新校园（当代教育研究），2008(3)：121-122.

[2] 赵玥．对我国幼儿园发展政策的几点思考[J]．文教资料，2015(12)：155-156.

[3] 陈如平．论幼儿园发展的整体建构模式[J]．幼儿教育・教育科学，2015(9)：3-6，14.

[4] 钟文艳．教育生态观下的学前教育课程[J]．科技风，2022(8)：13-15.

[5] 田汉族，马良田．论办学理念的本质与特征[J]．教育文化论坛，2023，15(2)：1-10.

致 谢

《苏州工业园区教育观察 2023》的撰写得到了许多单位和个人的帮助与支持。在此，21 世纪教育研究院谨向所有给予帮助与支持的人士表示衷心的感谢。

首先，感谢苏州工业园区教育局的领导和工作人员，为本书的完成提供了宝贵的资料和研究支持，并协助我们走访园区的教育机构，深入了解园区教育的前沿与发展动态。

其次，特别感谢参与本次调研和指导的各位专家和老师们：杨东平、熊丙奇、储朝晖、卢志文、董瑞祥、郑万瑜（排名不分先后）。专家和老师们的专业见解和卓越的教育经验，为本书提供了理论支持和丰富的内容。感谢参与协助工作的研究院的伙伴们：张璐、闫亭亭、汪颖、阙殊捷、王晨晨、刘璐。他们付出的努力和贡献不可或缺。

同时，感谢园区内各级各类学校及教育机构的开放与合作，正是这些机构的实际操作和实践数据，为本书的撰写提供了具体的素材和宝贵的参考。

此外，感谢苏州工业园区的学生和家长们的反馈和见证为本书的撰写提供了重要支持，他们的经历和感悟使本书能够从多个角度去审视园区教育的现状与未来。

三十年风雨兼程，本书的完成离不开大家的帮助与支持，让我们一同见证苏州工业园区教育的辉煌发展。

后　记

《苏州工业园区教育观察 2023》的撰写历程，是一段持续思考与探索的旅程。在园区教育的发展过程中，我深刻感受到其教育体系的独特魅力，也见证了教育改革的逐步推进。苏州工业园区作为中国改革开放的窗口，不仅在经济上取得了令人瞩目的成就，也在教育领域积极探索创新，推动高质量发展。

本书所呈现的内容，是对苏州工业园区教育发展经验的总结，也期望对未来教育发展有所启迪。希望通过对园区教育模式的深入剖析，能够为其他地区的教育改革提供一些有益的参考。园区教育在推动国际化、产教融合、教育公平等方面的实践，值得我们深思和学习。随着数字化时代的到来，园区教育的未来面对着无限的可能性与挑战。

本书撰写过程中，编写者通过与各位教育工作者、专家学者及一线教师深度交流，丰富了本书的内容，也对教育的本质有了更加深入的思考。苏州工业园区的教育发展之路，是一条兼具传统与创新、扎根本土又放眼全球的道路，而这一道路的特点也映射出中国教育发展的整体方向。

教育是一个国家的未来所在，推动教育发展是每一个社会成员的责任。希望本书的出版，能够为更多关心教育、致力于推动教育改革的人提供一些启发。

再次感谢所有在本书创作过程中给予支持与帮助的朋友们，愿这本书成为园区教育事业发展的一小步，同时也成为推动中国教育事业前进的一块基石。

张梦月

2024 年 5 月 30 日